T0146759

Sammlung Metzler
Band 255

Konstanze Bäumer / Hartwig Schultz

Bettina von Arnim

Verlag J.B. Metzler
Stuttgart · Weimar

Die Deutsche Bibliothek – CIP-Einheitsaufnahme

Bäumer Konstanze:
Bettina von Arnim /
Konstanze von Bäumer/Hartwig Schultz.
– Stuttgart ; Weimar : Metzler 1995
(Sammlung Metzler ; Bd. 255)
ISBN 978-3-476-10255-3
NE: Schultz, Hartwig:; GT

ISBN 978-3-476-10255-3
ISBN 978-3-476-03957-6 (eBook)
DOI 10.1007/978-3-476-03957-6
ISSN 0 558 3667

SM 255

© 1995 Springer-Verlag GmbH Deutschland
Ursprünglich erschienen bei J.B. Merzlersche Verlagsbuchhandlung
und Carl Ernst Poeschel Verlag GmbH in Stuttgart 1995

EIN VERLAG DER SPEKTRUM FACHVERLAGE GMBH

Inhalt

Vorwort

Das vorliegende Bettina-Bändchen wurde von Konstanze Bäumer begonnen und von Hartwig Schultz zum Abschluß gebracht: Die ersten Kapitel (bis einschließlich Kapitel IV) und die Kapitel IX bis XI stammen im Wesentlichen von Konstanze Bäumer, die Kapitel V bis VIII von Hartwig Schultz, dem Konstanze Bäumer nach ihrem tragischen Tod (1993) das Manuskript zur Fertigstellung übergeben ließ. Die Kapitel von Konstanze Bäumer wurden nur geringfügig verändert und überarbeitet, bei den hinzugefügten konnten zum Teil Konzepte Konstanze Bäumers, die Peter T. Marsh freundlicherweise übermittelte, herangezogen werden.

An der Konzeption Konstanze Bäumers wurde nichts Wesentliches geändert. Nach den Vorgaben des Verlags wurden lediglich die bibliographischen Angaben und das Kapitel X neu strukturiert. Die Abschnitte zu den einzelnen Publikationen Bettinas sind – wie von Konstanze Bäumer vorgesehen – nicht chronologisch nach dem Erscheinungsdatum eingeordnet, sondern folgen dem jeweils in den Briefbüchern zugrundeliegenden Lebensabschnitt. Das heißt, im Anschluß an die Darstellung der Begegnung mit dem Bruder Clemens im ersten Lebensabschnitt, folgt die Diskussion des Briefwechsels *Clemens Brentanos Frühlingskranz* (hier zitiert als *Frühlingskranz*) – ungeachtet der Tatsache, daß Bettina diesen Jugendbriefwechsel erst 1844 in bearbeiteter Form veröffentlichte. Entsprechend wird bei den Werken *Die Günderode* von 1840 (zit.: *Günderodebuch*) und *Goethes Briefwechsel mit einem Kinde* von 1835 (zit.: *Goethebuch*) verfahren.

Die Bezeichnung der Autorin ist in der Forschung strittig, weil sie sich selbst als Herausgeberin ihrer Werke, auf Titelblättern und unter Widmungen als *Bettina* (Arnim) bezeichnete (und so auch in die ältere Forschung einging), ihre Briefe jedoch mit *Bettine* unterschrieb. In der jüngeren Forschung ist die Bezeichnung *Bettina* teils beibehalten worden, teils wurde *Bettine* eingeführt (zuerst von Sibylle von Steinsdorff, 1967/68, und in der Biographie von Ingeborg Drewitz, 1969), so daß die beiden begonnenen Studienausgaben differieren. Durch den Blick in das Taufbuch läßt sich die Frage nicht entscheiden, denn dort ist die italienische Form »Elisabetha« eingetragen (vgl. Kat., S. 19), die weder die Autorin noch ihre Zeitgenossen benutzten.

In der jüngsten Sekundärliteratur findet sich auch der Vorschlag, die Autorin nicht mehr mit ihrem Vornamen, sondern nur noch – wie auch bei männlichen Schriftstellern üblich und verbindlich – mit ihrem Nachnamen (*Arnim, von Arnim, Brentano-von Arnim*) zu bezeichnen. Ich [K. B.] schließe mich der Namensgebung *Bettina* (von Arnim) aus folgendem Grund an: es erscheint mir generell wünschenswert, die reale Person und Autorin *Bettina* von der von ihr geschaffenen literarischen Kunstfigur »*Bettine*« zu trennen, die in den autobiographischen Werken der Autorin als literarische Doppelgängerin auftritt. Einer vorschnellen und mißverständlichen Gleichsetzung von biographischen Fakten mit der fiktionalisierten Lebensdarstellung im Werk soll damit wirksam vorgebeugt werden.

Die Werke Bettinas werden nach der fünfbändigen Ausgabe von Gustav Konrad und Joachim Müller (mit der Abkürzung *K/M* und Band- und Seitenzahl) zitiert. Vor allem im Hinblick auf den fragmentarischen Charakter der beiden begonnenen Studienausgaben, deren Werkabteilungen nur eine Auswahl bieten und Briefabteilungen noch gänzlich fehlen, wurde so entschieden. In der Ausgabe von Walter Schmitz und Sibylle von Steinsdorff im Deutschen Klassiker Verlag (zit.: *Sch/St*) wird auf den Abdruck der *Gespräche mit Daemonen* (zit.: *Dämonenbuch*) verzichtet. Aus dem *Ilius, Pamphilius und die Abrosia* (zit: *Ilius*) werden nur Auszüge geboten. Die Edition von Heinz Härtl im Aufbau-Verlag (zit. als *Härtl* mit Band und Seitenzahl) ist über zwei Bände nicht hinausgekommen und wird vermutlich nicht fortgesetzt. So mußte die relativ leicht zugängliche Ausgabe von Konrad trotz einiger Mängel (vgl. Kap. X.4) und dem Fehlen des *Armenbuchs* als Textgrundlage gewählt werden.

Die Kürzel ohne Jahreszahlangabe sind im Abkürzungsverzeichnis aufgeschlüsselt, die übrige Sekundärliteratur wird nach Verfasser und Jahreszahl zitiert und ist in der Bibliographie (Kap. XI) nachgewiesen.

Abkürzungsverzeichnis

AM	Die Andacht zum Menschenbild. Unbekannte Briefe von Bettine Brentano. Hrsg. von Wilhelm Schellberg und Friedrich Fuchs. Jena 1942.
BvA-St.	Bettina von Arnim-Studien. Hrsg. v. Uwe Lemm.
Chronik	Bettina von Arnim 1785-1859. Eine Chronik. Daten und Zitate zu Leben und Werk zusammengestellt von Heinz Härtl. Kulturfonds der DDR. Arbeits- und Erholungsstätte für Schriftsteller und Künstler »Bettina von Arnim« Wiepersdorf 1985; Neuauflage 1992.
FBA	Frankfurter Brentano-Ausgabe; Clemens Brentano: Sämtliche Werke und Briefe. Historisch-kritische Ausgabe. Hrsg. von Jürgen Behrens, Konrad Feilchenfeldt, Wolfgang Frühwald, Christoph Perels und Hartwig Schultz. Stuttgart 1975 ff.
Härtl	Bettina von Arnim: Werke. Hrsg. von Heinz Härtl. 2 Bde. Berlin und Weimar 1986 und 1989.
Henrici	Henrici-Auktionskataloge. Versteigerung 148, 1929: Bettine von Arnim. Literarisches und Politisches aus ihrem handschriftlichen Nachlass darunter Goethes Briefwechsel mit einem Kinde; Versteigerung 149, 1929: Arnim und Brentano. Des Knaben Wunderhorn. Handschriftliches aus dem Nachlaß der Bettine von Arnim; Versteigerung 155, 1929: II. Handschriftlicher Nachlaß der Bettine von Arnim. Dritter und letzter Teil.
Jb BvA	Internationales Jahrbuch der Bettina von Arnim-Gesellschaft Berlin. Hrsg. von Uwe Lemm.
Jb FDH	Jahrbuch des Freien Deutschen Hochstifts. Hrsg. von Christoph Perels.
Kat.	»Herzhaft in die Dornen der Zeit greifen...« Bettine von Arnim 1785-1859. Ausstellungskatalog des Freien Deutschen Hochstifts – Frankfurter Goethe-Museums. Hrsg. von Christoph Perels. Konzeption und Koordination: Hartwig Schultz. Frankfurt am Main 1985.
K/M	Bettina von Arnim: Werke und Briefe. 5 Bde. Bd. 1-4 hrsg. von Gustav Konrad. Bd. 5 hrsg. von Joachim Müller. Frechen/Köln 1959-1963.
Morgenthaler	Karoline von Günderrode: Sämtliche Werke und ausgewählte Studien. Historisch-kritische Ausgabe. Hrsg. von Walter Morgenthaler. 3 Bde. Frankfurt 1990.
Novalis	Novalis [d.i. Friedrich von Hardenberg]: Werke. Hrsg. von Gerhard Schulz. München 1981.

Oehlke	Bettina von Arnim: Sämtliche Werke. Hrsg. mit Benutzung ungedruckten Materials von Waldemar Oehlke. 7 Bde. Berlin 1920-22.
Schlegel	Friedrich Schlegel: Kritische Schriften. Hrsg. von Wolfdietrich Rasch. 2. Aufl. München 1964.
Sch/St	Bettine von Arnim: Werke und Briefe. Hrsg. von Walter Schmitz und Sibylle von Steinsdorff. 4 Bde. Frankfurt am Main 1986 ff.
Schultz	Der Briefwechsel Bettine von Arnims mit den Brüdern Grimm 1838-1841. Hrsg. von Hartwig Schultz. Frankfurt am Main 1985.
Steig	Achim von Arnim und die ihm nahestanden. Hrsg. von Reinhold Steig und Herman Grimm. Bd. I: Achim von Arnim und Clemens Brentano. Stuttgart 1894. Bd. II: Achim von Arnim und Bettina Brentano. Stuttgart und Berlin 1913. Band III: Achim von Arnim und Jacob und Wilhelm Grimm. Stuttgart und Berlin 1904.
Tb	Aus dem Nachlaß Varnhagen's von Ense. Tagebücher von Karl August Varnhagen von Ense. 14 Bde. Leipzig 1861-1870.
UL	Das unsterbliche Leben. Unbekannte Briefe von Clemens Brentano. Hrsg. von Wilhelm Schellberg und Friedrich Fuchs. Jena 1939.
Vordtriede	Achim und Bettina in ihren Briefen. Briefwechsel Achim von Arnim und Bettina Brentano. Mit einer Einl. von Rudolf Alexander Schröder hrsg. von Werner Vordtriede. 2 Bde. Frankfurt am Main 1961.
Wiepersd. Koll.	Beiträge der Wiepersdorfer Kolloquien. Hrsg. von Heinz Härtl und Hartwig Schultz.

I. Zwischen klösterlicher Einsamkeit und empfindsamer Geselligkeitskultur – die prägenden Jugendjahre in Fritzlar und Offenbach

1. Biographisches (1785-1802)

Bettina von Arnim wurde am 4. April 1785 – nicht 1788, wie auf ihrem Wiepersdorfer Grabstein steht – in der Freien Reichsstadt Frankfurt am Main geboren. Sie war das dreizehnte Kind des Großkaufmanns Pier Antonio (Pietro Antoni, Peter Anton) Brentano und das siebente Kind seiner zweiten Ehe mit Maximiliane Euphrosine, geb. La Roche. Bettina kam im ›Goldenen Kopf‹ (von ›cuppa‹ = Schale) in der Großen Sandgasse zur Welt, einem stattlichen Handelshaus, von dem aus ihr Vater seit 1778 eine florierende Gewürz-, Spezerei- und Farbwarenhandlung führte, die nicht nur in Frankfurt, sondern auch im Rheingau, in der Pfalz, in Hessen und in Nassau einen großen Kundenkreis unterhielt. Wie aus dem Taufbuch des St. Bartholomäus-Domes von Frankfurt hervorgeht, wurde das Kind schon am 5. April katholisch getauft. Auf der Rückseite eines ihrer frühen Briefe an ihren Schwager Savigny listet sie ihre Taufnamen auf: »Ich heiße Cat[h]arina Elisabetha Ludovica Magdalena und werde vulgairement genannt Bettina« (AM, S. 33; vgl. auch Kat., S. 19).

Der am 19. September 1735 im oberitalienischen Tremezzo geborene Pier Antonio Brentano war bei Bettinas Geburt knapp 50 Jahre alt – ein wohlhabender, beruflich erfolgreicher, religiös und politisch konservativer Mann, dem als Ausländer in Deutschland ein beachtlicher gesellschaftlicher Aufstieg gelungen war. Die Familie Brentano hatte schon 1698 ein deutsches Handelshaus in dem für Kaufleute äußerst günstig gelegenen Frankfurt gegründet, und 1741 durfte ein Brentano als erster Italiener das Frankfurter Bürgerrecht erwerben. Nach dem Tod seines Vaters Domenico Martino Brentano (1686-1755) führte Pier Antonio die Geschäfte zunächst gemeinsam mit zwei älteren Brüdern weiter. 1763 heiratete er eine wohlhabende italienische Kusine, Paula Maria Walburga Brentano-Gnosso (1744-1770), die in siebenjähriger Ehe sechs Kinder zur Welt brachte, darunter Bettinas Halbbruder und späteren Vormund Franz. Den frühen Tod seiner ersten Frau – Paula starb 1770 im Alter von erst 26 Jahren – nahm der ehrgeizige Pier Antonio zum Anlaß, um den Schutz des italienischen Familienclans zu verlassen und 1771 seine eigene Firma zu gründen. Die von ihm angestrebte soziale Integration in das Frankfurter Patriziat war jedoch nicht leicht zu bewerkstelligen. Man begegnete ihm als eingewanderten Italiener, der sich in der deutschen Sprache und Kultur zwar auskannte, aber nicht zu Hause fühlte, mit Vorurteilen und einem gut Teil Mißtrauen. Darüber hinaus hielt Brentano in einer Stadt mit einer vorwiegend protestantischen Gemeinde streng an seinem katholischen Glauben fest, was zu weiterer Ausgrenzung Anlaß gab. Erst die zweite, 1774 geschlossene Ehe mit der erst 18jährigen Maximiliane (1756-1793), der Tochter des katholischen kurtrierischen Kanzlers Georg Michael von La Roche, verhalf ihm zu weiterem gesellschaftlichen Aufstieg. So konnte Pier Antonio oder Peter Anton, wie er inzwischen unterschrieb, durch die Vermittlung seines Schwiegervaters 1777 kurtrierischer Geheimer Rat und akkreditierter Resident bei der Reichsstadt Frankfurt werden. Zusätzlich zu seiner bürgerlichen ›Standeserhöhung‹ avancierte Peter Anton auch bald zum Geldgeber des kurtrierischen Hofes, dem er sich ohnehin durch seine konservative politische Einstellung verbunden fühlte. Brentano war ein erklärter Anhänger des Ancien Régime und von Anfang an gegen die Französische Revolution eingestellt. Seiner royalistischen Gesinnung verlieh er durch großzügige finanzielle Darlehen an die Bourbonen Ausdruck ebenso wie er auch durchreisende Emigranten des französischen Adels gern in seinem Frankfurter Haus empfing und bewirtete (vgl. Hoock-Demarle 1986).

Die sensible und künstlerisch interessierte Maximiliane (1756-1793) scheint sowohl unter Peter Antons ›italienischem Temperament‹ und seinem ›strengen Ordnungssinn‹ als auch unter dem großen Altersunterschied und der Last der Kinder erheblich gelitten zu haben (vgl. Sch/St 1, S. 756). In knapp 19 Ehejahren hatte sie 12 Kinder geboren, von denen jedoch vier nicht lange lebten. Der junge Goethe, der bei den La Roches in Ehrenbreitstein zu Gast war, verehrte Maximiliane schon als 16jähriges Mädchen und behielt sie als eins der Vorbilder für die Figur von ›Werthers Lotte‹ im Sinn. Noch nach ihrer Heirat im August 1774 eröffnete er Sophie von La Roche: »Von ihrer Max kann ich nicht lassen so lange ich lebe, und ich werde sie immer lieben dürfen« (Loeper 1879, S. 18). Goethe stellte sich auch im ›Goldenen Kopf‹ gelegentlich zum gemeinsamen Musizieren, Lesen und Diskutieren ein. Schon am Ende dieses ersten Ehejahres kam es jedoch zu einer – nach Angaben Johann Heinrich Mercks aus Eifersucht entstandenen – Auseinandersetzung zwischen Brentano und seinem häufigen Hausgast, woraufhin Goethe das Brentanosche Haus in den folgenden Monaten ›mied‹, da er, wie er der um Vermittlung bemühten Sophie von La Roche entschuldigend schrieb, »in denen schröcklichsten Augenblicken für alle Zukunft gelitten« hätte (Loeper 1879, S. 28). Nach der Geburt von Maximilianes erstem Sohn Georg erfolgte dann noch einmal eine Annäherung, die aber die Intensität des früheren geselligen Umgangs nicht mehr erreichte.

Bettina war beim Tode ihrer Mutter – sie starb nach der Geburt ihres 12. Kindes – acht Jahre alt. In ihren autobiographischen Reminiszenzen wird die Mutter kaum erwähnt und insgesamt der Eindruck erweckt, daß sie sich eher zu ihrem Vater hingezogen fühlte, dessen ›Lieblingskind‹ sie gewesen sein will (K/M 1, S. 138). Noch Jahrzehnte später erinnerte sich Bettina in einem Salongespräch, das von der Schwedin Malla Montgomery-Silfverstolpe aufgezeichnet wurde, vor allem an die Trostlosigkeit des Vaters beim Tode Maximilianes:

»Sie [Bettina] betrauerte den Hingang der Mutter nicht, aber saß stundenlang auf den Knien ihres Vaters, ohne ein Wort zu sagen und ohne zu verstehen, was er sagte. Er weinte, und das schien ihn zu beruhigen. Manchmal, wenn sie nachts erwachte, lief sie zum Vater hinein und setzte sich stumm auf sein Bett, wo er sich schlaflos und verzweifelt herumwälzte. Keines ihrer Geschwister hatte so recht den Mut, sich ihm in seinem tiefen Schmerz zu nähern.« (Silfverstolpe 1912, S. 245)

Bettina hatte – zählt man die beiden Söhne aus der später eingegangenen dritten Ehe des Vaters mit hinzu – 19 Geschwister, von denen jedoch 9 noch vor Vollendung des Jahres 1800 starben. Peter Anton selbst gab sich nie viel mit seinen Kindern ab, obwohl er schon 1785 – in Bettinas Geburtsjahr – seinem Sohn Franz die Geschäftsleitung der Firma übertragen hatte und dadurch von manchem entlastet war. Noch im (damals hohen) Alter von 60 Jahren heiratete der erstaunlich vitale und weiterhin auf sozialen Aufstieg bedachte Peter Anton in einer dritten arrangierten Ehe die 36 Jahre jüngere Aristokratin Friederike Anna Ernestine (1771-1817), geb. Freiin von Rottenhof, deren Schwester es später sogar zur Erzieherin der Prinzessin von Bayern, der ältesten Tochter Ludwig I. brachte (vgl. Vordtriede 2, S. 883).

Vor dieser letzten Heirat entschied sich Peter Anton dazu, seine jüngsten Kinder auswärts erziehen zu lassen: »La Condula e le due piccole anderanno presto in convento«, schrieb er am 17. Mai 1794 an seine Tochter Sophie (1776-1800) nach Koblenz (AM, S. 9). Gunda (Kunigunde; 1780-1863), Bettina und Lulu (Ludovica; 1787-1854) kamen daraufhin umgehend und gegen den Wunsch Sophie von La Roches, die sich mit dem Gedanken einer streng

3

konfessionell ausgerichteten Erziehung nicht anfreunden konnte, in das katholische Mädchenpensionat der Ursulinen im kurmainzischen Fritzlar in der Nähe Kassels. Die jüngste Schwester Meline (Magdalene; 1788-1861) folgte bald nach. Das seit 1713 (bis heute) existierende St. Ursula-Pensionat erzog damals etwa 24 Töchter aus bessergestellten Familien im orthodox katholischen Sinne und vermittelte ihnen grundlegendes Schulwissen und Fertigkeiten, zu denen Haushaltsführung und ›feine Handarbeiten‹ gehörten. Aus den beiden letzten Jahren ihrer Klosterzeit sind vier kurze Briefe Bettinas an ihre Schwestern Gundel und Sophie bekannt, in denen sie unter anderem von der Vorbereitung auf ihre erste Kommunion (Pfingsten 1797) spricht (AM, S. 10 f.). Der witzige Originalbrief an den Vater vom 4. April 1796 ist vor allem durch seine Veröffentlichung im *Günderodebuch* bekannt geworden:

»Lieber Papa! Nix – die Link durch den Jabot gewitscht auf dem Papa sein Herz, die Recht um den Papa sein Hals. Wenn ich keine Hände hab, kann ich nit schreiben. Ihre liebe Tochter Bettine.« (Steig II, S. 182; K/M 1, S. 309)

Durch Montgomery-Silfverstolpe ist eine mündliche Erzählung Bettinas über ihre Klosterzeit überliefert, die zusätzliches Licht auf ihre Vaterbeziehung wirft, vor allem aber ein stark ausgeprägtes Grundgefühl der Einsamkeit und Verlorenheit bestätigt, das auch die entsprechenden, auf das Gesamtwerk verteilten autobiographischen Jugendreminiszenzen kennzeichnet:

»Als sie [Bettina] acht oder neu Jahre alt war, wurde sie mit zwei [sic!] Schwestern in ein Kloster in Hessen geschickt, um dort erzogen zu werden. Die beiden jüngeren Schwestern weinten und klagten, aber sie nahm fröhlich Abschied von ihrem Vater, der sagte: ›Seht, dies ist das Kind, das gerne seines Vaters Willen tut!‹ und er legte ihr die Hand segnend aufs Haupt. Nie mehr sah sie ihn wieder, dies war ihre letzte Erinnerung. Er starb in ihrem elften Jahr. Im Kloster wurde sie ganz absonderlich, sie führte ihre eigene Lebensweise und wurde beinahe für wahnsinnig angesehen.« (Silfverstolpe 1912, S. 245 f.; vgl. a. K/M 1, S. 346 ff.)

Clemens Brentanos spätere eigennützige Äußerung über Bettinas ›freudige‹ Erinnerungen an ihre Klosterzeit gegenüber Sophie Mereau, der er das Fritzlarer Klosterpensionat angelegentlich als Aufenthaltsort für ihre Tochter Hulda empfehlen wollte, sollten nicht dazu verleiten, Bettinas Pensionatsjahre generell als ›glücklich‹ und unbeschwert einzuschätzen (vgl. AM, S. 9). Bettinas Darstellung im *Frühlingskranz* artikuliert unverhohlen Kritik an einer zum Philistertum und zur abergläubischen Furcht erziehenden orthodox religiösen Ausbildung, die ihr Selbstbewußtsein und ihre kindliche Lebensfreude dämpften:

4

»Was hab ich alles erfahren in jenen Kinderjahren; – Wurzeln und Kräuter, eine Blumendolde aus der bei leisem Druck der Same aufsprang – die waren mir Unterpfand und Beteurung vom Gegenteil alles Aberglaubens, sie sagen mir immer dasselbe: *Frei sein*, und jeder Glaubensbefehl leugnet mir das [...]. Und was war dagegen, was man mich lehrte? – Ach so unfaßlich, daß man eine Maschine sein mußte, um es nachzusprechen.« (K/M 1, S. 57)

Wie weit Bettina diese kritische Distanz tatsächlich bereits in der Jugend gewonnen hatte, ist ungewiß. Ein Indiz für eine früheinsetzende Distanzierung ist allerdings der von Bettina um 1808 verfaßte Aufsatz über Julius Bernhard Engelmanns Frankfurter Mädcheninstitut, in dem sie behauptet, daß eine Erziehung zur Religion »nur Bestialität [beweist]« (K/M 4, S. 137).

Peter Anton Brentano war am 9. März 1797 überraschend in Frankfurt gestorben, was eine Umordnung der Brentanoschen Familien- und Geschäftsangelegenheiten erforderte. Bettina und die beiden jüngeren Schwestern befanden sich noch im Kloster, als der Ort Fritzlar wenige Wochen nach dem Tode des Vaters von den Franzosen besetzt wurde. Vor allem das letztere Ereignis scheint der Grund dafür gewesen zu sein, Bettina, Lulu und Meline aus dem Kloster zu nehmen. Ende Juli siedelte das Schwesterntrio in Sophie von La Roches Offenbacher Haus, ›Grillenhütte‹ genannt, über, das diese mit ihrer in Scheidung lebenden zweiten Tochter Luise von Möhn und der betagten Base ihres 1788 verstorbenen Mannes Cordula (der »alten Cordel«) bewohnte. Die finanziellen Möglichkeiten von Sophie von La Roche waren seit der Entlassung von Georg von La Roche aus kurtrierischen Diensten 1780 eingeschränkt. Durch die Säkularisation der geistlichen Fürstentümer nach den Revolutionskriegen hatte die Witwe sämtliche, sich von der früheren Stellung ihres Mannes ableitenden finanziellen Ansprüche verloren. Bereits in der ersten Zeit der Not und Einschränkung hatte die reiche Frankfurter Brentano-Familie Unterstützung gewährt. Peter Anton nutzte die Gelegenheit, sich für die frühere Beförderung seiner Karriere durch seinen Schwiegervater erkenntlich zu zeigen, indem er den La Roches in Offenbach ein Haus in der Domstraße bauen ließ, das diese 1786 beziehen konnten. Sophie von La Roche geriet dennoch nach dem Tode ihres Mannes in Geldschwierigkeiten, die auch durch den Erlös aus ihren schriftstellerischen Arbeiten und die gelegentliche Unterstützung durch wohlhabende Freunde nicht abgewendet werden konnten. Da sie sich durch die Herausgabe ihrer erfolgreichen Zeitschrift *Pomona. Für Teutschlands Töchter* und anderer erziehungspraktischer Schriften einen Namen als Pädagogin (›Lehrerin von Teutschlands Töchtern‹) gemacht hatte, ließ sich Sophie nun zur Linderung ihrer finanziellen Not aus dem Bekannten- und Verwandtenkreis Zöglinge zur Hauserziehung vermitteln. So war vor ihren drei Enkeltöchtern schon der Sohn ihrer Freundin Elise von Bethmann-Hollweg vorübergehend in ihrem Hause untergebracht. Für die Erziehung und Versorgung Bettinas, Lulus und Melines ließ sie sich nach Quittungen, die sich erhalten haben, anfangs 250 Gulden, ab 1801 dann 270 Gulden pro Vierteljahr aushändigen (Maurer 1983, S. 366), eine Entlohnung, die sie selbst als unangenehm und ›ehrenrührig‹ empfand (vgl. Maurer 1983, S. 364 f.).

Der Einfluß der Großmutter auf Bettinas Entwicklung darf nicht unterschätzt werden. Nach Jahren des strengen Reglements, der Abgeschiedenheit und Eintönigkeit wurde Bettina nun mit einer Salongeselligkeit in der Tradition der ›Empfindsamkeit‹ bekannt gemacht, an der sie auch selbst teilnehmen konnte. Bettina hatte Zugang zur umfangreichen Bilbiothek der Großmutter, die selbst viel las und Abonnentin des seit 1795 bestehenden Frankfurter ›Lese-Instituts‹ des Buchhändlers Wilhelm Fleischer war (vgl. Hoock-Demarle 1989). Sophie von La Roche (1731-1807), geb. Gutermann von Bibern – die Jugendfreundin Wielands – verkehrte nicht nur in höfischen und aristokratischen Kreisen wie beispielsweise dem Haus Isenburg-Birstein. Durch ihren von Wieland herausgegebenen Briefroman *Geschichte des Fräuleins von Sternheim* (1771) war sie zu einer literarischen Berühmtheit Europas avanciert und pflegte Kontakte zu Heinse, Charlotte von Kalb, Friedrich Heinrich Jacobi, Frau von Krüdener, Lavater, Julie von Bondeli, Frans Hemsterhuis, Friederike Brun u. a. Ihre Gastfreundschaft galt auch den durchreisenden oder in Offenbach – einer alten französischen Kolonie – ansässigen französischen Emigranten. Bettinas Erziehung zur Geselligkeits- und Gesprächskultur, die Einübung in einen brieflichen Gedankenaustausch, das gemeinsame Lesen und Vorlesen, das ihr in seiner untrennbaren Mischung von Realität und Fiktionalität einen frühen Eindruck vom Ideal der ›Poetisierung des Lebens‹ vermittelte, dem sich die Jenaer Frühromantik und die Berliner Salons um 1800 verschrieben hatten, vollzog sich in Offenbach. Obwohl sie von Clemens nachdrücklich davor gewarnt wurde, sich der ›Empfindsamkeit‹ zu ergeben (vgl. Sch/St 1, S. 765), erhielt sie durch den Aufenthalt bei der Großmutter entscheidende Impulse. Daß Bettina für diese Anregungen in der ›Grillenhütte‹ dankbar war, geht aus der verständnisvollen Schilderung der Großmutter im *Frühlingskranz* hervor, in die sie zwar auch ironische Spitzen einstreut, aber doch ein liebe- und respektvolles Bild entwirft.

Die ›Erziehung‹ zur Geselligkeit beeinflußte Bettinas Entwicklung mehr als die unregelmäßigen Geschichts-, Sprach- und Musikstunden durch eigens dafür angestellte Hauslehrer und die rudimentäre Unterweisung in den Naturwissenschaften. Eine systematische, beziehungsweise intellektuell herausfordernde Ausbildung erhielt Bettina im Hause der Großmutter nicht. Das wäre auch weder im Sinne Sophies noch der Frankfurter Brentano-Familie gewesen. So darf trotz des insgesamt wohltuenden Einflusses der Großmutter der Generationsunterschied nicht außer acht gelassen werden – man sehe sich nur einmal den in der *Sternheim* niedergelegten, hausbakkenen, auf weibliche Wohlanständigkeit und Gefälligkeit abzielenden Erziehungskatalog an. Sophie von La Roches empfindsames, in der Nachfolge Richardsons stehendes Werk, in dem sich nach bewährtem aufklärerischen Muster bürgerliche Tugend gegenüber adliger Lasterhaftigkeit behauptet (vgl. Schultz 1993), war zwar noch 1772 vom jungen Goethe mit Wärme in den *Frankfurter Gelehrten Anzeigen* rezensiert worden; angesichts des sich verstärkenden, moralisierenden und rückwärtsgerichteten Charakters ihrer Folgeschriften verschwand jedoch die anfängliche Begeisterung der Jüngeren für dessen Autorin rasch, was Sophie nicht von weiterer literarischer Produktion abhielt. Noch in ihrem 1799 herausgegebenen Werk *Mein Schreibtisch* zählte sie ihre bevorzugte, inzwischen ›unzeitgemäße‹ Lektüre auf, um sie ihren ›Zöglingen‹, unter denen sich nun Bettina befand, ans Herz zu legen. Neben Wieland und Richardson verwies sie vor allem auf Schiller und Herder. Mit Goethe, der durch die Veröffentlichung der *Venezianischen Epigramme* und der *Lehrjahre* bei ihr in Ungnade gefallen war, und den Schriften der Romantiker hatte sich Sophie nicht mehr anfreunden können. Bettina hat diese Seite ihrer Erziehung zur ›Tugendhaftigkeit‹ abgelehnt und sich mit Clemens' Unterstützung weitgehend dagegen verschlossen, worüber die Großmutter nicht selten aufgebracht war. In einem Brief vom 19. 6. 1801 forderte sie Clemens zum Eingeständnis auf, daß er, wie ihr zu Ohren gekommen war, der Schwester »aus Philosophischen gründen [sic] die Gleichgültigkeit gegen Ordnung, Fleiss u. Anständiges Betragen« gepredigt hatte: »hältst Du wirklich dafür, dass Sanftmut, gute und feine Sitten bey einer aufblühenden Person – einen Mangel des Verstandes zeigt«, fragte Sophie tadelnd und verteidigte gleichzeitig ihre Vorstellung, »dass kleine Frauenzimmer sich in ihrem gang u. Betzeugungen den Gratzien nähern sollen – weil diese auch klein waren [...].« (Henrici 149, Nr. 142). Die konservativen Erziehungskriterien der Großmutter standen den revolutionierenden Ideen der Frühromantik, um deren Vermittlung sich Clemens bemühte, oft diametral gegenüber.

Im Oktober 1797 kam der 19jährige Clemens, der nach einer abgebrochenen Lehre im Handelshaus seines Vaters in Halle studierte, während der Semesterferien nach Offenbach. Clemens Maria Wenzeslaus, Maximilianes drittes Kind, war schon als 6jähriger im

September 1784 – noch vor Bettinas Geburt – zusammen mit seiner älteren Schwester Sophie zur Erziehung in das Haus seiner kinderlosen Tante Luise von Möhn gekommen, die mit einem trunksüchtigen Hofrat unglücklich liiert war. In den Jahren seines Aufenthalts im Möhnschen Hause bis 1790 erlebte Clemens dort nervenaufreibende und angsterregende Szenen, die er zum Ärger der Verwandtschaft in seinem stark autobiographischen Roman *Godwi* zu verarbeiten suchte. Das öffentliche Vorführen der Familienverhältnisse im *Godwi*, aber auch seine Unstetigkeit und Widerspenstigkeit gegenüber den Plänen seines Vaters stempelten ihn zum ›schwarzen Schaf‹ der Familie. Nach dem anfänglichen Studium der Kameral-(Wirtschafts-)wissenschaften in Halle hatte Clemens im Sommer 1798 nach Jena gewechselt, um zunächst Medizin zu studieren. Sein poetisches Interesse trat dort mehr und mehr in den Vordergrund und wurde durch seinen Freundeskreis, zu dem Johann Wilhelm Ritter, Heinrich Steffens, Sophie Mereau und etwas später August Stephan Winkelmann gehörten, und durch seine Kontakte zum berühmten Jenaer Romantiker-Kreis stark gefördert. Ohne jemals voll akzeptiert und integriert zu werden, nahm Clemens doch an dem geselligen Treiben, ›Symphilosophieren‹ und Theoretisieren im Haus am Löbder-Graben 10, in dem die Brüder Schlegel mit Dorothea Veit und Caroline Schlegel-Schelling gemeinsam lebten, regen Anteil. Novalis, Tieck, Fichte und Schelling waren dort ebenfalls häufige Gäste, und der Einfluß ihrer Schriften und Gedanken auf Clemens schlägt sich in seinen wenigen erhaltenen Briefen an Bettina nieder. So beispielsweise, wenn er ihr in einem philosophischen Traktat die Fichtesche Unterscheidung zwischen Ich und Nicht-Ich zu erklären versucht und nebenbei auch seine Kritik an der älteren Generation formuliert, deren Wesen »kleinlich, langweilig, unnütz gutherzig, ja verderblich gütig, und überhaupt etwas abgeschmackt« sei (Sept. 1801; FBA 30, S. 332).

Clemens erkannte bei Bettina rasch die Ähnlichkeiten in Anlage und Begabung: »Ich liebe dich so innig, du bist mir so ähnlich, ich habe so vieles schmerzhaft erfahren, was auch über dich kommen würde, laß mich dieße Schmerzen nicht umsonst erlitten haben, laß mich sie erlitten haben, um sie dir zu ersparen«, schrieb er im September 1801 an Bettina (ebd., S. 333). Die Tatsache, daß die Tante Möhn nun auch eine der Erzieherinnen Bettinas war, wird von vornherein ein Solidaritätsgefühl in ihm hervorgerufen haben. Und da ihm im September 1800 durch den Tod seiner Lieblingsschwester Sophie seine Isolation innerhalb der Familie wohl noch deutlicher zu Bewußtsein kam, bot es sich geradezu an, mit dieser ›neuentdeckten‹ Schwester eine »innige Verbindung« (Clemens an

Bettina im Herbst 1801; vgl. FBA 30, S. 332) einzugehen und sich in einer verschworenen Gemeinschaft von der kommerziell ausgerichteten Familie abzugrenzen. Die eigensinnige Bettina war auf dem besten Wege – ebenso wie der genialische Clemens – zum ›Problemkind‹ der Familie zu werden. Sie galt im Familienkreis als überspannt, exzentrisch und ›unweiblich‹. Der Engländer Henry Crabb Robinson, der 1801 als Studienfreund des Bruders Christian die ›Grillenhütte‹ besuchte, erinnerte sich später an die Außenseiterrolle dieser ›wilden‹ Enkelin der Frau von La Roche: »Sie wurde stets als ein grillenhaftes unbehandelbares Geschöpf angesehen. Ich erinnere mich, daß sie auf Apfelbäumen herumkletterte und eine gewaltige Schwätzerin war [...]« (AM, S. 13).

Der Beziehung und dem Briefwechsel zwischen Clemens und Bettina wurden anfangs von der Familie Hindernisse in den Weg gelegt. Clemens klagte gegenüber Savigny von einem ›unterschlagenen‹ Schreiben und bat Gunda im Januar 1801 um die heimliche Besorgung künftiger Briefe, da er Bettina durch den schriftlichen Austausch mit ihm »vor dem großen Uebel bewahren« wollte, »alles in sich zu verschließen, daß es immer zur Bitterkeit wird, wozu sie schon Anlage hat. [...] die Hauptsache bleibt immer, daß weder die Brüder noch Offenbach es weiß« (FBA 29, S. 299 f.; vgl. a. UL, S. 153). Über das Empfehlen von ›moderner‹, Goethescher und frühromantischer Lektüre als »Antidotum der Empfindsamkeit« (FBA 30, S. 345) und der Vermittlung prägender romantischer Ideen und Ideale hinaus, auf die Bettina später im *Frühlingskranz* rekurrieren sollte, versuchte Clemens, die Schwester auch in engere Verbindung mit seinen Freunden und Bekannten zu bringen. Sowohl Savigny als auch Achim von Arnim erschienen ihm zeitweilig als wünschenswerte Ehepartner für Bettina.

Durch gegenseitige Unterstützung und emotionale Absicherung gelang es den Geschwistern, die familiäre Außenseiterposition umzumünzen in ein Gefühl des Herausgehobenseins und des Bewußtseins einer über dem Mittelmaß angesiedelten Begabung und Veranlagung. Achim von Arnim hat beides – die Vereinzelung innerhalb der Familie wie auch die Tendenz zur Überheblichkeit – bei Bettina früh erkannt: »Ich war ein freundlicher Ruf in ihre Einsamkeit, wo Du sie leider alle verachten gelehrt hast, und ich kam an Deiner Hand« (Steig II, S. 3 f.). Clemens sah in Bettina nicht nur die ›zwillingsgleiche‹, jüngere Schwester, sondern auch »ein schöneres Bild meiner selbst« (Steig II, S. 5), eine ›Muse‹, von der er sich zu poetischen Arbeiten inspirieren ließ. Wohl in diesem Sinne versuchte er auch, Bettina, in deren ›Kindlichkeit‹ er die Voraussetzung für künstlerisches Schaffen sah, ohne großen Erfolg zum ›Dichten‹

zu überreden, nicht ohne eigene Ziele dabei zu verfolgen: »Sie [Bettina] wird uns dann ihre Arbeiten mittheilen, und überlassen«, schrieb er 1803 an Sophie Mereau (FBA 31, S. 195; vgl. a. Schaub 1973). Als Ausdruck des Dankes für die Inspiration durch die Schwester kann sein von Bettina später in den *Frühlingskranz* integriertes Gedicht mit den folgenden Zeilen verstanden werden:

> Alles *Bettine!* dem liebend Dein schaffender Geist sich genährt,
> Was Deine segnende Hand, was Dein Gedanke berührt,
> Blühet schöner ein Freiheit verklärendes Leben.
> Bilde in mir Deine Welt, Du die den Zweifel nicht kennt,
> Die aus dem Busen mir zog den vergifteten Pfeil.
> Alles was der Genius zu bilden mich drängt,
> Bilde ich Schwacher es nicht, weilt schon gestaltet in Dir.
> Schützend will ich Dir folgen, Du Leben, das, wo ich zage mich schützt;
> Das, wo ich welke erblüht, gern mir die Jugend ersetzt.
> (K/M 1, S. 65)

Neben Clemens' Tendenz, die Schwester zu idealisieren und für sich zu vereinnahmen, teilt sich hier ein zweites Element mit: Bettina hat ihren Bruder mindestens ebenso gestützt und stabilisiert wie er sie; es war ein symbiotisches Verhältnis, bei dem sie ihm an persönlicher Stärke und Durchsetzungskraft sogar überlegen war (vgl. Drewitz 1969, S. 19):

> »Clemens, weißt Du, wer der Mond ist? er ist der Wiederschein unsrer Lieb, und die Sterne sind Wiederschein der übrigen Lieb auf Erden. Aber die Sterne so nah dem Mond – Lieber, was ist diese Liebe, die mir so nahe geht? Unsre Lieb aber ist auserkoren und groß und herrlich vor allen andern; die Erde aber ist ein großes Bett, und der Himmel eine große, freudenreiche Decke aller Seligkeit. Clemens, was sehnst Du Dich nach mir! wir schlafen in einem Bette.« (1802; Steig I, S. 33 f.)

Aufschlußreich in diesem Zusammenhang ist auch der durch Clemens' Verbindung mit der Autorin Sophie Mereau (1770-1806) einsetzende Prozeß der allmählichen gegenseitigen Loslösung der Geschwister voneinander. Während die zahlreichen unverbindlichen, von Bettina auch im *Frühlingskranz* dokumentierten Liebschaften des Bruders – etwa mit Johanna (Hannchen) Kraus, Gritha (Gretchen) Hundhausen und ›Benediktchen‹ Korbach – ihr nicht weiter zu schaffen machten, löste Clemens' Liebe zu Sophie eine sich dramatisch zuspitzende Krise in ihrem Verhältnis aus. Schon im April 1803 hatte Clemens seinem Schwager Savigny mitgeteilt, daß Bettina Sophie Mereau ›hasse‹ und daß er Rücksicht auf die Gefühle seiner Schwester nehmen würde: »Bet[t]ine wird die Sache entscheiden, ich fühle deutlich, es kann mir neben ihr kein Weib mehr als

Beischläferin und Haushälterin werden« (FBA 31, S. 65 f., vgl. a. UL, S. 306).

Gegen eine Ehe mit der gerade geschiedenen, acht Jahre älteren Sophie wandte sich jedoch nicht nur Bettina sondern der ganze Familienkreis mit Ausnahme der Großmutter, die die Mereau als Frau und Autorin zu schätzen wußte. Clemens selbst schwankte zwischen dem Wunsch nach enger, unauflösbarer Bindung und der Vorstellung eines freien Zusammenlebens in der Tradition des Jenaer Romantiker-Kreises, was seiner Partnerin einiges abverlangte. Die äußerst geduldige und verständnisvolle Sophie konnte schließlich nicht umhin, sich Clemens' Lavieren und seine übertriebene und durch Inkonsequenzen geprägte Rücksichtnahme auf sein Verhältnis mit Bettina zu verbitten: »[...] erst erfordert ihre [Bettinas] *Ruhe*, daß ich Dich nicht heurate – jetzt will ihr *Ruf* das Gegenteil!«, setzte sie sich zur Wehr (13. 9. 1803; Amelung 1939, S. 194). Schließlich gab die Tatsache, daß Sophie inzwischen schwanger geworden war, den Ausschlag zur Heirat (am 29. November 1803 in Marburg). Sophie von La Roche beglückwünschte ihn im voraus, bat aber auch darum, Bettina ›zu beruhigen‹. Auf Drängen von Clemens nahm Bettina sogar den schriftlichen Kontakt zu Sophie Mereau auf. Ihrer Schwester Gunda teilte sie in einem Brief zudem gefaßt mit:

»Übrigens überlasse ich es dem Schicksal, wenn Clemens nicht glücklich durch ein Weib werden kann, so hat er die gerechtesten Ansprüche auf mich zu machen und ich werde ihm alles zu versüßen suchen, weil ich überzeugt bin, er würde das Nämliche tun. Wird er aber glücklich, so hat er nichts mehr an mich zu begehren und ich sehe dann mit Ruhe seinem Lebenslauf zu und freue mich des Anteils, den ich daran habe.« (Ende Juni/ Anf. Juli 1803; AM, S. 19)

Clemens' Ehe mit Sophie sollte nur drei kurze Jahre dauern. Sophie Mereau starb am 31. Oktober 1806 bei der Geburt ihres fünften Kindes. Clemens' einmal eingeleitete Entfremdung von Bettina, die 1807 durch seine überstürzte zweite Ehe mit Auguste Bußmann vertieft wurde, fand ihren Höhepunkt in den Jahren um 1820. Nachdem Clemens eine existentielle Krise durchgemacht hatte, die ihn an seiner Schaffenskraft zweifeln ließ und eine verzweifelte Suche nach neuem Halt in der Religion auslöste, legte Clemens eine Generalbeichte ab und begab sich 1817 nach Dülmen, um die Visionen der stigmatisierten Anna Katharina Emmerick – einer ehemaligen Augustinernonne – aufzuzeichnen. Bis zu deren Tode (1824) hielt er sich fast ununterbrochen in dem westfälischen Städtchen auf und wandte sich von der ›weltlichen Poesie‹ zunächst demonstrativ und radikal ab. Bettina hielt diese Entwicklung des Bruders für eine

Fehlentwicklung. In Briefen an Arnim äußert sie sich despektierlich über den missionarischen Eifer des Bruders, den sie für verlogen hält (vgl. Vordtriede 2, S. 474 u. 486). Jahrelang hatten die Geschwister kaum Kontakt, und der Briefwechsel lebte erst wieder auf, als es um die geplante Edition des *Goethebuchs* ging. Clemens stand diesem Projekt skeptisch gegenüber, doch lebte die alte Zuneigung trotz aller Schranken und Mißverständnisse dann doch wieder auf. So faßte Clemens seine Beziehung zu Bettina in einem im April 1839 begonnenen Brief folgendermaßen zusammen:

»Ich habe Dich von je mehr als irgend jemand, wenn auch nicht in der Äußerung, doch im Wesen verstanden usw. Ich empfinde noch alles für Dich, was ich je empfand, und weil ich Dich liebte, war immer ein tragischer Zug in meiner Neigung zu Dir und ist es noch. [...] Oft bin ich so erschrocken über Dich, ich wüßte keinen Weg, ich kannte damals keinen, mich wie Dich nahm die Woge dahin. Jetzt sitzen wir wie Robinson und Robinschen auf zwei verschiedenen Inseln.« (zit. n. Härtl 2, S. 920)

Es wird nicht zuletzt diese späte Wiederannäherung gewesen sein, durch die sich Bettina 1844 zur Herausgabe ihres Jugendbriefwechsels mit Clemens berechtigt und inspiriert fühlte.

2. Clemens Brentano's Frühlingskranz (1844)

Die intensive Beziehung Bettinas zu ihrem Bruder Clemens und die starken Einflüsse der Frühromantik werden in ihrem Briefwechsel deutlich, den sie unter dem Titel *Clemens Brentano's Frühlingskranz* – bearbeitet und mit späteren Interpolationen – 1844 veröffentlichte. Nach Clemens Brentanos Tod am 28. Juli 1842 in Aschaffenburg (im Hause seines Bruders Christian) hatte sich zwischen Bettina und Christian, dem testamentarisch bestimmten Universalerben und literarischen Nachlaßverwalter, ein Streit um die Herausgeberrechte und -modalitäten von Clemens' Schriften ergeben. Während Bettina schon einige Jahre vor Clemens' Tod den Plan gefaßt hatte, das 1806/1808 gemeinsam mit Achim von Arnim herausgegebene *Wunderhorn*, für das auch sie einige Liedbeiträge gesammelt hatte, in neuer Bearbeitung erscheinen zu lassen, war dem katholischen Christian und der Brentano-Familie eher daran gelegen, an Clemens' frühe Schriften aus seiner ›glaubenslosen‹ und ›unsittlichen‹ Lebenszeit nicht mehr zu rühren (vgl. Sch/St 1, S. 992). So sollte bei einer Neuedition der *Gesammelten Schriften* Brentanos (1852) auch der

»verwilderte« Roman *Godwi* fehlen, dessen zweiten Teil Clemens seiner Lieblingsschwester Bettina 1801 gewidmet hatte (am Schluß des ersten Teils erscheint sie bereits als »Rabenschwarze [...] mit ihren Locken der Nacht« und den »schönen Augen«; vgl. FBA 16, S. 229). Bettinas Reaktion auf die Absicht ihrer Familie, das Bild Clemens' einseitig zu verfälschen und katholisch-religiös auszurichten, war ihr – wahrscheinlich im Winter 1843 – gefaßter Entschluß, ihren Briefwechsel mit Clemens selbst herauszugeben. Neben diesen Jugendbriefen befanden sich auch die Briefe, die Clemens mit Arnim und Sophie Mereau gewechselt hatte, in ihrem Besitz. Damit hatte sie mehr Materialien, als sie in einem Band verwerten konnte. Wie aus der Titelei des Bandes und einer eigenhändigen Notiz (Kat., S. 23) hervorgeht, dachte sie daran, einen zweiten Band erscheinen zu lassen, der vermutlich aus dem Briefwechsel Clemens – Achim von Arnim bestehen sollte. Das Projekt beschäftigt sie bis ins hohe Alter (vgl. Tb 13, S. 174, 177, 198 und 315).

Der Freundes- und Familienkreis war durch Bettinas Plan stark beunruhigt. Franz Brentano beschwor Bettina Anfang 1844: »Ich bitte Dich mit Tränen in den Augen, und im Namen sämtlicher Geschwister hier, verschone die Asche u. das Andenken Deines frommen Bruders [...]« (Henrici 149, Nr. 156). Und selbst die mit Clemens in seiner Münchener Zeit eng befreundete Emilie Linder sorgte sich in einem Brief an Edward von Steinle vom 19. 1. 1844: »was wird da alles in ihn hineingedichtet werden?« (Steinle 1897, Bd. 2, S. 167). »Hineingedichtet« hat Bettina »20 Gedichte ihres Bruders«, von denen »nicht weniger als 17« erstmalig veröffentlicht wurden (Härtl 2, S. 962). Auch finden sich mehrere Kostproben der Jugenddichtungen von Clemens, die die Familie am liebsten der Vergessenheit anheimgestellt hätte, wie einige »wörtlich übereinstimmende Passagen mit seiner Satire ›Der Philister vor, in und nach der Geschichte‹« (Härtl 2, S. 1010), Anklänge an den *Godwi* und den *Ponce de Leon* (vgl. Härtl 2, S. 963ff., Oehlke 1905, S. 259 und Sch/St 1, S. 1014-1022).

Da sich weder der originale Briefwechsel noch das handschriftliche Manuskript zum *Frühlingskranz* erhalten haben – wahrscheinlich sind diese Dokumente bei einem Brand im Hause der Politikerfamilie Kühlmann-Stumm vernichtet worden –, können keine definitiven Aussagen über das Ausmaß der nachträglichen Interpolationen gemacht werden. Die wenigen erhaltenen Briefe (vgl. FBA 30, S. 329-381) zeigen jedoch, daß Bettina vor allem die Briefe von Clemens weniger verändert hat, als ihre Zeitgenossen anzunehmen bereit waren. Daß in diesen Brieftexten jedoch generell interpoliert wurde, ist durch eine Äußerung Karl August Varnhagens von Ense, mit dem Bettina zur Entstehungszeit des *Frühlingskranzes* regen Kontakt hatte, verbürgt:

>»Bettine fand die Briefe ungeordnet, und ließ sie ungeordnet, bald ist der Leser im Jahre 1801, bald im Jahre 1804, ohne daß dies bestimmt angedeutet wäre; um die Verwirrung zu vollenden, schaltete Bettine beim Abschreiben mancherlei ein, wieder ohne Rücksicht auf die Zeitfolge, und so wird das Spätere in das Frühere gesetzt, das Frühere in das Spätere! Sie sagte mir selbst, daß sie jetzt beim Abschreiben manches hinzufüge, ausbilde, näher bestimme.« (28. 4. 1844; Tb 2, S. 291 f.)

Die Veröffentlichung des Buches im Mai 1844 rechtfertigte Bettina gegenüber den kritisch eingestellten Verwandten und Bekannten durch die Hinzufügung des Untertitels »aus Jugendbriefen ihm geflochten, wie er selbst schriftlich verlangte«, und zwei sich daran anschließenden Textpassagen aus (nicht überprüfbaren) Briefen von Clemens (vgl. K/M 1, S. 11).

Schon Varnhagen von Ense hatte beim Durchlesen des *Frühlingskranzes* mit Vergnügen erkannt, daß dieses Buch es darauf anlegte, noch einmal den inzwischen geschmähten Zeitgeist der frühromantischen Aufbruchsstimmung heraufzubeschwören. Es sind wesentliche Elemente der ›alternativen‹ frühromantischen Lebens- und Kunstauffassung, die Bettina als Autorin in den Dialog der widerspenstigen »Bettine« mit ihrem um ihre Bildung besorgten Briefpartner »Clemens« einbringt. Das starke Interesse der Romantiker an mittelalterlicher Dichtung, am Sammeln und Sichten altdeutscher Volkslieder, Märchen- und Sagenstoffe und deren ›Umdichtung‹, wird hervorgehoben. So übersendet »Clemens« einige »Lieder der Minnesänger aus dem Altschwäbischen«, die er »soviel es der Reim erlaubt, übersetzt« hat und nun als eigene Liebesgabe an »Bettine« einführt; oder er dichtet auf der Grundlage einer Geschichte aus der »Kölnischen Chronik«, die aus dem »dreizehnten Jahrhundert« stammt, eine Ballade, »um dem Arnim ein Gedicht schicken zu können«, wovon aber auch »Bettine« eine Abschrift beigelegt bekommt (K/M 1, S. 118 f. u. 151). Dieser freie Umgang mit überlieferten Texten, der nicht auf die originalgetreue Wiedergabe, sondern auf eine produktive Rezeption des Gelesenen in Form eines kreativen Aneignungsprozesses abzielte, war spätestens seit der Begründung der um Textkonservierung und um Buchstabentreue bemühten philologischen Quellenforschung durch die Brüder Grimm auf wachsende Kritik gestoßen. Bettina hielt jedoch – den philologischen Ambitionen der Grimms zum Trotz – in ihrer eigenen Schreibpraxis am Prinzip der freien romantischen Kunst(re)produktion mit Bestimmtheit fest. Mit überlieferten Texten verfuhr sie so, wie Arnim und Brentano es getan hatten. Sie nahm sich das Recht, die erhaltenen Briefe neu zu gestalten, um sie für den zeitgenössischen Leser (des Vormärz!) verständlich und interessant zu machen.

Zugleich hebt Bettina die lustbetonte und freigebige Praxis des romantischen Sympoetisierens und Symphilosophierens hervor. Im *Frühlingskranz* finden sich zahlreiche Hinweise auf den geselligen Charakter vieler literarischer Stegreifproduktionen des romantischen Freundeskreises, durch die die alltäglichen Lebensumstände ›poetisiert‹ wurden. Beispiele dafür sind die Szene des Märchenerzählens am Feuer und die Komposition der Liebesszene einer Oper (K/M 1, S. 169 f. u. 132). Härtl hat in diesem Kontext zu Recht auf Bettina von Arnims Rolle als Ko-Autorin verwiesen, die ein Umdenken in der Bewertung ihres Beitrags zur Literatur der Romantik verlangt (Härtl 2, S. 962).

Bettina von Arnim gehörte zu den wenigen Personen der literarischen und politischen Öffentlichkeit, die sich in der Mitte des 19. Jahrhunderts vorbehaltlos zu den Idealen der Frühromantik bekannte und einige dieser Ideale mit neuer – politischer – Akzentuierung aktualisierte. Mit der Publikation des *Frühlingskranzes* forderte sie die (meist unpolitischen oder konservativen) ›Altromantiker‹ heraus, die sich längst von den Ideen der Jenaer Zeit losgesagt hatten. Während August Wilhelm Schlegel mit »blonde[r] Perücke [und] höchst rote[n] Wangen« schon 1827 in Berlin Vorlesungen über »eine allgemeine Theorie der Künste« gehalten hatte, die Bettina vorkamen, »als ob ein alter Rumpelkasten über den Damm fährt, auf dem er Angst hat einzubrechen; ungeheuer selbstgefällig, leer, matt« (Vordtriede 2, S. 660), und während der in den 40er Jahren zum Geheimen Rath und Pour le Mérite-Ordensträger avancierte Ludwig Tieck vor Bettinas Augen konservativer und verbitterter wurde, ließ sie die Zeit der Frühromantik noch einmal aufleben, ohne dabei in sentimentale Nostalgie oder Lamentieren über verflossene ›goldene‹ Zeiten zu verfallen. Die Reaktion von Joseph von Eichendorff auf die Publikation des *Frühlingskranzes* zeigt, daß diese bewußte ›Renaissance‹ der Frühromantik im konservativen Lager als Provokation verstanden wurde. In seinem Essay *Brentano und seine Märchen* (1847) zitiert er ausführlich Bettinas Selbstdarstellung aus dem *Frühlingskranz* (»Meine Seele ist eine leidenschaftliche Tänzerin [...] daß ich nicht will mich zügeln lassen [...] das Gefühl der Eigenmacht«), um sie dann scharf zu kritisieren und ihren Bruder Clemens als positives Gegenbeispiel zu loben:

»Wir jedoch in unserer Sprache möchten diese verlockende Naturmusik, diesen Veitstanz des freiheitstrunkenen Subjekts kurzweg das Dämonische

15

nennen, womit eine unerhört verschwenderische Fee beide Geschwister, Bettina wie Clemens, an der Wiege fast völlig gleich bedacht hat. Bettina jubelt noch bis heute eigensinnig fort in ihrer Eigenmacht, während Clemens, jene Eigenmacht vielmehr als eine falsche Fremdherrschaft erkennend, mit dem Phantom gerungen hat bis an sein Ende.« (Joseph von Eichendorff: Geschichte der Poesie. Schriften zur Literaturgeschichte. Hrsg. v. Hartwig Schultz, Frankfurt am Main 1990, S. 282; vgl. a. S. 294 f.)

Bei Eichendorffs Votum spielen religiöse und politische Aspekte eine Rolle. Gegen Bettinas Dichtung hatte er Vorbehalte, weil sie nach seiner Meinung den heidnischen Idealen der Frühromantik huldigte und zugleich den Freiheitsidealen des Vormärz Vorschub leistete. In seinem Essay *Die Salonpoesie der Frauen* (1847) bezweifelt er generell die schöpferischen Fähigkeiten der Frauen und geht erneut auf Bettinas Publikationen der 1840er Jahre ein:

»[...] wo sie in ernsten, und namentlich in religiösen oder politischen Dingen, den Männern in's Handwerk pfuscht, ist sie durchaus ungenügend, weil unklar und phantastisch. Die Wurzel auch ihrer Poesie ist doch wieder nur das Gefühl; [...] Ja, das Anomale und Pikante ihrer Poesie besteht eben darin, daß sie gegen die natürliche weibliche Bestimmung und Beschränkung beständig rebelliert, und doch nimmermehr heraus kann. Doch Bettina's ganzes Wesen ist so bedeutend, daß wir wohl einandermal noch besonders von diesem alten Kinde sprechen.« (ebd., S. 294 f.)

Zu einer weiteren Würdigung der ›bedeutenden‹ Bettina durch Eichendorff kam es nicht. Eichendorff erkannte die Aktualität und Brisanz von Bettinas Publikationen; er hatte Verständnis für ihre Kritik des ›Philiströsen‹, die er selbst aus der Frühromantik übernommen hatte, konnte jedoch Bettinas Plädoyer für die frühromantischen Ideale des Spontanen, Individuellen, Ungebundenen nicht nachvollziehen.

Ähnlich ging es Tieck, der in seiner Spätzeit daran zweifelte, ob es je soetwas wie ›romantische Dichtung‹ gegeben habe. Seit 1841 lebte er – von Friedrich Wilhelm IV. berufen – in Berlin. Bettina kannte ihn seit ihrer Jugend, hatte ihn (gemeinsam mit Clemens) verehrt und sich im September 1806 vergeblich um einen Briefwechsel mit ihm bemüht. Deshalb spricht einiges dafür, daß sie sich bei ihrer Bearbeitung des *Frühlingskranzes* auch mit dem ›Höfling‹ Tieck auseinandersetzen wollte. Die Auffassung von Liebertz-Grün, der *Frühlingskranz* sei als »raffinierte Parodie« von Tiecks *Runenberg* zu verstehen, die unter das Stichwort »Glanz und Elend der Romantik« zu stellen sei (Liebertz-Grün 1988, S. 100 f.), überzeugt dennoch nicht. Zumindest ihre Annahne, als kontrapunktisch entwikkeltes »Hauptthema« dieses Werkes habe »das Ideal der harmonischen Bildung« zu gelten (ebd., S. 96), ist fraglich. Die Bildungsthematik, die für das Gesamtwerk Bettinas von grundlegender Bedeutung ist, tritt zwar auch im *Frühlingskranz* prominent in den Vordergrund. Bei einer Konzentration der Werkinterpretation auf diesen Aspekt, durch den unweigerlich die Qualität der persönlichen/psychologischen Beziehung »Bettines« zu »Clemens« zum Hauptgegenstand der Diskussion gerät, wird jedoch gerade das Thema des *Frühlingskranzes* vernachlässigt, das mit hoher Wahrscheinlichkeit erst nachträglich von der Autorin kunst- und absichtsvoll in das Buch integriert wurde: der Diskurs zur Bedeutung der Französischen Revolution.

Es ist vor allem die Verknüpfung der beiden historischen Begebenheiten: der geistig revolutionierenden Romantik einerseits und der romantisierend dargestellten Revolution andererseits, die den *Frühlingskranz* aus dem Bereich des Privaten herausheben und den philosophischen Zentralbegriff der Freiheit, der auf der ersten, persönlichen Ebene in Bezug zur Thematik der Erziehung und Sozialisation gesetzt wird, auf einer zweiten, gesellschaftlichen Ebene an die sozialen Phänomene von Romantik und Revolution koppelt. Im Kontext der geschichtlichen Entwicklung Preußens gab dieses Freiheitsideal – wie schon Eichendorffs Reaktion zeigt – den Zündstoff für die aktuelle Diskussion des Vormärz. Wenn Bettina im *Frühlingskranz* sich und ihre Leser an die Französische Revolution und deren Ideale der Freiheit, Gleichheit und Brüderlichkeit erinnerte, so geschah das gerade in dem historischen Moment, in dem es in Peterswaldau und Langenbielau auf Veranlassung Friedrich Wilhelms IV., des ›Romantikers auf dem Throne‹, zur brutalen Niederschlagung des Aufstands der schlesischen Weber (vgl. das Kapitel zum *Armenbuch*) durch das preußische Militär gekommen war. Der öffentliche, durch das *Königsbuch* 1843 angeknüpfte Dialog mit Friedrich Wilhelm IV., von dem Bettina wohl hoffte, das er auch dieses, dem Prinzen Waldemar gewidmete Buch lesen würde, wird somit indirekt fortgesetzt. So flicht sie unter anderem eine Sentenz mit ein (»Der ist nicht König der aus Hilfsmitteln der Not das augenblickliche Mögliche benützt um seine Verdienste daraus zu bilden«; K/M 1, S. 88), die angeblich aus ihrem Offenbacher Jugendtagebuch stammte, in das sie regelmäßig ihre ›Revolutionsgedanken‹ schrieb. Die Grundlagenforschung hat jedoch ergeben, daß die »Begeisterung für die Französische Revolution und ihre girondistischen Wortführer, die der ›Frühlingskranz‹ nahelegt,« anhand der »wenigen authentischen Quellen aus den Offenbacher Jahren nicht zu erkennen ist« (Härtl 2, S. 912). Die Aktualisierung und Entwicklung des ›Girondisten-Traummotivs‹ (»Bettine« verurteilt den Terror und die Diktatur der Jakobiner und sympathisiert mit den hingerichteten Girondisten) läßt sich erst vom *Günderodebuch* (1840) über einen noch unveröffentlichten Brief Bettinas an Philipp Nathusius vom August 1840 bis zum *Frühlingskranz* von 1844 nachweisen. Mit dieser »Brücke prophetischer Erinnerung« – Bettina will die Hinrichtung der Girondisten am 31. Oktober 1793 »als achtjähriges Kind im Zusammenhang mit dem Tod der Mutter (19. November 1793)« lebhaft wahrgenommen haben (vgl. Härtl 1990, S. 137) – arbeitet Bettina nachträglich an ihrer autobiographischen Stilisierung zur bedeutenden historischen Persönlichkeit und ›Zeitzeugin‹ der Französischen Revolution. Härtl (1990), Hoock-Demarle (1989) und Hirsch (1988) haben darauf hingewiesen, daß die Person des Grafen Mirabeau, der in Deutschland aufgrund seiner Mittlerrolle bei vielen seiner Zeitgenossen – so auch bei Goethe und Rahel Varnhagen – hoch angesehen war, von zentraler Bedeutung in Bettinas rückblickender Auseinandersetzung mit den Ideen der Französischen Revolution war. Der geschickte Taktierer und mitreißende Rhetoriker Mirabeau verstand es, sowohl mit dem Hof zu paktieren als auch seinen Einfluß in der Nationalversammlung zur Geltung zu bringen. Vermutlich wäre er mit der Fortexistenz einer konstitutionellen Monarchie einverstanden gewesen, obwohl er den revolutionären Grundsatz der Volkssouveränität dabei nie aufgab. Auch Sophie von La Roche, die über das spätere Blutvergießen entsetzt war und sich zur erklärten Revolutionsgegnerin entwickelte, war anfangs noch von Mirabeaus herausragenden rhetorischen Talenten beeindruckt worden und hatte sich, was ihre beiden Werke *Erinnerungen aus meiner dritten Schweizerreise* (1793) und *Mein Schreibetisch* (1799) belegen, Auszüge aus seinen Schriften gemacht (vgl. Härtl 2, S. 975). Bettina benutzte nicht nur die *Erinnerungen* ihrer Großmutter zur Abfassung des *Frühlingskranzes* sondern vermutlich auch die *Reden Mirabeau's* selbst, die sie sich am 2. April 1842 von Varnhagen auslieh. In einer anekdotenhaften Erzählung wählt sich »Bettine« im *Frühlingskranz* Mirabeaus Sentenz »Die Macht der Gewohnheit ist eine Kette die selbst das größte Genie nur mit vieler Mühe bricht« als Leitspruch für ihr weiteres Leben und verdeutlicht eben damit nicht nur ihre Sehnsucht nach individueller, sondern auch nach gesellschaftlicher Freiheit (K/M 1, S. 23). Mirabeaus Auffassung einer konstitutionellen Monarchie war den Vorstellungen Bettinas durchaus verwandt und mit seinem taktischen Lavieren zwischen den Fronten, das der Form ihrer eigenen politischen Überzeugungsarbeit entsprach – man denke hier nur an ihr Agieren in der Affäre um die Brüder Grimm – wird sie zweifellos sympathisiert haben. Vor allem ging es ihr aber darum, ihren Lesern Mirabeau als politischen Erzieher und wagemutigen, aber das Volk ›liebenden‹ Revolutionshelden zu schildern, »wobei der Projektion entgegenkam, daß dieser seinem König geraten hatte, sich auf das Volk zu stützen und die Konstituante aufzulösen« (Härtl 1990, S. 146). Indem die Autorin Bettina von Arnim ihre gegenwärtigen sozialpolitischen Wünsche und Hoffnungen in der rückwärtsgerichteten utopischen Projektion an die historische Figur Mirabeaus knüpft, ohne sich dabei an korrekte historische Fakten zu halten – die Verbindung zwischen Mirabeau und den Girondisten ist von ihr nachträglich konstruiert worden –, bemüht sie sich um die Herausarbeitung bestimmter grundlegender Haltungen und Eigenschaften (›Liebe‹ zum Volk und ›Verständnis‹ für dessen Nöte, auch wenn es rebelliert wie die schlesischen Weber), von denen sie sich Rettung für die Zukunft verspricht. Die Vermischung der verschiedenen Zeitebenen ist von Bettina, die 1844 während der Entstehungsphase des *Frühlingskranzes* Materialien für ihr *Armenbuch* sammelte, erwünscht und wird in bezug auf ihre Selbstdarstellungsabsichten als Mittlerin zwischen ›Revolutionen‹ einerseits und zwischen dem ›König‹ und dem ›Volk‹ andererseits geschickt von ihr arrangiert. Bettina/«Bettine» möchte wie einst Mirabeau mit dem ›Feuer‹ ihrer Eloquenz auf den König einwirken, und sie wünscht sich, daß Mirabeau »bei mir, mit mir sein möge und mich lehren sprechen zu seiner Zeit. Denn auch ich möchte die Welt umfassen« (K/M 1, S. 28). Vor diesem Hintergrund ergeben sich zwei verschiedene Interpretationszugänge. Hoock-Demarle (1989) bemüht sich um die Herausarbeitung der frühen, nicht immer eindeutig belegbaren Auseinandersetzungen Bettinas mit den Revolutionsereignissen. Härtl (1990) wählt dagegen den umgekehrten Weg der Annäherung, indem er Bettinas Interesse an der Französischen Revolution vor allem aus dem zeitgeschichtlichen (preußischen) Kontext der Entstehung des *Frühlingskranzes* ableitet und dabei zu überzeugenderen Resultaten kommt. Härtl gelingt es nicht nur, Bettinas Leistung als Autorin und Editorin auf angemessenere Art und Weise zu würdigen, sondern er erschließt zudem die angesichts des scheinbar romantisch stimmungsvollen Erinnerungscharakters überraschende politische Wirkungsabsicht dieses Buches.

II. Von der Eingebundenheit des Frankfurter ›Philisterdaseins‹ zur Eigenständigkeit auf Probe in München und Landshut – die Außenseiterin im Kreise der Großfamilie

1. Biographisches (1802-1810)

Mit dem 28. November 1802 endete Bettinas Aufenthalt bei der Großmutter Sophie von La Roche; sie zog in den ›Goldenen Kopf‹ nach Frankfurt um, wo sie sich während der Offenbacher Jahre nur gelegentlich zu Besuch aufgehalten hatte. Im Stammhaus hatte sich inzwischen manches verändert. Franz Brentano (1765-1844), Oberhaupt der Familie und Vormund der jüngeren Geschwister, hatte seinen Stiefbruder Georg – Maximilianes ältesten Sohn – als Gesellschafter mit in sein Handelsgeschäft aufgenommen und war dabei, das vom Vater begonnene Geldverleihwesen zu einem florierenden Bankgeschäft auszubauen. Als Nachfolger Peter Anton Brentanos im Amte als kurtrierischer Geheimer Rat und akkreditierter Resident Frankfurts nahm Franz »im öffentlichen Leben seiner Vaterstadt [...] eine bedeutende Stellung« ein und brachte es 1816 sogar zum Senator (Brentano 1940, S. 95). 1798 ging er eine arrangierte Ehe mit der katholisch getauften Johanna Antonia Josefa (Toni) (1780-1869), geb. Edle von Birkenstock, aus Wien ein.

Die Gründe für den Umzug der knapp 18jährigen Bettina aus ländlicher in städtische Umgebung lagen auf der Hand. Sie sollte im Hinblick auf eine mögliche Ehe in die Frankfurter Gesellschaft eingeführt und gleichzeitig von Franz' Frau, Toni, in der Haushaltsführung unterwiesen werden (vgl. AM, S. 17). Bettina scheint jedoch weder zu Toni noch zu Franz das rechte Verhältnis gefunden zu haben, wenn sie sich auch der Autorität der beiden beugte. Nach verhältnismäßig kurzer Aufenthaltszeit in Frankfurt begannen sich die Klagen über sie zu häufen: »Bettine ist ein herzensgutes Mädchen, aber étourdi und leichtfertig bis ins Unbegreifliche«, schrieb Franz an Clemens, »sie hasset so ganz alles, was nur eine entfernte Ähnlichkeit mit sittlichem Zwang hat« (4. 6. 1803; AM, S. 17).

Daß Franz an einer frühen und standesgemäßen Verheiratung Bettinas sowie auch ihrer jüngeren Schwestern stark interessiert war, ist insbesondere durch die von Bettina aufgezeichnete ›Gerning-Episode‹ aus der Mitte des Jahres 1803 belegt. Nach Bettinas Notizen war das Gerücht in die Welt gesetzt worden, daß der zu den wohlhabenden und angesehenen Kreisen Frankfurts zählende Kaufmann und Autor Johann Isaak von Gerning, der zu Goethe, Sophie von La Roche und Hölderlin Beziehungen hatte, sich um Bettinas Hand bewerben wollte. »Etliche Tage nachher«, berichtet Bettina,

»kam mein Bruder Franz auf einmal zu mir und bat mich, ihm ernstlich zuzuhören, es habe nämlich ein reicher, junger, geehrter Mann um mich angehalten, ich bat ihn, mir seinen Namen zu sagen, er hatte Bedenklichkeiten über meinen Leichtsinn und redete mir sehr scharf zu, mein Glück nicht von mir zu stoßen. Dieser Mann habe über 10 000 Gulden jährlicher Einkünfte, [...] es sei Herr von Gerning. Ich war ganz überrascht, daß dieser Mann die Frechheit habe, an mich zu denken, ich schimpfte wie ein Rohrspatz, machte dem Franz die bittersten Vorwürfe, mir so einen Esel als Mann anzutragen, und er war froh, wie er mich verlassen hatte, sagte mir auch niemals mehr ein Wort davon.« (K/M 4, S. 131)

Was Franz in Bettinas Fall nicht gelang, ließ sich bei den ebenfalls im Hause lebenden Schwestern Gunda und Lulu problemlos arrangieren. Gunda heiratete am 17. 4. 1804 Clemens' Studienfreund, den begüterten, aus aristokratischer Familie stammenden Karl Friedrich von Savigny, der 1799 sein Jurastudium in Marburg abgeschlossen hatte und sich 1803 dort mit seiner Schrift *Das Recht des Besitzes* den Professorentitel erworben hatte. Bettinas jüngere Schwester Lulu ließ sich ein Jahr später, am 22. 7. 1805, standesgemäß mit dem Hofbankier des Kurfürsten von Hessen, Johann Karl Jordis, verehelichen, der im Juli 1807 zum Hofbankier des Königs Jérome von Westfalen avancierte. In Bettinas Kommentar über Lulus bevorstehende Eheschließung (vgl. AM, S. 37) entlädt sich ›romantische‹ Kritik über die aus Versorgungsgründen geschlossene Verbindung, aber auch eine Spur von Bitterkeit über ihre eigene Abhängigkeit von der Familie. Im Gegensatz zu ihren heiratsfähigen und -willigen Schwestern scheint Bettina, deren weit über dem Durchschnitt liegende Begabung auch in Frankfurt auffallen mußte, in diesen Jahren einen weit intensiveren und aufwendigeren Privatunterricht erhalten zu haben als Lulu, Meline oder auch Gunda. Es muß jedoch vermutet werden, daß die Kosten dafür zu Lasten ihres eigenen Erbteils gingen, was einem etwaigen Widerstand der Familie gegen den in ihrem Fall ungewöhnlich hohen Bildungsaufwand entgegengewirkt haben wird.

In ihren Frankfurter Jahren beschäftigte sich Bettina verstärkt mit Geschichte, Philosophie, Zeichnen und Musik. Für intellektuelle Anregung sorgte besonders der zum Schwager gewordene Savigny, der ihr – wie Achim rückblickend kritisierte – allerdings oft Bücher empfahl, »an denen wahrhaftig ein Philologe von Profession zu knaupeln« gehabt hätte (Steig I, S. 291). Auch die mangelnde Koordination des wechselweise von Clemens, Savigny und Christian geprägten Bildungsplans für Bettina ist von Achim 1811 zu Recht kritisiert worden, obwohl auch er nicht auf die Punkte zu sprechen kommt, unter denen sie am meisten gelitten zu haben scheint – das Fehlen jedweder sinnvollen Zukunftsperspektive als Motivationsgrundlage für ihre diversen Studien und die bedrückende Eingebundenheit in das Frankfurter ›Philisterleben‹. Savigny, den Bettina nach seiner Heirat ironisch in »Habihnnie« umgetauft hatte, wurde vorübergehend zum Vertrauten ihrer Klagen über ihr Gefühl der ›Nichtigkeit‹, der Rast- und Trostlosigkeit:

»Daß ich traurig bin, kannst Du Dir wohl leicht erklären. So viel Lebenskraft und Mut zu haben und keine Mittel, ihn anzuwenden! Wie mag es einem großen Krieger zu Mut sein, dem das Herz glühet zu großen Unternehmungen und Taten, und der in der Gefangenschaft ist, mit Ketten beladen, an keine Rettung denken darf. Mir überwältigt diese immerwährende rastlose Begier nach Wirken oft die Seele und bin doch nur ein einfältig Mädchen, deren Bestimmung ganz anders ist. Wenn ich so denke, daß gestern ein Tag war, wie heute einer ist und morgen einer sein wird und wie schon viele waren und noch viele sein werden, so wird es mir oft ganz dunkel vor den Sinnen und ich kann mir selbst kaum denken, wie unglücklich mich das machen wird, nie in ein Verhältnis zu kommen, worinnen ich meiner Kraft gemäß wirken kann.« (Oktober 1804; AM, S. 23)

Ob Savigny allerdings die rechte Adresse für Bettinas Unmutsgefühle war, ist zu bezweifeln. In einem seiner späteren Briefe rät er ihr, ohne die Klagen Bettinas im Grunde ernstzunehmen, zur »stille[n], ruhige[n], innig zufriedene[n] Selbstbeschränkung« und Einfügung in ihre Verhältnisse: »Dein Blick ist wie billig nach dem Himmel gerichtet, aber Dir fehlt das Talent, Dir kleine Stuben- und Taschenhimmel zu erbauen« (31. 1. 1807; Härtl 1979, S. 117). Auch Franz ist von seinem schon 1802 geäußerten Urteil, daß Bettina »gut werden [könne], wenn sie einfach und natürlich bleibt und nicht eigene Länder entdecken will, wo keine weibliche Glückseligkeit zu entdecken ist«, nie abgerückt. Seine starke Abneigung gegen das Reisen von Frauen generell, besonders aber gegen von ihm als ›unanständig‹ angesehene ›Wallfahrten‹ Bettinas, »die die ganze Familie blamieren«, ist ein exemplarischer Beleg für seine Vorstellung von weiblicher Bestimmung und Wohlanständigkeit, wie sie seiner Zeit entsprachen (Härtl 1979, S. 108). »Du weißt, wie ich das Herumschwärmen von Mägden in der Welt hasse«, schrieb er am 1. April 1807 an Bettina, die zu dieser Zeit den Plan gefaßt hatte, nach Weimar zu reisen, um Goethe kennenzulernen.

Der jungen Bettina wurden einerseits enge Grenzen gesetzt, andererseits eröffnete ihr der Umgang mit Clemens, Christian und Savigny und dem weitverzweigten Freundes- und Bekanntenkreis ihrer Familie Studier- und Lernmöglichkeiten, die weit über die Möglichkeiten anderer junger Frauen ihrer Zeit hinausgingen und die sie auch zu nutzen verstand. So ist es wohl Christians medizinischem Interesse und seiner Vermittlung zu verdanken, daß sich Bettina im Sommer 1806 die aufsehenerregenden Frankfurter Vorlesungen über »Gehirn- und Schädellehre« des Arztes und Phrenologen Franz Joseph Gall anhören konnte, von denen sie fasziniert war. Und eine mehrmonatige Einladung der Savignys und Christians nach Marburg, der sie im Spätherbst 1805 gemeinsam mit Meline nachkam, gab ihr zum erstenmal die Gelegenheit, das Universitätsleben aus nächster Nähe kennenzulernen

Die in Frankfurt sich entwickelnde kritische Distanz Bettinas zu ihrer Familie, der sie in der Form einer geharnischten Kritik am ›Philisterwesen‹ ein Leben lang treu geblieben ist, bezog sich sowohl auf deren Einstellung zur Institution der Ehe als auch auf die Zurschaustellung des Reichtums. Die von Clemens und Christian geübte generelle Kritik an der Geschäftstüchtigkeit von Franz und Georg, diesen »miserablen Menschen« mit »geldklangtauben Ohren«, die ihren beruflichen Interessen Priorität zumaßen, ist von Bettina im Prinzip geteilt worden (vgl. UL, S. 449; Härtl 1979, S. 108). Darauf deuten nicht zuletzt Bettinas kritisch-autobiographische Bemerkungen über das Frankfurter Geschäfts- und Gesellschaftsleben im *Frühlingskranz*, wo »Bettine« über die »Wüste, in welche[r] die Gemeinde der [Frankfurter] Gesellschaft sich versammelt«, klagt:

»In den Straßen riecht es nach Schacher; Sonntags sind die Läden geschlossen! Was steckt denn hinter diesen eisernen Stäben und Gittern? – Schacher, Geld! – Was machen die Leute mit dem Geld? – Ach! Sie geben Diners, sie putzen sich und fahren mit zwei Bedienten hinten auf.« (K/M 1, S. 155)

Ähnlich vornehm und prätentiös wie in Frankfurt ging es auch im Kasseler Haus der vorteilhaft verheirateten Lulu zu, die ihre Schwestern Bettina und Meline im Februar 1806 für einige Wochen zu sich eingeladen hatte, und bei der Bettina im Jahr darauf von Ende Februar bis Mitte Juli 1807 noch einmal mehrere Monate zu Gast war.

Bettinas oft gespanntes Verhältnis zu den nächsten Verwandten und die für sie bedrückende Enge des Lebens im ›Goldenen Kopf‹ sind von Clemens früh erkannt worden. Schon 1802 hatte er Achim gegenüber geklagt, daß er der »unglüklichen« Bettina »nicht aus ihrer Gefangenschaft helfen« dürfe und »fürchte, sie wird nicht lange leben, so ohne Liebe und ohne Freude«: »sie ist durch und durch mishandelt von ihrer Familie und erträgt es mit stiller Verzehrung ihrer selbst« (FBA 29, S. 502 f.). Und in einem Brief an Sophie Mereau vom 4. September 1803 sorgte er sich darum, Bettina »unter diesen Menschen gefangen, und nach und nach zerdrükt zu sehen« (FBA 31, S. 165). Bettina ist selbst in späteren Briefen wiederholt auf die oft kränkende und unduldsame Ablehnung, die sie früher in ihrem Familienkreis erfahren hatte, zu sprechen gekommen: »so sehr und oft von den Menschen meiner Dummheit überwiesen, und meiner unverständlichen Neigungen (die Wahnsinn schienen) wegen beklagt und verdammt« (an Döring, März 1839; Vordtriede 1963, S. 353). Ihre Versuche, durch ›Quirligkeit‹, durch exzentrisches und auffallend redseliges Verhalten Aufmerksamkeit zu erregen, resultieren ebenso aus dieser Situation wie die gelegentliche Tendenz zum Schweigen, zur Abkapselung und zum stillen, kritischen Beobachten ihrer Umwelt. Auch darin – nicht nur im Gefühl, nicht in die Frankfurter ›Gesellschaft‹ zu passen und zur weiblichen Untätigkeit verdammt zu sein – wußte sie sich ihrer fünf Jahre älteren Freundin Karoline von Günderrode (1780-1806) eng verbunden.

Bettinas geschärftes Bewußtsein für unangepaßtes und einzelgängerisches Verhalten, ihr Verständnis für physisch und psychisch Leidende und individualistische Außenseiter, zu denen sie im Familienkreis selbst gerechnet wurde, hat sich in diesen Frankfurter Jahren der Abhängigkeit von der Familie herausgebildet und gefestigt. Zu den problematischen Randfiguren der Frankfurter Gesellschaft gehörte neben Karoline von Günderrode auch Friedrich Hölderlin, der vom Januar 1796 bis zum September 1798 im Hause der Bankiersfamilie Gontard als Hofmeister (Hauslehrer) angestellt war. Seine Liebe zu der zeitweilig mit Gunda befreundeten Susette Gontard galt als ›Skandal‹, über den Bettina wohl vor allem durch ihren späteren Umgang mit Hölderlins Schüler Henry Gontard, »ein[em] Jüngling wie ein Kind«, näher informiert war, den sie 1805 kennen und wegen seiner »Unschuld und Liebe« zu ihr schätzen gelernt hatte (vgl. AM, S. 33 f.). Bettina hatte vermutlich nie selbst mit Hölderlin, sondern nur mit seinem Freundeskreis Kontakt. Belegt ist vor allem Bettinas Frankfurter Begegnung im September 1806 mit Hölderlins engstem Freund Isaak von Sinclair, der aufgrund seiner Sympathien für die Französische Revolution im Jahr davor einen politischen Hochverratsprozeß durchzustehen hatte, in den Hölderlin nur deshalb nicht mit hineingezogen wurde, »weil er als wahnsinnig galt« (Härtl 2, S. 850). Bettinas Zusammenkunft mit Sinclair fand bezeichnenderweise kurz nach dem Selbstmord Günderrodes und nur wenige Tage nach Sinclairs endgültiger Trennung von Hölderlin statt, der am 11. September zwangsweise von Homburg in die Autenriethsche Klinik nach Tübingen gebracht worden war. Beides war sicherlich Stoff der Diskussion mit Sinclair, an den sich die Autorin Bettina von Arnim während der Arbeit an ihrem *Günderodebuch* später erinnerte.

Bettina hatte Karoline von Günderrode, die seit dem 14. Mai 1797, ihrem 17. Lebensjahr, als Stiftsdame im Cronstetten-Hynspergischen adligen evangelischen Damenstift in Frankfurt am Main lebte, nach ihren Angaben schon 1799 mit 14 Jahren auf der ›Grünen Burg‹, einem beliebtem Frankfurter Ausflugsziel, kennengelernt (Cornill-Dechent 1939). Die aus einer verarmten hessischen Adelsfamilie stammende Karoline hatte sich eher aus finanziellen und familiären Gründen als aus religiöser Überzeugung zum Eintritt in das Stift entschließen müssen, weshalb die sonst strengen Ordensregeln – »das Verbot, Besuche zu empfangen und Reisen zu unternehmen, wie auch der Kleiderzwang« – eigens für sie ›gemildert‹ wurden (Sch/St 1, S. 826). Karoline, die gesellschaftlichen Umgang mit den Brentanos hatte, fühlte sich anfangs vor allem zu der gleichaltrigen Gunda hingezogen. Eine ›Leidenschaft‹ für Savigny, den sie 1799 auf dem Landgut der Leonhardis in Lengfeld kennengelernt hatte, scheint sie jedoch in ein uneingestandenes Rivalitätsverhältnis zu Gunda gebracht zu haben (vgl. Preitz 1964, S. 163). Savignys diskret im Freundeskreis eingeholte Erkundigungen über Günderrodes ›häusliche Verhältnisse‹ deuten darauf hin, daß er eine Verbindung mit ihr in Erwägung zog, dann aber vor ihren verworrenen Familien- und Vermögensverhältnissen zurückschreckte. Ähnlich wie Susette Gontard unterhielt Karolines Mutter zeitweilig ein Verhältnis mit einem Hofmeister und war deshalb in einen erbitterten Rechtsstreit um das väterliche Erbe verwickelt (Stoll, S. 97; Preitz 1964, S. 217; Tb 14, S. 241). Savigny stand jedoch auch den poetischen Ambitionen der Günderrode und ihrer »outrirte[n] Selbständigkeit« kritisch gegenüber und empfahl ihr – ähnlich wie er auch Bettina mit Ratschlägen versorgte – in einem Brief vom 13. Juli 1804 »das rechte Verhältnis der Selbständigkeit zur Hingebung« (Härtl 2, S. 786). Trotz dieser Zurückweisung gelang es Karoline, mit Gunda und Savigny ein freundschaftliches Verhältnis aufrechtzuerhalten – was sich während der Zeit ihrer Liebe zu Friedrich Creuzer allerdings für sie als Belastung erweisen sollte. Auch mit Clemens, dessen poetische Arbeiten Karoline schätzte, ergab sich für kurze Zeit ein lediglich von seiner Seite geschürter Annäherungsprozeß, der durch einen kurzen, erotisch aufgeladenen Briefwechsel aus dem Jahr 1802 dokumentiert ist (vgl. Sch/St 1, S. 828-836).

Karoline scheint der Ende 1802 nach Frankfurt umgezogenen Bettina anfangs recht kritisch gegenübergestanden zu haben: »Diese [Bettina] wird mir immer unangenehmer«, schrieb sie am 12. Juli 1803 an Gunda (Preitz 1964, S. 182). Spätestens 1804 kam es aber dann doch zu einem engen freundschaftlichen Umgang zwischen beiden, der vielleicht durch Karolines Mitwirken am ›Bildungsprogramm‹ für Bettina entstand. So berichtete Bettina Ende Oktober 1804 in einem Brief an Savigny, daß sie »die Geschichte mit großem Eifer lerne, morgens für mich und nachmittags mit Günderödchen« (AM, S. 25). Bettina revanchierte sich bei der Freundin durch eine inspirierende und rege Teilnahme an ihrer Werkproduktion. Karoline hatte 1804 einen ersten Band *Gedichte und Phantasien von Tian* erscheinen lassen, dem 1805 unter demselben Pseudonym *Poetische Fragmente* folgten. Einige kleinere Schriften waren zudem in literarischen Zeitschriften, Almanachen und Taschenbüchern veröffentlicht worden; Karolines *Geschichte eines Brahminen* beispielsweise 1805 in Sophie von La Roches literarischem Sammelband *Herbsttage*, ihre gelungene dramatische Skizze *Nikator* [»von Tian«] im Frankfurter *Taschenbuch für das Jahr 1806* und ihre beiden Dramen *Udohla* und *Magie und Schicksal* ohne jede Namensnennung im ersten Band der von Friedrich Creuzer und Carl Daub 1805 herausgegebenen Zeitschrift *Studien*. Die Werke sind heute zugänglich in der historisch-kritischen Ausgabe von Morgenthaler.

Einem »Studienbuch« Karolines, das sich erhalten hat, ist zu entnehmen, daß ihre Dichtung anfangs von Jean Paul, Jacobis *Woldemar*, den literarisch gefälschten Ossian-Gesängen des Schotten James Macpherson, Hölderlin und Herder beeinflußt war, was nicht ohne Einfluß auf Bettina blieb. Karoline hatte sich zuerst der Weimarer Klassik verpflichtet gefühlt, begeisterte sich dann jedoch mehr und mehr für die neue romantische Literatur und Philosophie. Ihr Studium der Werke Kants, Fichtes, Schellings, Schleiermachers und Novalis' sind ebenso belegt wie Exzerpte aus dem *Athenäum* und Studien zur Physignomik und Metrik (vgl. Morgenthaler 2, S. 271-483). Es ist daher zu vermuten, daß Karoline auch Bettina – wie im *Günderodebuch* geschildert – zur größeren Anteilnahme an zeitgenössischer Philosophie zu bewegen suchte. Das schwere »Nervenfieber« Bettinas (in der Regel die Bezeichnung für eine fiebrige Infektionskrankheit) im Winter 1804/05 – durch einen Brief Gundas belegt – dürfte jedoch kaum auf ihr Unbehagen an romantischer Philosophie zurückzuführen sein (vgl. K/M 2, S. 52 sowie Schultz 1990). Bettinas wachsende Einsicht in die restriktiven Lebensumstände ohne klare Perspektive und der Prozeß fortschreitender Isolation innerhalb ihrer Familie, werden ihren Teil zu ihrem ›Unwohlsein‹ beigetragen haben, ohne daß sie auf viel Mitgefühl hoffen konnte. So bedankte sich Gunda für die aufopfernde ›Pflege‹ Bettinas bei der ebenfalls leidenden, von starken Sehstörungen und Kopfschmerzen geplagten Günderrode, der aufgrund der Erkrankung am »schwarzen Star« die Erblindung drohte, mit den ungerührten Worten: »[...] das alles lohne Dir Gott, und pflege sie [Bettina] immer denn sie ist wohl immer krank« (17. 2. 1805; Preitz 1964, S. 207).

Als vorübergehender Ausweg bot sich der gemeinsam mit Karoline unternommene Rückzug in die Innerlichkeit und in das Reich der Phantasie an. Im *Goethebuch* erinnert sich Bettina/«Bettine« an Reiseabenteuer, die sie gemeinsam mit der Freundin erdachte und in einem ›Reisejournal‹ festhielt:

»Von dem, was sich in der Wirklichkeit ereignete, machten wir uns keine Mitteilungen; das Reich, in dem wir zusammentrafen, senkte sich herab wie eine Wolke, die sich öffnete, um uns in ein verborgenes Paradies aufzunehmen; da war alles neu, überraschend, aber passend für Geist und Herz; und so vergingen die Tage.« (K/M 2, S. 49; vgl. a. K/M 1, S. 365 f.)

Einer ernsthaft verfolgten literarischen Betätigung, die Bettina auch von Clemens anempfohlen wurde, standen zu diesem Zeitpunkt jedoch ihr schwankendes Selbstbewußtsein und ihre Einsicht in das Dilettantische und Fragmentarische ihrer künstlerischen Versuche entgegen. Schon im Sommer 1804 hatte Bettina der Freundin Günderrode – die ihren eigenen Arbeiten ebenfalls sehr kritisch gegenüberstand – geschrieben:

»Dichten kann und mag ich jetzt nicht, ich habe mehrere Rezensionen von Goethe über jetzige Dichter gelesen, und wenn er darin von festem Gehalt, von reinem Ton, von ernster, tiefer Kenntnis spricht, so empfind' ich ebenso wohl ernste, tiefe Ehrfurcht für den Dichter, aber wie sollt' ich mich wagen ohne Vorbereitung? Ja, es kommt mir sonderbar kühn vor, wie mancher nur seiner eigenen, durch tausend böse Leidenschaften erhitzten Phantasie folgt, wie Eitelkeit ihn treibt, nach falschem Ruhm zu haschen;« (K/M 5, S. 200)

Die Phase der intensiven Freundschaft zwischen Bettina und Karoline, deren ›bildender‹ Einfluß von Bettina von Arnim im *Günderodebuch* herausgestellt wurde, dauerte vom Herbst 1804 bis etwa Spätsommer/Herbst 1805. Noch im November 1805 äußerte sich Bettina in einem aufschlußreichen Originalbrief über die Bedeutung dieses Bundes:

»Mein Gott! ich habe niemand, mit dem ich ernstlich sprechen könnte, ohne daß er mir gerade ins Gesicht sagen würde: ›Du sprichst Kinderei, Du lügst, Du bist gespannt, Du extravagierst,‹ und meistens in den Augenblicken, wo mir Gott mehr die Gnade verleiht, mich in der Sprache auszudrükken, welches nur selten geschieht; Du allein, wenn Du auch nicht zu meinen Ideen eingingst, hättest doch eine Art von Achtung vor denselben, wie vor aller Phantasie der Dichter hat.« (K/M 5, S. 202)

Zu einer allmählichen Entfremdung zwischen den Freundinnen kam es jedoch, als Günderrode seit Mitte des Jahres 1804 begann, sich dem Altertums- und Mythenforscher Friedrich Creuzer anzuschließen; eine Entwicklung, die die Autorin Bettina von Arnim später im *Goethebuch* mit schonungslosen Worten beschrieben hat: »Häßlich wie er [Creuzer] war, war es zugleich unbegreiflich, daß er ein Weib interessieren könne« (K/M 2, S. 59). Zu dem aus ärmlichen Verhältnissen stammenden Creuzer, einem Universitätsfreund Savignys, der nicht gerade glücklich mit der Witwe seines Professors verheiratet war, entspann sich nach und nach eine Liebesbindung, die Karoline auf Betreiben Creuzers vor Bettina geheimzuhalten suchte. Die Brentanos (Clemens und Bettina) galten – nicht ganz ohne Grund – als indiskret, als ›schwatzhaft‹ und ›vorlaut‹. Der ängstlich um seine Karriere und gesellschaftliche Stellung besorgte Creuzer, dessen beruflich-finanzielle und persönliche Abhängigkeit von Savigny und seiner wesentlich älteren Frau Sophie die Situation komplizierte, drängte Karoline daraufhin, mit Bettina zu brechen und sich »gegen jedes Eingreifen der Br[enta]nischen und S[avign]yschen Familie« in ihr »inneres Leben« zu verwahren (11. 5. 1806; Preisendanz 1912, S. 266 f.). Nach vollzogener Trennung tröstete er die Geliebte am 23. 6. mit wenig einfühlsamen Worten:

»Daß das Weinen der Bettine Dir schmerzlich war, begreife ich und fühle, wie ich Veranlassung bin. – Aber in sich verstehe ich dies Weinen nicht. Zum Weinen hätte sie freilich Ursache genug. Sie könnte darüber weinen, sollte es sogar, daß sie eine Brentano geboren ist [...], daß sie egoistisch ist, und kokett und faul, [...].« (Preisendanz 1912, S. 300 f.)

Bettina, durch den abrupten und definitiven Bruch gleichzeitig überrascht und enttäuscht, erbat sich in einem letzten Schreiben an Karoline vom Juni 1806 ihre Briefe zurück.

Am 26. Juli 1806 erdolchte sich Karoline von Günderrode »am Samstag Abend um halb 8 Uhr in Winkel« am Ufer des Rheins (Meline an Savigny am 1. 8. 1806; AM, S. 46 f.). Es wurde bekannt, daß Creuzer, der krank gewesen und während dieser Zeit von seiner Frau Sophie gepflegt worden war, unter dem Eindruck tödlicher Bedrohung seiner Frau versprochen hatte, sein Verhältnis mit der Günderrode zu beenden. Die vorher erwogenen Pläne einer Scheidung oder eines Zusammenlebens zu dritt, die Creuzer in buchhalterischer Manier brieflich erläutert und Karoline abgelehnt hatte, waren damit obsolet. Karoline erfuhr von Creuzers Entscheidung durch einen Brief von Creuzers Kollegen Daub. Wie ihr Studienbuch und ihr Briefwechsel mit Creuzer belegen, hatte sie sich schon einige Zeit vorher mit Lebens- und Todessinnfragen im Kontext romantischer Naturphilosophie befaßt. Belegt ist vor allem ein starker thematischer Einfluß Schellings, aber auch die Verklärung des Todes in Hölderlins *Hyperion* als eines ›Zurückfließens‹ in die Natur‹ scheint nicht ohne Wirkung geblieben zu sein. Unter ihren Novalis-Exzerpten finden sich die Sätze: »Im Tode ist die Liebe am süßesten; für den Liebenden ist der Tod eine Brautnacht, ein Geheimniß süßer Mysterien« (Morgenthaler 2, S. 275). Und in diesem Sinne hatte Creuzer seiner Geliebten mehrfach vorgeschlagen, gemeinsam aus dem Leben zu gehen (Preisendanz 1912, S. 69, 100 f. u. 218). Angesichts der Tatsache, daß Creuzer das ihm von Günderrode zur Veröffentlichung anvertraute Werk *Melete*, in dem ihre Gedanken über den Tod zur Sprache kommen, unterdrückte (in Teilen sogar vernichtete) und später in seinen Memoiren (1848) seine enge frühere Beziehung zu ihr überhaupt nicht erwähnte, ist der Gedanke naheliegend, daß er sich an ihrem Selbstmord nicht unschuldig fühlte (vgl. Sch/St. 1, S. 1117 f.). Auch ein eindeutig auf Creuzer zielender Seitenhieb Bettinas/«Bettines« im *Goethebuch* verweist auf eine latente ›Mitschuld‹ Creuzers: »Ich zum wenigsten fühle, daß keiner mit mir wetteifern könnte in der Liebe, und darum siegt auch meine Großmut, – ich mag niemand eine Schuld aufbürden um die er ewig büßen müßte« (K/M 1, S. 511).

Nach der erzwungenen Trennung und Günderrodes Selbstmord wandte sich Bettina der in Frankfurt lebenden Mutter Goethes zu, die sie vom Juli 1806 bis zu ihrem Tode am 13. September 1808 häufig in ihrer Wohnung am Roßmarkt besuchte: »sie hat mir das ganze junge Leben ihres Sohns erzählt«, berichtete Bettina, die diese Reminiszenzen der Frau Rat schriftlich festhielt, an Savigny, »und soll es mir erzählen, solange sie lebt« (Chronik, S. 10). Bettinas wachsendes Interesse an Goethe und ihr früh gefaßter Plan, seine Biographie zu schreiben, führten 1807 sowohl zu ihren beiden ersten Reisen nach Weimar als auch zu einem vierjährigen Briefwechsel mit Goethe, der die Basis ihres späteren *Goethebuchs* bilden sollte. 1807 war jedoch auch das Jahr, in dem Bettina eine weitere enge Bezugsperson verlor: ihre Großmutter Sophie von La Roche (gest. am 18. Februar). Bettinas mühsam unterdrückte Abneigung gegen einen weiteren Aufenthalt unter den Frankfurter ›Philistern‹ machte sich daraufhin in einem Brief an Savigny Luft: »Frankfurt ist mir verhaßter als je, und ich kann mir eine Zeit denken, wo ich mich mit Gewalt aus allen Verhältnissen reiße, wenn mir Gott nicht auf andre Weise Hülfe leistet« (Anfang August 1807; Chronik, S. 10).

Nachdem Savigny 1808 einen Ruf an die Landshuter Universität erhalten hatte, zögerte Bettina nicht mit ihrem Entschluß, ihn und Gunda nach Bayern zu begleiten. Ende September 1808 siedelte Bettina nach München über, wo sie erst einmal mit den Savignyschen Kindern bei der befreundeten französischen Emigrantenfamilie de Moy de Sons in der Rosengasse zurückblieb, während sich Gunda und ihr Mann in Landshut einrichteten.

Bettinas Münchener Aufenthalt dehnte sich auf etwa ein Jahr aus, und diese Zeit muß – Sibylle von Steinsdorff hat das in ihrem exzellenten Vorwort zum Briefwechsel mit Prokop von Freyberg (1972) als erste erhellend herausgearbeitet – als eine bedeutende, ihr neuen Auftrieb und neue Entfaltungsmöglichkeiten verschaffende Lebensphase gewertet werden. Die inzwischen 23jährige Bettina lebte 1808/1809 zum erstenmal auf sich allein gestellt und außerhalb der unmittelbaren Kontrolle durch die Familie. In dieser Phase der Selbständigkeit ›auf Probe‹ suchte und knüpfte Bettina zahlreiche gesellige Kontakte zu Künstlern – etwa zu Ludwig Emil Grimm, von dem sie sich wiederholt skizzieren ließ – und führenden Intellektuellen ihrer Zeit. Von Bedeutung ist vor allem ihre zeitweilig enge Beziehung zu dem Philosophen und Präsidenten der Bayerischen Akademie der Wissenschaften Friedrich Heinrich Jacobi, in dessen Haus sie Schelling und den späteren Regensburger Bischof Johann Michael Sailer kennenlernte. Wochenlang pflegte sie den gichtkranken Ludwig Tieck, bis es mit ihm, wie vorher auch schon mit Jacobi, über das Thema der Einschätzung Goethes zum Zerwürfnis kam.

Am 23. November 1808 lernte Bettina auf einem Ball der Münchner Museumsgesellschaft den poetisch interessierten und – ebenso wie sie – antinapoleonisch eingestellten Kronprinzen Ludwig von Bayern kennen, an den sie sich in späteren Jahren gern erinnerte, und dem sie 1843 ein Exemplar ihres *Königsbuches* zukommen ließ. (Ungeachtet dessen wurde *Dies Buch gehört dem König* im Januar 1844 in Bayern verboten.) Ludwigs Musiklehrer Sebastian Bopp wurde im Januar 1809 Bettinas Klavierlehrer, nachdem es ihr schon Ende 1808 gelungen war, den damals berühmten Hofkapellmeister und Komponisten Peter von Winter als Gesangslehrer zu engagieren. Die Möglichkeit, ihre Musikstudien voranzutreiben und wesentlich zu intensivieren, war sicherlich ein wichtiger Grund für die Verlängerung von Bettinas Aufenthalt in München.

Als Bettina schließlich am 25. September 1809 nach Landshut übersiedelte, lag eine bildungsintensive und anregende Zeit hinter ihr, die ihr neuen Auftrieb gegeben hatte. Daher wundert es nicht, daß es Bettina im Hause Savignys rasch gelang, sich an Gunda vorbei in das Zentrum eines geselligen Kreises junger Studenten zu plazieren, die ihr mit viel Interesse und Verehrung begegneten. Von besonderem Interesse ist diese Landshuter Geselligkeit insofern, als hier schon wesentliche Elemente des späteren Berliner Salons im Ansatz vorweggenommen sind. Bettina beeindruckte vor allem durch ihren für eine Frau ihrer Zeit ungewöhnlich spontanen, direkten und ungezwungenen Umgangsstil und ein äußerlich schlichtes und unprätentiöses Auftreten. Ihr ausgeprägtes Interesse an der zeitgenössischen Kunst- und Wissenschaftsproduktion, aber auch am politischen Tagesgeschehen in Verbindung mit ihrer persönlichen Kenntnis vieler ihrer berühmtesten Zeitgenossen, prädestinierten sie zur vielseitigen ›Salonière‹, um die man sich bewarb und bemühte. Erwähnenswert ist auch Bettinas großzügige finanzielle Unterstützung einiger notleidender Studenten und junger Künstler. Was ihr aus dem Frankfurter Erbteil zustand, gab sie Franz Xaver Nussbaum und Ludwig Emil Grimm. Einem Brief an Savigny aus München (vom 10. Mai 1809) zufolge ließ sie auch den Tiroler Freiheitskämpfern Geld zukommen. Franz Brentano, der Bettinas im Frankfurter Familiengeschäft angelegtes Vermögen von 34 700 Gulden verwaltete und im September 1808 auch veranlaßt hatte, daß sie sich mit 19 000 Gulden am Kauf des böhmischen Familiengutes Bukowan an der Moldau beteiligte, ermahnte sie daraufhin am 23. Juni 1809 streng zu größerer Zurückhaltung (Chronik, S. 13). Durch Großzügigkeit im Geben zeichnete sich Bettina jedoch trotz solcher Ermahnungen bis ins hohe Alter hinein aus.

2. Die Günderode (1840)

Die Günderode (nota bene: die Titelschreibweise differiert vom Namen Karoline von *Günderrode*) erschien als Bettina von Arnims zweites Werk, zu einem Zeitpunkt, zu dem sich ihr öffentlicher Einfluß als Autorin und Salongastgeberin zu konsolidieren begonnen hatte. Die Titelwahl und der Abdruck ausgewählter Kostproben aus dem Werk ihrer Freundin weisen darauf hin, daß Bettina, die 1835 bei ihrem ersten Buch noch selbst von ihrer publikumswirksamen Verbindung mit dem berühmten deutschen Dichter Goethe profitiert hatte, nun ihr neugewonnenes Ansehen dazu nutzen wollte, um die Aufmerksamkeit eines größeren Lesepublikums auf die Autorin Karoline von Günderrode zu lenken. Abgesehen von einer kurzen Erwähnung in Carl Schindlers Literaturlexikon *Die deutschen Schriftstellerinnen des 19. Jahrhunderts* und den durch sie inspirierten

Versnachdichtungen des Offenbacher Autors und Hofgerichtsadvo-
katen Christian Carl Ernst Wilhelm Buri (Büri im *Günderodebuch*)
war Karoline von Günderrode um 1840 fast ganz in Vergessenheit
geraten, und es ist Bettina zu verdanken, daß 1857 eine erste, von
Friedrich Goetz zusammengestellte (unvollständige) Günderrode-
Werkausgabe erschien (vgl. Sch/St 1, S. 879). In ihrem Buch griff
sie nicht nur auf schon publizierte Texte Günderrodes aus ihren
Gedichte[n] und Phantasien und *Poetische[n] Fragmenten* zurück,
sondern veröffentlichte auch erstmalig noch unbekannte Gedichte
der Freundin (z. B. *Lethe*, »Liebst Du das Dunkel«, »Ist alles stumm
und leer«). Darüber hinaus hatte sie sich während ihrer Vorarbeiten
auch mit der Suche schwer zugänglicher und an entlegener Stelle erschienener Texte Günderrodes beschäftigt. So ist durch einen Brief
an Gunda vom Oktober 1838 belegt, daß Bettina in Arnims Wiepersdorfer Bibliothek Beiträge Karolines für die von Creuzer und
Daub edierten *Studien* wieder aufspürte, »die ganz verschollen sind
und doch wunderschön« (AM, S. 260 f.).

Die Entstehung des *Günderodebuches* darf jedoch nicht allein
auf Bettinas Wunsch zurückgeführt werden, ihre Freundin öffentlich
gewürdigt zu wissen, und damit den Bestrebungen Georg Friedrich
Creuzers zur Verwischung der literarischen Spuren Karolines effektiv
entgegenzuwirken (vgl. Lazarowicz 1986, S. 269). Die Autorin Bettina von Arnim verfolgte mit diesem zweiten Werk noch weitere
Ziele. Zum ersten ging es ihr darum, sich von der psychischen Last
der Erinnerung an Günderrodes Selbstmord, den sie trotz aller Liebe und Unterstützung für die Freundin nicht hatte verhindern können, schreibend zu befreien. Wie intensiv dieses Erlebnis auf sie ein-
gewirkt hat, geht schon aus ihrer Äußerung kurz nach Günderrodes
Tod hervor (»ich werde den Schmerz in meinem Leben mit mir führen, und er wird in viele Dinge mit einwirken«; an Achim, August
1806; Steig 2, S. 38 f.) und ist zusätzlich belegt durch die Tatsache,
daß sie in den folgenden Jahrzehnten in Gesprächen mit Max
Prokop von Freyberg, Alexander von Humboldt, Goethe, Malla
Montgomery-Silfverstolpe, Varnhagen von Ense und anderen immer
wieder auf dieses Thema zu sprechen kam. Zum zweiten hat Bettina
mit dem *Günderodebuch* den Prozeß ihrer autobiographischen Darstellung konsequent und kontinuierlich vorangetrieben und dabei
eine Phase ihrer Jugendzeit aufgearbeitet, deren übergeordnete Bedeutung sie noch während ihrer Arbeit an diesem Werk betonte:
»wie denn überhaupt mein Briefwechsel mit der *Günderode* mein
ganzes Innere viel gründlicher betätigt, als der mit *Goethe* es vor den
Augen der Welt tun kann« (an Adolf Stahr, 2. Februar 1840; K/M
5, S. 402).

Beide Intentionen der Autorin Bettina von Arnim gehen aus der in das *Goethebuch* eingefügten, einige Jahre früher geschriebenen auto/biographischen Günderode-Erzählung hervor, die als Ausgangspunkt interpretatorischer Bemühungen um das *Günderodebuch* dienen kann (K/M 2, S. 48-62). Während Günderrodes Freitod im später veröffentlichten Werk gänzlich ausgespart bleibt, wird dieses Ereignis in der Günderode-Erzählung des *Goethebuchs* noch in allen Einzelheiten ›zur Schau gestellt‹. Bettina legt dort bezeichnenderweise der »Frau Rath« die Worte in den Mund:

»Der Mensch wird begraben in geweihter Erde, so soll man auch große und seltene Begebenheiten begraben in geweihter Erde in einem schönen Sarg der Erinnerung, an den ein jeder hintreten kann und dessen Andenken feiern. Das hat der Wolfgang gesagt, wie er den Werther geschrieben hat; tu es ihm zulieb und schreib's [die Geschichte der Günderrode] auf.« (K/M 2, S. 39)

»Bettine«/Bettina fühlt sich dazu aufgerufen, die »Günderode« in einem wechselseitigen Schreib-, der zugleich ein Erinnerungsprozeß ist, wieder ›zum Leben zu erwecken‹, während sie andererseits in einem Akt psychischer Katharsis ihre quälenden Gedanken an die Freundin in einem Literaturdenkmal ›zur Ruhe legen‹ kann. Als Autorin, die sich durch kreatives Schreiben psychologisch Erleichterung zu verschaffen weiß, stellt sich Bettina indirekt mit dem Autor Goethe auf eine Stufe. Durch die geschickte literarische Verknüpfung der bekannten *Werther*-Thematik mit dem Schicksal ihrer in die Rolle der Außenseiterin gedrängten Freundin (»wir lasen zusammen den *Werther* und sprachen viel über den Selbstmord«; K/M 2, S. 49) evozierte Bettina eine über das Private hinausgehende Deutung des Selbstmords Günderrodes als Reaktion auf gesellschaftliche Umstände, auch wenn sie ihre Leser nicht im Zweifel darüber ließ, daß sie den Freitod der Freundin als Irrweg und Fehlentscheidung ansah.

Bettina hat ihr ›Zusammenleben‹ mit der Freundin in der Günderode-Erzählung mit Emphase als »erste Epoche, in der ich mich gewahr ward«, umschrieben und schon während ihrer Arbeit am *Goethebuch* an eine umfassendere Ausarbeitung dieser für sie so bedeutsamen Lebensphase gedacht (K/M 2, S. 48). So sprach sie 1833 in einem Brief an Pückler davon, daß sie Briefe Günderrodes im *Goethebuch* mit »einschalten« wolle, wozu es dann aber offenbar nicht kam (Assing 1873, S. 124). Doch finden sich im *Goethebuch* zweimal Hinweise darauf, daß »Bettine« Briefe »Günderodes« entweder verloren hat, oder noch suchen muß (K/M 2, S. 56 u. 59). Die sich über die nächsten Jahre hinziehende Entstehungsgeschichte des *Günderodebuches* beweist, daß Bettina ihren einmal gefaßten Plan der kontinuierlichen Auto/Biographie konsequent weiter verfolgte. Im April 1838 erzählte Bettina einer Besucherin ihres Salons, der jungen Sophie Fleischer, daß sie dabei sei, »ihr Buch [das *Goethebuch*] noch zu vervollkommnen und einen vierten Teil herauszugeben, der ihren Briefwechsel mit der Günderode enthalten solle« (Steig 1909). Für eine Veröffentlichung dieses Vorhabens sorgte sie dann ein halbes Jahr später durch eine kurze Notiz in der *Staats- und Gelehrtenzeitung des Hamburgischen Unparteiischen Korrespondenten* (Nr. 278; 23. 11. 1838; vgl. Härtl 2, S. 798).

Daß der »von Arnim sorgfältig verpackt[e] und eingesiegelt[e]« Jugendbriefwechsel mit der Freundin sich in »einem verborgnen Schrank« in Wiepersdorf zum großen Teil wieder angefunden hatte, erhellt aus einem Brief vom 2. April 1839 an Clemens, in dem Bettina »an 30 Briefe der Günderode, noch mehrere von mir, aus Offenbach, aus Schlangenbad und Marburg und Kassel« erwähnt (K/M 5, S. 187). In einem undatierten, wahrscheinlich im Juli 1838 verfaßten Brief Bettinas an den Nürnberger Buchhändler Julius Merz, der die geplante und erweiterte Neuausgabe des *Goethebuchs* veröffentlichen sollte, erscheint das Verhältnis der Briefe Günderrodes zu denen Bettinas jedoch genau umgekehrt als »17 Briefchen« der Günderrode »nebst mehreren Gedichten, Aufsätzen philosophischen Inhalts pp – von mir an 30 Briefe, dabei kleine Gedichte, Bruchstücke von Operetten« (K/M 5, S. 491). Da sich der Originalbriefwechsel – abgesehen von vier Briefen Günderrodes und fünf Briefen Bettinas – nicht erhalten hat, können diese widersprüchlichen Angaben nicht überprüft werden. Es muß jedoch mit Härtl vermutet werden, daß die im *Günderodebuch* schließlich veröffentlichten 23 Briefe »Günderodes« und 37 Briefe »Bettines« fast alle interpoliert wurden. Zudem griff Bettina bei diesem Werk auf die Briefe anderer Korrespondenten zurück und montierte Briefpassagen Karolines an Clemens und eigene Briefe an Max Prokop von Freyberg, Clemens und Claudine Piautaz in den Text (vgl. Sch/St 1, S. 1102 ff. u. Härtl 2, S. 827 ff.).

Bettinas *Günderodebuch* ist ihr poetisch und philosophisch komplexestes Werk. Über weite Passagen verteilt finden sich Bettinas kritische Reflektionen des Poetologie-, Ästhetik- und Philosophiediskurses ihrer Zeit, die in ihren Bemühungen kulminieren, die offenkonstruktiven Eigenschaften der bewußtseinserweiternden Poesie zuungunsten des von ihr als destruktiv empfundenen starren philosophischen Systemdenkens hervorzuheben. »Bettines« im *Günderodebuch* vehement zum Ausdruck gebrachte Abneigung gegen die »unmögliche[n] Kerle« Schelling, Fichte und Kant, von denen ihr

»drehrig [wird] – Schwindel krieg ich in den Kopf«, und die – wie sie schon in einem Brief vom 6. August 1809 an Goethe kritisch anmerkte – »mit unbegreiflicher Unverschämtheit immer die Welt durch ihr System treiben wollen«, ist vor allem in der älteren Sekundärliteratur als Ausdruck ›weiblichen Unvermögens‹, sich mit Theorie zu befassen, belächelt und verspottet worden (K/M 1, S. 229 u. K/M 5, S. 58). Angemessener ist es jedoch, Bettinas philosophiekritische Einstellung mit den Ansichten Schleiermachers und Hölderlins, die für das *Günderodebuch* von entscheidender Bedeutung sind, zu vergleichen. Hölderlin hatte sich explizit von Kant, Fichte (und Schiller) abgewandt, und auch Schleiermacher, der im *Günderodebuch* als »erste[r] größte[r] Geist« bezeichnet wird, hegte eine Abneigung gegen jedes in sich abgeschlossene Systemdenken, was ihn zu dezidierter Kritik an Kant und Hegel veranlaßte. Darüber hinaus muß Bettinas wechselseitiger Bezug zu der seit 1835/36 sich formierenden Gruppe der Junghegelianer berücksichtigt werden, deren Ansichten sich oft mit den ihren deckten. Gerade zur Zeit der Vorarbeiten zum *Günderodebuch* (1839) befand sich die Autorin Bettina von Arnim im regen, kritischen Ideenaustausch mit den junghegelianisch beeinflußten Mitgliedern des Berliner ›Doktorenklubs‹, von denen viele regelmäßig ihren Salon besuchten und in ihr eine Leitfigur innovativer und subversiver Denkansätze sahen (vgl. Härtl 1992b).

Eingebettet in das Konzept einer neuen, Sujektivität und Emotionalität zulassenden und mit der Poesie eng verwandten ›Schweberreligion‹, die »Bettine« und »Günderode« zum Wohle der ›Menschheit‹ stiften wollten, liegt die Kernthematik des *Günderodebuches*: die Verpflichtung des Individuums zur Entdeckung und Erkenntnis des Selbst:

»[...] jeder soll neugierig sein auf sich selber und soll sich zutage fördern wie aus der Tiefe ein Stück Erz oder ein Quell, die ganze Bildung soll darauf ausgehen, daß wir den Geist ans Licht hervorlassen;« (K/M 1, S. 340)

Die kategorische Forderung nach Ursprünglichkeit und Eigenständigkeit, die wiederum mit der Auffassung der ›Kunstfigur‹ Schleiermachers korrespondiert, daß »der Mensch alles Innerliche ans Taglicht fördern [solle] was ihm im Geist innewohne, damit er sich selber kennen lerne«, führt zur Diskussion über die Problematik der Selbstbehauptung des sensiblen und weit überdurchschnittlich begabten kreativen Menschen, der ohne sich von der Zwangsjacke sozialer, religiöser und künstlerischer Anpassung zu befreien, nicht überleben kann (K/M 1, S. 352). In einem schreibtechnisch äußerst kunstvollen Verfahren, das sich der Technik des raschen Perspektivewechsels bedient, verschmilzt die Autorin Bettina von Arnim die Darstellung ihrer eigenen geglückten künstlerischen Entwicklung mit der Nachzeichnung der an ihrer Aufgabe gescheiterten Künstlerexistenzen Günderrode und Hölderlin. Ausgehend von eigenen Erinnerungen an die repressiven Frankfurter Lebens- und Arbeitsumstände und gestützt auf ihr Wissen um die Grenzbereiche zwischenmenschlichen Mitteilungsvermögens und sprachlicher Ausdrucksfähigkeit überhöht Bettina die beiden ›Leidensgefährten‹ als poetische Kunstfiguren und setzt sie zur ebenfalls fiktionalisierten Bettinefigur in einen partnerschaftlichen Bezug. Ebenso wie sich die reale Bettina von Arnim durch das Mittel sympathisierender Annäherung und ›liebenden Verstehens‹ in Karoline von Günderrode und Friedrich Hölderlin ›hineinversetzt‹, so haben die Künstlerfiguren »Günderode« und »Hölderlin« entscheidenden Anteil an der Konstituierung der poetisierten Bettinefigur des *Günderodebuchs*. Im Prozeß wiederholter Spiegelungen kommen wesentliche Elemente des Individuationsprozesses der Autorin selbst zum Ausdruck. »[...] es ist als ob meine Natur facetirt sei und nach allen Seiten hin in jeder facette abgeschlossen die heterogensten Bilder in sich aufnehme!«, kommentierte Bettina ihre multiperspektivische Form des poetischen Erzählens um 1850 in einem Brief an Karl Maria Benkert (Kertbeny-Briefwechsel; vgl. S. 178). Sowohl die Grenzen zwischen den drei Werkprotagonisten »Günderode«, »Hölderlin« und »Bettine« innerhalb des *Günderodebuches* als auch die Trennungslinien dieser Kunstfiguren zu ihren realen, biographischen Vorbildern werden von der Autorin Bettina von Arnim bewußt fließend gehalten. Durch diese fortgesetzten Grenzverwischungen und -durchbrechungen der verschiedenen Darstellungs- und Zeitebenen im Vorgang des ›Ineinandersetzens‹ der Kunstfiguren vermittelt die Autorin verschiedene Seiten ihrer Persönlichkeit und bringt ihre latenten, existentiellen Ängste zum Ausdruck: einerseits ihre frühe und um 1840 wohl noch immer vorhandene Besorgnis, sich wie »Günderode« im Gestrüpp einer orthodoxen literarischen Schreibpraxis zu verfangen und dadurch ›bewegungsunfähig‹ zu werden, und andererseits ihre Furcht, sich wie »Hölderlin« nicht fassen und nicht verständlich machen zu können und darüber den Verstand zu verlieren.

Ein kurzer interpretatorischer Exkurs anhand der entsprechenden Textstellen des *Günderodebuches* kann dies näher verdeutlichen und zugleich die Interdependenzen zwischen der auto/biographischen und der poetischen Ebene vor Augen führen: »Bettine« weiß, daß »Günderode« von einem ästhetischen Perfektionszwang gequält wird. Die Freundin hat sich der Tradition eines historisch überlieferten, patriarchalisch strukturierten Literaturkanons unterworfen, der den Ausschluß authentischer weiblicher Empfindungen und Erfahrungen zum Prinzip erhoben hat, und läßt sich in dessen konventionelle poetische Formmuster und Vorstellungen von Ästhetik einbinden. Viele Arbeiten »Günderodes« verkörpern das von Adam Friedrich Oeser geprägte und durch Johann Joachim Winckelmann berühmt gewordene Wort von der ›edlen Einfalt und stillen Größe‹, das ein an griechischer Kunst orientiertes ›klassisches‹ Schönheitsideal programmatisch zum Ausdruck bringt. In »Günderodes« apollinisch inspirierten Gedichten »weht« eine »stille Säulenordnung« und ein »leiser schleierwehender Geist«; »alles ist stille Feier dieses heiligen Ebenmaßes«; die darin ausgedrückten »Leidenschaften« gleichen den »Libationen« einer »reinen Priesterin[,] den Göttern in die Flammen des Herdes gegossen, und leise lodern sie auf«; in ihnen kann des »Sprachbaus schlanke Säule«, der »Marmorglanz heiliger Form« bewundert werden. »Bettine« aber empfindet einen »Schmerz in der Seele«, wenn sie im »Antlitz« der »Günderode« nicht entdecken kann, ob der Freundin »wohl ist oder weh vor Seligkeit« (K/M 1, S. 449).

Durch »Günderodes« zwanghaftes Vergleichen der eigenen Arbeiten mit denen anderer, vor allem männlicher Autoren, stellt sich Unzufriedenheit und ein Gefühl der Unzulänglichkeit ein: »Hier am Schreibtisch verlier ich die Geduld über das Farblose meiner poetischen Versuche, wenn ich Deines *Hölderlins* gedenke« (K/M 1, S. 318). Der fortgesetzte Verzicht auf Subjektivität und Authentizität bei der Wahl der poetischen Themen und Ausdrucksformen führt zu einer stetig sich vergrößernden Kluft zwischen Kunstproduzentin und Kunstprodukt, die »Günderodes« Kreativität beeinträchtigt und schließlich zu einer zerstörerischen Distanz zu sich selbst führt. »Günderode« kommentiert ihren tendenziell lebens- und lustverneinenden Daseinszustand des nicht mehr ›eins mit sich seins‹ durch die erschrocken irritierte Feststellung: »wenn ich lese, was ich vor einiger Zeit geschrieben habe, [kommt es mir vor], als sähe ich mich im Sarg liegen, und meine beiden Ichs starren sich ganz verwundert an« (K/M 1, S. 492).

Die nun in der Rolle des ›rettenden Prinzen‹ auftretende »Bettine« rüttelt die im gläsernen Sarg der schönen Scheinkunst dahindämmernde Freundin, die wie Schneewittchen durch den Genuß des vergifteten Apfels vom Baum der falschen Erkenntnis zur Leblosigkeit erstarrt ist, mit dem irdisch-rebellischen, selbstvertrauenden Satz aus Hölderlins Roman *Hyperion* wach: »Wer mit ganzer Seele wirkt, irrt nie« (K/M 1, S. 509). »Bettine« will »Günderode« symbolisch wachküssen und ihr die emotionale Leidenschaftlichkeit »Hölderlins« und seinen Experimentierwillen verdeutlichen und als Vorbild hinstellen:

»Ach, einem solchen wie *Hölderlin*, der im labyrinthischen Suchen leidenschaftlich hingerissen ist, dem müssen wir irgendwie begegnen, wenn auch wir das Göttliche verfolgen mit so reinem Heroismus wie er.« (K/M 1, S. 395)

»Bettine« sieht »Hölderlin« als einen von seiner Anlage her dionysisch begeisterten Dichter von rastloser emotionaler Expressivität, hoher ästhetischer Sensibilität und einem weit über das Mittelmaß hinaus entwickelten Gefühl für Sprache und Sprachrhythmus. Auch »Hölderlin« hielt sich an klassisch-griechische Versmaße, die sich für die ›Gewalt‹ seiner ›göttlichen‹ Gedanken jedoch als unzureichende Hilfsmittel erwiesen. Während »Günderode« daran krankt, daß sie bei fragloser Anerkennung des Tradierten ihre Gedichte zu früh und zu willig in den Schnürleib konventioneller Metren einzwängte, bis ihre ›Stimme‹ erstickte, leidet der experimentierfreudigere »Hölderlin« eher darunter, daß er die Möglichkeiten dieser Metren rasch ausgeschöpft hat, und sich nun nicht mehr in ihnen fassen kann, ohne vom Ansturm der ›überströmenden‹ Sprache, »die [auch] alles Denken bilde[t]«, überwältigt zu werden:

»Gewiß ist mir doch bei diesem *Hölderlin*, als müsse eine göttliche Gewalt wie mit Fluten ihn überströmt haben, und zwar die Sprache, in übergewaltigem raschen Sturz seine Sinne überflutend und diese darin ertränkend; und als die Strömungen verlaufen sich hatten, da waren die Sinne geschwächt und die Gewalt des Geistes überwältigt und ertötet.« (K/M 1, S. 392 f.)

Beide Dichter sind nach Bettinas Auffassung an traditionellen ›Formen‹, die ihnen nicht oder nicht mehr gemäß waren, krank und ›irre‹ geworden. Beide durch ihren ›Irrweg‹ geschwächte Autoren sind an der ihnen gestellten, von ihnen aber nicht klar genug erkannten und nicht vehement genug verfolgten Aufgabe, neue, noch nicht existente, aber ihren subjektiven poetischen Anliegen gemäßere, sprachliche Ausdrucksformen zu finden, letztlich gescheitert.

Bettinas subjektiver Doppelbezug auf die Autoren Günderode und Hölderlin ist in der Sekundärliteratur zwar früh erkannt, aber fast ausschließlich auf der Ebene der Biographie analysiert worden. (Vgl. jedoch die abweichenden Interpretationen von Goozé [1984] und Liebertz-Grün [1989a].) Bettinas Verbindung zur Günderode ist durchgängig positiv unter dem Aspekt einer sich gegenseitig stützenden Freundschaft zweier künstlerisch begabter Frauen des frühen 19. Jahrhunderts abgehandelt worden. Ausgehend von »Bettines« Definition von Freundschaft als »Umgang der Geister, nackt und bloß« (K/M 1, S. 317), ist es naheliegend, das *Günderodebuch* als Versuch der Autorin Bettina von Arnim zu verstehen, den wegweisenden Männerfreundschaften ihrer Zeit, mit denen sie hinlänglich vertraut war – man denke nur an die engen Bande zwischen Clemens und Achim, Schleiermacher und Schlegel, Tieck und Wackenroder, Schiller und Goethe und vor allem Hölderlin und Sinclair – ein in Bedeutung ebenbürtiges Frauenbündnis gegenüberzustellen (K/M 1, S. 317). Dabei ging es Bettina wohl nachträglich auch darum, die Qualität der ehemaligen Arbeits- und Studiengemeinschaft mit der Freundin herauszuarbeiten, die sie vor dem Hintergrund ihrer inzwischen errungenen eigenen erfolgreichen Autorschaft im weitergefaßten Sinne als Ausdruck einer produktiven weiblichen Schaffensunion gedeutet wissen wollte.

Auf der biographischen Ebene hat Christa Wolf 1980 in der Form eines fiktiven Briefes an eine »Freundin« einen sensiblen und einsichtsreichen Vergleich der Unterschiede in der literarischen Praxis und in den Lebensansichten beider Autorinnen herausgearbeitet. Weniger überzeugend bemühte sich Tubach-Patterson 1980 um eine Einordnung der beiden Autorinnen in den Kontext weiblicher »Homoerotik«. (Parallel dazu vermutet Pierre Berteaux auch in der Beziehung zwischen Hölderlin und Sinclair eine »homoerotische Komponente«; vgl. Berteaux 1981, S. 192.) Frederiksen und Shafi ist es 1986 gelungen – gestützt auf Cixous' poststrukturalistische Theorien –, die experimentelle Qualität einer spezifisch ›weiblichen‹ Schreibweise Bettina von Arnims textuell zu belegen. Wünschenswert wäre es jedoch gewesen, dabei auch auf das literaturtheoretische Konzept Friedrich Schlegels näher einzugehen, dem nicht nur Bettina sondern auch der poststrukturalistische Ansatz generell einiges verdanken. So ist das Bemühen um Sinnlichkeit, Experimentierfreudigkeit, Offenheit und ›Weiblichkeit‹ in der Schrift – letzteres ganz im Sinne Cixous' losgelöst von der Kategorie einer polarisierenden Geschlechtscharakteristik – schon bei Schlegel und auch bei Schleiermacher existent, was von Bettina erkannt, gewürdigt und kreativ aufgegriffen wurde.

Im Gegensatz zur insgesamt positiv bewerteten Bindung Bettina von Arnims zu Karoline von Günderrode ist Bettinas subjektiver Bezug auf Friedrich Hölderlin, in dem wesentliche Elemente der Hölderlin-Auffassung Nietzsches vorweggenommen werden, zumeist überzogen kritisiert und abgewertet worden. Das *Günderodebuch* hat in der Hölderlinforschung jahrzehntelang diejenige Negativrolle gespielt, die dem *Goethebuch* innerhalb der Goetheforschung zugewiesen wurde. Oehlke hat dieser Kette von geringschätziger Aburteilung vorgearbeitet, indem er nachwies, daß Bettina Passagen aus Hölderlins 1804 erschienener Übersetzung der *Trauerspiele des Sophokles* für das *Günderodebuch* entlehnt hatte. Diese Paraphrasen einiger Anmerkungen Hölderlins zur *Antigone* – Oehlke spricht, wie Härtl nachgewiesen hat, fälschlicherweise von »Anmerkungen zum Ödipus« – sind mit hoher Wahrscheinlichkeit erst im Zusammenhang mit den poetischen Wirkungsintentionen der Autorin während der Umarbeitungsphase des Originalbriefwechsels eingefügt worden (Oehlke 1905, S. 226-229; Härtl 2, S. 888). Diese Annahme wird durch Bettinas Salongast Moriz Carriere gestützt, der ihr im Frühjahr 1839 ein Exemplar dieser Übersetzung »mit den wundersamen, halb wahnsinnig träumerischen und doch so schmerzvoll tiefsinnigen Erläuterungen« gab (Carriere 1914, S. 185; vgl. aber auch Beck, der annimmt, daß Bettina in Übereinstimmung mit ihren Angaben im *Günderodebuch*, auch schon 1806 von Sinclair »mit einem Exemplar der 1804 in Frankfurt erschienenen Sophoklesübersetzung Hölderlins versorgt wurde«; Stuttgarter Hölderlin-Ausgabe 7/3, S. 275). Durch Oehlkes Entdeckung erhielt der Vorwurf des Plagiats Auftrieb, dem erst Veröffentlichungen jüngeren Datums entgegengetreten. So hat Wuthenow 1981 vorgeschlagen, Bettinas Hölderlin-Adaptionen als »produktiv weiterwirkende Aufnahmefähigkeit und -bereitschaft« zu werten (Wuthenow 1981, S. 319), und auch Goozé hat sich 1984 für Bettinas Recht auf eine poetisch-subjektive Darstellung ihrer Ansichten über Hölderlin ausgesprochen.

Gestützt auf Oehlke war jedoch der Hölderlin-Herausgeber Norbert von Hellingrath der Meinung, daß Bettina in ihrem »Erguss über Kunst, Rhythmus usw. [...], so genial ihre aufspürende Kraft auch sein mag, Hölderlins Meinungen und Aussagen [verdreht]« (Hölderlin: Sämtliche Werke, 1923, Bd. 6, S. 543 f.). Ähnlich abwertend urteilte auch noch Konrad: »Die Art freilich, wie sie [Bettina] die Stellen umformt und für ihre Zusammenhänge gebraucht, verharmlost Hölderlin, und man hat den Eindruck, daß sie ihn im eigentlichen Sinn nicht verstanden hat« (K/M 1, S. 555).

Von zentraler Bedeutung für diese und ähnlich negative Einschätzungen war der Vorwurf, daß Bettina Hölderlins Eintreten für tradierte poetische Lyrikformen (»gesetzliches Kalkül«) in seinen *Anmerkungen zur Antigone* keine Beachtung geschenkt hat und ihn im *Günderodebuch* gerade im Gegensatz dazu als ›dithyrambischen‹ Dichter porträtierte. Es muß jedoch eher davon ausgegangen werden, daß die Autorin Bettina von Arnim Hölderlins theoretische Propagierung der poetischen ›Schule‹ und des ›Handwerksmäßigen‹ nicht nur gesehen, sondern in der Verknüpfung mit der Schreibpraxis Günderrodes sogar zum Ausgangs- und Angelpunkt des eigens von ihr als Alternative dazu entwickelten poetologischen Konzeptes gemacht hat.

Im Wechsel eines dialogisch strukturierten Partnerbezugs, in dem die wechselseitige Durchdringung biographischer und poetischer Persönlichkeitsgrenzen zur Norm erhoben wird, vermittelt Bettina ihre tiefere Überzeugung, daß die Dichter »Hölderlin« und »Günderode« in der Falle restriktiver und inflexibler poetischer Formen gefangen und zerdrückt wurden, und daß ihr Verhängnis eben gerade das mühsame Erlernen und die ängstliche Ausübung des literarisch ›Handwerksmäßigen‹ war.

Diese Erkenntnis führt zur Propagierung einer Poesie, die sich durch ›natürliche‹, das heißt frei fließende, organisch gewachsene (nicht ›aufgepfropfte‹, ›beschnittene‹ oder ›symmetrisch verputzte‹) und rhythmisch-harmonische Formen ausweist, und die sinnlich am ehesten in und durch Musik erfahrbar ist. Demgemäß hat Bettina/ «Bettine« – frühromantische Ideen aufgreifend – von jeher auch ausschließlich die Musik als ›seelenberührend‹ empfunden und früh erahnt, daß es vor allem der Rhythmus ist, der »eine organische Verbindung hat mit dem Gedanken« (K/M 1, S. 414 f.). Elementares Strukturvorbild der von der Autorin Bettina von Arnim propagierten Poesie ist die Natur, die scheinbar ›chaotisch‹, in Wahrheit aber nach sinnvollen und kohärenten Gesetzen geordnet ist: »[...] der lieblichen Unordnung entsteigt alles. – Ja, da fühl ich, wie das ist, daß der Geist aus dem Chaos aufstieg [...]« (K/M 1, S. 418). Analog zur Verwirklichung des göttlichen Schöpfungswortes in der Natur, die sich immer wieder aus sich selbst heraus regeneriert, soll idealerweise auch in der Poesie eine ›werdende‹, das heißt eine zukunftsorientierte ›Dichtersprache‹ zum Ausdruck kommen, die permanent zum ›Über-Denken‹ anregt: »Und da fiel mir ein, daß Gott sprach: *Es werde*, und daß die Sprache Gottes ein Erschaffen sei; – und das wollt ich nachahmen« (K/M 1, S. 339). In knapper Verdichtung ist Gott für Bettina/«Bettine« sowohl ›Poet‹ als gleichzeitig auch die Inkarnation der ›Poesie‹, oder in Anlehnung an die ursprüngliche Bedeutung des griechischen Worts ist sowohl der Schöpfer (Gott/der Dichter) als auch das Geschaffene (die Natur/die Poesie) per se göttlich. Wenn sich Poesie unlösbar mit Natur verbindet, dann kommt unfehlbar in ihr die göttliche Natur des Schöpfers/Dichters zum Ausdruck und der ›Gott im Menschen‹, wie er in Goethes Prometheus-Gedicht und -Dramenfragment imaginiert ist, kann sich eindrucksvoll und frei entfalten.

Die Autorin Bettina von Arnim vermittelt ihre Botschaft der Naturpoesie im *Günderodebuch* durch die göttlich-weise Kindfigur »Bettine«, »geboren im Land wo Milch und Honig fleußt« und wo die »Sorge überflüssig« [ist]. Ihr ist als Pendant und Stellvertreter »Hölderlins« streckenweise »St. [Saint!] Clair« zugeordnet. So hat

»Bettine« eine »geheime Sehnsucht«, die »Günderode« sich »selber zu entführen« und aus der »stillen Säulenordnung« ihrer Gedichte zurück zur »Natur« und deren »romantische[n] Unordnung oder vielmehr Zufallsordnung« zu führen:

»Sollte Poesie nicht so vertraut mit der Natur sein wie mit der Schwester und ihr auch einen Teil der Sorge überlassen dürfen? [...] sollte es denn nicht auch eine unmittelbare Offenbarung der Poesie geben, die vielleicht tiefer, schauerlicher ins Mark eindringt, ohne feste Grenzen der Form?« (K/M 1, S. 449)

Auch »Hölderlin« möchte »Bettine« besuchen, um ihn »zu umgeben, zu lenken, das wär noch keine Aufopferung«, aber auch um »Gespräche mit ihm [zu] führen, die mich tiefer orientieren in dem was meine Seele begehrt« (K/M 1, S. 429). Da ihr der Besuch untersagt wird, läßt sie »Hölderlin« ihre Gedanken zu seiner Ödipus-Übersetzung zumindest stellvertretend durch »St. Clair« vorlesen, der der Ansicht ist, daß »Bettines« Botschaft der Negation der Formen zugunsten des freien Ausdrucks »vielleicht [...] wie Balsam auf seine Seele« wirken wird:

»und wo nicht, so muß es doch so sein, daß die höchste Erregung durch seine Dichternatur erzeugt, auch wieder an ihm verhalle, so wie er verhallte. Ich muß es ihm lesen, es wird doch zum wenigsten ihm ein Lächeln abgewinnen.« (K/M 1, S. 328)

»Bettine« ist davon überzeugt, daß »Hölderlin«, dessen stark selbstzerstörerische Tendenz im Akt der Klangverstümmelung seines Klaviers zum Ausdruck kommt – symbolisch kommt das einem Stutzen der Schwingen seiner hochfliegenden, melodischen Sprache gleich –, nur noch durch das Mittel der ›heilenden Liebe‹ aus seiner fortschreitenden Isolation von sich selbst und von seiner Umwelt ›erlöst‹ werden kann:

»Oh, werden wir's endlich inne werden, daß alle Jammergeschicke unser eignes Geschick sind? – Daß alle von der Liebe geheilt müssen werden, um uns selber zu heilen. Aber wir sind uns der eignen Krankheit nicht mehr bewußt, nicht der erstarrten Sinne; daß das Krankheit ist, das fühlen wir nicht [...].« (K/M 1, S. 392)

Bettinas/«Bettines« Antwort auf die Kultivierung der Introvertiertheit und der privaten Abkapselung, auf eskapistische Todessehnsucht und Formen destruktiver Selbstbeschneidung oder Selbstzensur, ist die Propagierung des geselligen Austauschs der Individuen untereinander auf der Basis von Offenheit, Emotionalität und Aufrichtigkeit, denn »Frage ist Liebe und Antwort Gegenliebe« (K/M 1, S. 252). In der Reziprozität der Kunst und im dialogisch-dialektischen Prozeß gemeinschaftlicher Aus- und Weiterbildung liegt somit Rettung und Erlösung verborgen. Wenn beispielsweise die Hölderlinfigur in lichten Momenten erkennt, daß der »Versbau ewig ein leeres Haus bleiben [werde], in dem nur Poltergeister sich aufhalten«, und daß der Dichter, der »noch den Versakzent suche und nicht vom Rhythmus fortgerissen werde«, die ›Wahrheit‹ der Poesie noch nicht gefunden habe, dann kommt darin nicht Bettina von Arnims ›falsches‹ Verständnis Hölderlins zum Ausdruck, sondern die Autorin fordert innerhalb des Werks den freien, geselligen Gedankenaustausch, der in der Realität nicht, oder nur unzulänglich stattgefunden hat, und trägt vorausblickend Sorge dafür, daß die poetische Botschaft der Bettinefigur in der Zukunft gehört und verstanden wird (K/M 1, S. 393).

Prototypisch für ihre freischaffende Aneignungs- und Arbeitsweise verschmilzt die Autorin Bettina von Arnim in ihren Reflexionen zum Modell einer Poesie die ästhetischen Ideen verschiedener Philosophen und Autoren aus unterschiedlichen Epochen und schafft dadurch ein kompliziertes Netz von Verflechtungen, dessen Substanz und Bedeutung erst in jüngsten Veröffentlichungen – u. a. in der Dissertation Heukenkamps (1989) – näher erforscht wurde. »Daß die Idee des Rhythmus [...] vielleicht die erste von all unseren Ideen« sei, hat Bettina wahrscheinlich den *Philosophischen Schriften* des Neuplatonikers Hemsterhuis entnommen, mit dessen Werk sie sich früh auseinandergesetzt hatte, und Schmitz vermutet in diesem Zusammenhang auch einen Einfluß Heinses (Sch/St 1, S. 1164 f.; vgl. a. den in das *Günderodebuch* eingefügten »Aufsatz, der im Hemsterhuis lag«, der Bettinas Auseinandersetzung mit diesem Philosophen reflektiert und – wie Steinsdorff entdeckt hat – in wesentlichen Passagen auf einen ihrer Briefe an Max Prokop von Freyberg zurückgeht; K/M 1, S. 238 f.). Schmitz und auch Heukenkamp haben unter anderem auch auf die Verbindung zwischen Bettinas Konzept einer Naturpoesie und Herders auf Jakob Böhme und Johann Georg Hamann gestützte ›Natursprachenlehre‹ verwiesen, dessen Idee eines ›poetischen Messianismus‹ in der Folge insbesondere von Novalis, aber auch von Schlegel und Schleiermacher aufgegriffen wurde. Ein Grundgedanke dieser Lehre war die Annahme, daß sich die Natur nur dem schöpferisch begabten Menschen erschließt und nur von ihm erschlossen werden kann. Somit fällt dem Dichter, der die göttliche Weisheit der Natur in sich aufnimmt und durch seine Dichtung weitergibt, eine Mittlerfunktion zu: er unterwirft als ein dem Göttlichen geweihter Priester den Laien durch seine poetische Botschaft einem Initiationsritus. In der frühromantischen Poetologie fiel dabei jedoch der Botschaft die übergeordnete Rolle zu, der gegenüber die Persönlichkeit des Dichters in den Hintergrund zu treten hatte (Sch/St 1, S. 1176 u. Heukenkamp 1989, S. 70 ff.). Das Verständnis der Autorin Bettina von Arnim wird durch Literaturanalysen dieser Art adäquat befördert, deren stringente Fortsetzung gerade in bezug auf das komplexe *Günderodebuch* weiterhin wünschenswert ist.

III. Der Konflikt zwischen Selbstbestimmung und gesellschaftlicher Anpassung – Bettinas Ehejahre und ihre Suche nach einer künstlerischen Ausdrucksform

1. Biographisches (1810-1835)

Bettina sah dem Beginn ihrer Volljährigkeit zum 25. Geburtstag am 4. April 1810 erwartungsvoll entgegen: »indessen vergehen noch ein paar Monate«, schrieb sie 1809 in einem undatierten Brief an Clemens, »ich rücke meiner Majorennität und auch dem Ziel, das ich mir im Lernen gesetzt habe, näher, Savigny kömmt dadurch, daß ich mein wirklich eigner Herr werde, aus aller Verantwortlichkeit, weil ich meiner Freiheit brauchen werde, ich mag sein, wo ich will« (Chronik, S. 15). Das Jahr 1810 muß als Meilenstein in Bettinas Entwicklungsgang angesehen werden. Von den Studenten aus dem Landshuter Kreis geschätzt und verehrt, blieb sie auch nach ihrer Abreise mit einigen ihrer ›Schützlinge‹, etwa mit Alois Bihler und Johann Nepomuk Ringseis, in regem Kontakt. Sie reiste mit den Savignys am 2. Mai 1810 über Salzburg, Wien, Bukowan und Teplitz nach Berlin, denn Wilhelm von Humboldt hatte Savigny an die neugegründete Berliner Universität berufen. »Jetzt muß ich sagen, daß Landshut mir der gedeihlichste Aufenthalt war, in keiner Hinsicht kann ich es genugsam preisen«, resümierte Bettina am 6. Juli 1810 in einem Brief an Goethe, einen Monat vor der Teplitzer Begegnung (K/M 5, S. 79). Die besondere Qualität ihrer Beziehung zu diesen jungen Männern, die Ursula Püschel treffend als ›pädagogischen Eros‹ bezeichnete, wird in dem (von Sibylle von Steinsdorff edierten) Briefwechsel mit Max Prokop von Freyberg besonders deutlich. Mit seinen Diskussionen über den Tiroler Freiheitskampf vermittelt er zugleich einen Eindruck von der politischen Aufbruchsstimmung unter den Landshuter Studenten.

Bevor Bettina den Sommer auf dem von der Familie neu erworbenen, von Christian Brentano zeitweise verwalteten Landgut Bukowan verbrachte, hatte sie noch im Mai Beethoven in Wien näher kennengelernt, der sich ihr gegenüber besonders aufgeschlossen und interessiert zeigte. Die Möglichkeit, einen Kontakt von Goethe und Beethoven, ihren beiden Vorbildern, herzustellen, den ›Meister‹ der Dichtkunst mit dem ›Meister‹ der Tonkunst bekannt zu machen, reizte sie. Bettina war in ihren eigenen Musik- und Gesangsstudien recht weit fortgeschritten. Ihre musikalische Begabung hätte eine Karriere als Sängerin wohl nicht ausgeschlossen, zumal ihr Musiklehrer Peter von Winter ihre Stimme mit der von Giuseppa Grassini verglich (Kat., S. 182). Daß sich die mit 25 Jahren immer noch unverheiratete Bettina – Meline hatte sich als letzte der ihr nahestehenden Schwestern im Januar 1810 »vorteilhaft« verheiratet – Gedanken über ihre Zukunft und ihre Lebensziele machte (vgl. Enid Gajek 1994), geht aus der verblüfften und leicht verärgerten Reaktion Achims auf seine Werbung um Bettina hervor. Arnim, der nach einem Treffen in Bukowan am 10. Juli 1810 schriftlich um Bettinas Hand angehalten hatte, erhielt ihr Einverständnis zur Eheschließung entgegen seinen Erwartungen nur widerstrebend:

»Da wurde ich aber ganz anders von Dir empfangen, als ich gemeint und erwartet hatte; es wurde mir zu verstehen gegeben, es hätte sich vieles verändert, es wären Erfahrungen gemacht, ich könne nichts verlangen, was ich mir einbilde, von einem Hingeben zu großen Zwecken der Zeit, an Musik.« (Steig II, S. 397)

Welche Intentionen Bettina auch immer verfolgt haben mag – die Tatsache, daß sie ihre Gesangsstunden in Berlin bei dem Kapellmeister und Komponisten Righini fortsetzte, verweist noch einmal auf eine mögliche Laufbahn als Sängerin – so zeichnet sich in jedem Fall doch ab, daß Bettina die am 11. März 1811 in Berlin geschlossene Ehe weder aus Zukunftsangst noch aus übermäßiger Leidenschaft geschlossen hat. »Warum, wenn Du an mich verlangst, soll ich Dir nicht geben?«, mit diesem schlichten Satz signalisierte sie schließlich ihr Einverständnis und beantwortete damit auf ihre Art Achims aufrichtigen, aber ähnlich leidenschaftslos gehaltenen Werbebrief (vgl. Püschel 1985 u. E. Gajek 1994). Nach einer unerwiderten ersten großen Liebe zu Auguste Schwinck in Königsberg, von der die Bettina wußte, und nach dem Tode seiner Großmutter Caroline von Labes am 10. März 1810, die ihm ihr Vermögen als »Fideikommißeinrichtung [...] zum Besten meiner Kinder« hinterlassen hatte, war Achims »Entschluß nach der Eröffnung des Testaments bald gefaßt, das meinige zu tun, um rechtmäßige Kinder zu haben«, und Bettina erschien ihm als die geeignete Partnerin dafür (Steig II, S. 397). Es spricht für Achim, daß er Bettina vor der Eheschließung keine Illusionen über seine finanzielle Situation gemacht hatte. Er habe »nichts Rundes als die Knöpfe an [s]einem Rock«, teilte er ihr mit. In einem von der Brentanoschen Familie arrangierten Ehevertrag verpflichtete er sich, ihr (beträchtliches) Frankfurter Erbteil nicht für die Sanierung seiner »stark verschuldet[en], teilweise von Truppendurchzügen verwüstet[en] und mit zusätzlichen Kontributionen belastet[en]« Güter in der Uckermark und im Fläming in Anspruch zu nehmen (Chronik, S. 16; vgl. K/M 5, S. 421).

Nach den von Hardenberg und Stein eingeführten preußischen Reformen war Achim von Arnim im Dezember 1809 mit der Absicht nach Berlin zurückgekehrt, sich im Staatsdienst ein gesichertes Einkommen zu verschaffen. Zugleich hoffte er, damit die Reformbewegung zu unterstützen, die er in der Grundtendenz begrüßte. Die patriotischen (primär gegen die französische Besatzung gerichteten) Aktivitäten in Preußen, an denen Arnim anfangs unmittelbar beteiligt war, führten jedoch dazu, daß für die Ideen der Reformer kein Spielraum war und sich Arnims Hoffnungen auf ein Amt im Staat bald zerschlugen. Bei seinen journalistischen Projekten, deren Umfang erst durch die Publikation der *Kleinen Schriften* (Bd. 6 der Arnim-Edition 1992) deutlich wurde, machte er bald Bekanntschaft mit der Zensur. Im Januar 1811 gründete er mit Adam Müller und Clemens Brentano die »Christlich-Deutsche Tischgesellschaft«, die mit ihren antijüdischen und patriotischen Tendenzen ein Spiegel der politischen Entwicklung Preußens in dieser Zeit ist (vgl. Härtl 1987a und Nienhaus 1994). Die berühmten, von Frauen geleiteten literarischen Salons Berlins aus der Zeit um 1800 waren 1806 nach dem Einmarsch der Franzosen eingegangen. Statt dessen gab es ›Männerbünde‹ besonderen Typs – Böttger listet beispielsweise Friedrich Ludwig Jahns »turnende«, Chassots »schießende« und Reimers »lesende Gesellschaft« auf –, in denen »die Frau zu schweigen hatte oder gar nicht zugelassen war« (Böttger 1986, S. 131); eine Entwicklung, die wohl kaum Bettinas Vorstellungen von geistvoller Geselligkeit entsprach. Dennoch beweisen Bettinas vorbehaltlose Unterstützung der Rolle Achims als Hauptmann eines lokalen Berliner Landsturmbataillons und ihr Verkauf des mit in die Ehe eingebrachten »Silberzeugs« (als Beitrag »zur Verteidigung des Vaterlandes«), daß auch Bettina den patriotischen Idealen der Freiheitskriege anhing (vgl. K/M 5, S. 422 f.). Auch die Namen ihrer vier Söhne – Freimund (1812), Siegmund (1813), Friedmund (1815), Kühnemund (1817) – sprechen eine deutliche Sprache, zumal Bettina ihr zweites Kind nach Aussagen Elisabeth von Stägemanns ursprünglich (mit Bezug auf die Freiheitskriege) sogar auf die Namen »Dreizehntche (nach der Jahreszahl) und Landstürmerche« taufen lassen wollte (Chronik, S. 20; vgl. a. B. Gajek 1985).

Während das junge Paar sich in den ersten beiden Ehejahren noch Vergnügungsreisen nach Weimar, an den Rhein und ins Teplitzer Bad erlaubte und sich auch sonst recht standesgemäß in der neubezogenen Wohnung im Gartenhaus des Vossischen Palais in der

Wilhelmstraße 78 künstlerischen und persönlichen Interessen widmen konnte, erzwangen die zu Anfang des dritten Ehejahres beginnenden politischen Unruhen und aufkommenden Geldnöte eine Änderung der Lebensumstände. Bettina, die zur Zeit des drohenden Einmarsches der Franzosen im Gegensatz zur Schwester Gunda in Berlin geblieben war, siedelte nach Aufgabe der eigenen Wohnung im Oktober 1813 mit Mann und Kindern in die Wohnung Savignys in der Oberwallstraße Nr. 3 um; eine Übergangslösung, die durch den Entschluß des Paares, aus Gründen der Kostenersparnis auf das Landgut Wiepersdorf zu ziehen, im April 1814 ein Ende fand.

Achim von Arnim, dem es in den Jahren 1810 bis 1814 weder gelungen war, sich eine Stelle im Staatsdienst zu verschaffen noch eine angemessene Rolle in den Freiheitskriegen zu spielen – seine Bemühungen, bei der preußischen Landwehr Offizier zu werden, waren fehlgeschlagen –, muß als treibende Kraft hinter diesem Umsiedlungsentschluß vermutet werden. Ihm ging es um mehr als nur um eine Senkung der Lebenshaltungskosten. Er brauchte nach den beruflichen und persönlichen Fehlschlägen in Berlin als inzwischen 33jähriger verheirateter Mann mit einer rasch sich vergrößernden Familie eine Lebensaufgabe, die es ihm ermöglichte, sein öffentliches Ansehen zu wahren und sein Selbstwertgefühl gegenüber seinen Freunden und Verwandten und den nun allmählich aus den Freiheitskriegen wiederkehrenden Patrioten zu regenerieren. Die Konzentration auf die rechtlich komplizierte und mühevolle Verwaltung und Reorganisation seiner Güter, die durch die bis kurz vor seinem Tode dauernden Separationsangelegenheiten eine große Belastung darstellte, verlangte zwar eine erhebliche Umorientierung seiner bisherigen Lebensführung, eröffnete ihm aber auch neue Wege und Möglichkeiten, sein Leben selbständig in die Hand zu nehmen und nach eigenen Vorstellungen auszurichten.

Der redegewandten, an gesellschaftliche Unterhaltung und Anregung gewöhnten Bettina fiel dagegen die Anpassung an das abgeschiedene und entbehrungsreiche Landleben weniger leicht. »Bettine führt die Haushaltung selbst, hat alles Schwere z. B. gutes Kochen leicht erlernt«, berichtete Wilhelm Grimm seinem Bruder Jacob anläßlich eines Besuches auf Wiepersdorf; sie »hat aber keine Lust an diesem Wesen, daher wird ihr alles sauer und ist doch in Unordnung. Dabei wird sie betrogen und bestohlen von allen Seiten. [...] Beiden wär zu wünschen, daß sie aus dieser Lebensart herauskämen.« Auch auf die erheblichen Geldprobleme wies Wilhelm in seinem Brief vom 13. Juni 1816 hin:

»Das ganze Ländchen [...] trägt an Pacht 8000 Tl. ein, die aber für, glaube ich, 150, 000 Tlr. Schulden die Zinsen ausmachen, so daß ihm [Achim] sehr wenig übrig bleibt.« (Vordtriede 1, S. 37 f.)

In dieser Situation empfand Bettina die Unterzeichnung ihrer endgültigen Erbschaftsabrechnung am 28. August 1816 sicher als große Erleichterung. Nach Rückerhalt der vom Vater an die Bourbonen in Frankreich ausgeliehenen Gelder konnte Franz Brentano die Abrechnung für die Geschwister und Erben anfertigen lassen. Mehrere Abschriften dieser Urkunde haben sich erhalten, darunter die von Bettina in Form eines Gedichts unterschriebene (vgl. Kat., S. 20). Vermutlich zum Zeitpunkt dieser Erbabrechnung, »als Schulden auf den Gütern standen die 25 Prozent zahlten«, wie sich Bettina später erinnerte, »zwang« sie Achim, der zur Abhandlung ihrer Erbschaftsangelegenheit nach Frankfurt gereist war, dazu, »dass er sie mit [ihrem] Geld abzahle« (Brief an Benkert, Kertbeny o. J.; vgl. a. Vordtriede 1, S. 39). Die Gewißheit dieser Erbschaft muß beiden einigen Auftrieb gegeben haben, wenn sie sich auch dabei insgeheim unterschiedliche Pläne verfolgten.

Nachdem Achim im April 1816 eine schwere Krise durchgemacht hatte – er war an einem rheumatischen Fieber so schwer erkrankt, daß Bettina um sein Leben bangen mußte – konnte er sich auf der Basis dieser Finanzspritze für seine Güter nun berechtigte Hoffnungen darauf machen, seinen neuen Lebensplan zu verwirklichen. Notwendige Bau- und Reparaturmaßnahmen konnten endlich durchgeführt, neue Zweige des landwirtschaftlichen Erwerbs (wie das von ihm eingerichtete Brauereiwesen) erschlossen werden. »Vieles ist hart in der Welt eingerichtet«, umschrieb Achim am 3. August 1818 diesen Prozeß seiner Wandlung vom ›freischwebenden‹ Autor und romantischen Lebenskünstler zum hart arbeitenden Landwirt und Gutsbesitzer, »dieses Leben mit der gesamten Natur hat inzwischen doch einen Ersatz für die Mühe, wie es kein königlicher Dienst aufzuweisen hat [...], es hat etwas von einem Schöpfer« (Vordtriede 1, S. 135 f.).

Bettina, die der Geburt ihres vierten Sohnes Kühnemund entgegensah, der im März 1817 – wie alle ihre Kinder in Berlin – geboren wurde, schwebte angesichts der neuen Geldquelle dagegen wohl eher eine Rückkehr zu den anfänglichen Verhältnissen ihrer Ehezeit vor. Von einer gemeinsamen Berliner Stadtwohnung aus hätte Achim die Verwaltung seiner verhältnismäßig nahe gelegenen Güter – ähnlich wie auch sein Bruder ›Pitt‹ – betreiben können. In Berlin hätten sich beide ihren künstlerischen Interessen und dem geselligen Umgang mit Freunden widmen können, wie es im Winter und Frühjahr 1816/17, den das Paar gemeinsam in Berlin verbrachte, auch geschah. Achim arbeitete in diesen Monaten an der Vollendung des ersten Bandes seiner *Kronenwächter*, die im Juni 1817 in Berlin erschienen und wohlwollend aufgenommen wurden. Auf Anraten Bettinas hin unternahm er anschließend seiner angegriffenen Gesundheit wegen eine Kurreise nach Karlsbad, während Bettina in Berlin eine neue, ihrem Onkel Georg Carl von La Roche gehörende Wohnung in der Georgenstraße Nr. 3 bezog, in der sie sich »wie in einem Königreich« fühlte (Vordtriede 1, S. 65). Auch Bettina begann sich jetzt wieder auf ihre lange vernachlässigten persönlichen und künstlerischen Interessen zu besinnen. Im Juli 1817 verfaßte sie nach sechsjähriger Unterbrechung der Korrespondenz zum erstenmal wieder einen Brief an Goethe. Auch die von zwiespältigen Gefühlen geprägte Erinnerung an ihre früheren musikalischen Ambitionen stieg bei einem Abend mit der damals gefeierten Sängerin Sassi erneut in ihr auf (vgl. Vordtriede 1, S. 67 f.).

In der Sekundärliteratur wird der Beginn des getrennten Ehelebens zumeist auf dieses Jahr 1817 datiert und als ein von Bettina forciertes Unternehmen dargestellt, auf dem sie entweder – wie Drewitz betont – im Interesse der Ausbildung ihrer Kinder, beziehungsweise – wie Böttger herausstellt – aus Eigeninteresse bestand (vgl. Böttger 1986, S. 154 f. u. Drewitz 1979, S. 97). Eine gründliche Durchsicht des Ehebriefwechsels zeigt jedoch, daß die langwierigen und belastenden Differenzen um einen Aufenthalt in der Stadt oder auf dem Lande sich wesentlich komplizierter gestalteten und schließlich erst vom Januar 1825 an durch das mühsam errungene Arrangement eines getrennten Nebeneinanderherlebens gelöst wurden. Im Jahre 1817 wäre ein fester Wohnsitz in Berlin der Kinder wegen, die noch nicht im schulpflichtigen Alter waren und später ohnehin erst einmal von Hauslehrern unterrichtet wurden, gar nicht nötig gewesen (vgl. Böttger 1986, S. 155). Zudem hat Bettina zu dieser Zeit definitiv noch nicht auf der Durchsetzung ihres eigenen Willens bestanden, zumal das eheliche Verhältnis Ende 1816 bis Mitte 1818 vor dem Hintergrund neu geschöpfter Hoffnungen und noch im Fluß begriffener Pläne gerade ein besonders herzliches war. So wurden Entscheidungen im Zusammenhang mit dem Anmieten verschiedener Wohnungen in Berlin – im Frühjahr 1818 zog Bettina noch einmal in eine Unter den Linden Nr. 76 gelegene Wohnung um – grundsätzlich nur im guten Einvernehmen getroffen. Auch gesellschaftliche oder künstlerische Aktivitäten sprachen beide miteinander ab. »Die Schinkel wollte mit mir und Seebalds ein Kränzchen für Musik einrichten«, teilte Bettina am 18. August 1817 Achim mit, »ich warte Deine Einwilligung ab, das könnte mir den Winter sehr angenehm machen« (Vordtriede 1, S. 87 f.). Achim zeigte sich seinerseits um Bettinas Wohlbefinden einfühlsam besorgt. »Wenn ich nur für Dich einmal niederkommen könnte«, erwiderte er auf ihre Klagen im Februar 1818 über ihre erneute Schwangerschaft und die damit verbundenen körperlichen Beschwerden, die einen anhaltenden Aufenthalt in Berlin aufgrund der besseren ärztlichen Versorgung ratsam erscheinen ließen. Auch ihre beständige Anteilnahme an seinen Lebensplänen und seiner künstlerischen Arbeit wurde von ihm mit Dankbarkeit zur Kenntnis genommen:

»Aber für alle Liebe, die Du mir hegst, für alle Geduld mit meinen Irrwegen, wo finde ich da Lob genug! Und daß Du nie an mir irre geworden, sondern immer an mich geglaubt hast, ist doch viel sehr viel wert.« (2. Mai 1818; Vordtriede 1, S. 114)

Ende 1818 und im Verlauf des Jahres 1819 begannen sich jedoch schwerwiegendere Verstimmungen abzuzeichnen, die sich in der Zeitspanne 1820 bis 1822 zu einem grundsätzlichen, von gegenseitigen Machtproben geprägten Konflikt um die Frage einer angemessenen Lebensführung auswachsen sollten. Der Prozeß der Entfremdung konnte im folgenden auch durch Bettinas Anpassung an Achims Wünsche Mitte bis Ende 1822 nicht mehr aufgehalten werden und sollte in den Jahren 1823/24 zu einem ungeahnten Tiefpunkt ihrer Beziehung führen.

Wohl auch angesichts der bevorstehenden Geburt des fünften Kindes, der Tochter Maximiliane hatte der mit seiner Stellung als Agrarökonom inzwischen zufriedene Achim (vgl. Vordtriede 1, S. 132) schon am 3. August 1818 wieder besorgt zur Sparsamkeit gemahnt:

»Denke daran, daß wir mit 4 bis 5 Kindern bei so teurem Quartier, Kost, usw. in Berlin gar bald nicht mehr bestehen können, daß der Buchhändlererwerb nur durch das Glück begünstigt etwas Bedeutendes abwirft, daß ich fast nur auf ökonomischen Wege zu einer sicheren Existenz geführt werden kann.« (Vordtriede 1, S. 135)

Bettina versicherte ihm darauf am 12. August 1818: »Du kommst mir immer in Deinen Briefen so hintenrum von den Freuden und Notwendigkeiten des Landlebens, beides ist unnütz«, und ließ keinen Zweifel daran, daß sie die Zweisamkeit mit Achim auf dem Lande allemal dem Alleinsein in der Stadt vorzog. Der erneute Umzug Bettinas und der Kinder zurück aufs Land nach einem zweieinhalbjährigen Aufenthalt in der Stadt wurde für den Frühling vereinbart und fand am 14. April 1819 statt, während die Berliner Wohnung aus Kostengründen aufgegeben wurde. Daß Bettina sich an die beschworene ›paradiesische Einsamkeit‹ und die erneute

Zurückstellung ihrer eigenen Interessen trotz allem guten Willen nur schwer wieder gewöhnen konnte, ist unter anderem durch ihr Bemühen belegt, die mit ihr befreundete Amalie von Helvig nach Wiepersdorf einzuladen. Auch ihr Brief an Achim, der sich im Juli 1818 aus geschäftlichen Gründen kurz in Berlin aufhielt, läßt die Spannungen erkennen, die sich in der ländlichen Einsamkeit von Wiepersdorf aufgebaut hatten:

»Du magst mir es zugeben oder nicht, so bleibe ich dabei, daß Du für die menschliche Gesellschaft gemacht bist und nicht für diese Einsamkeit, wo Dein dummes Weib geplagt durch Langeweile Dich martert [...].« (Vordtriede 1, S. 170)

Ähnlich wie Achim zu dieser Zeit mit zunehmender Schärfe auf ihre abschätzigen Reden über die Bärwalder Landwirtschaft reagierte, verwahrte sich Bettina nun wiederholt gegen seine Kritik am Stadtleben, die sie ihm als Fehleinstellung verwies:

»Wenn Du in der Stadt bist, so ist immer Dein größtes Vergnügen mir Deinen Ekel und Langeweile zu beschreiben, es mag wahr sein, aber dann ist es gewiß eine Krankheit in Deinem Gemüt.« (Vordtriede 1, S. 174)

Zweifellos auf Bettinas Drängen wurde für den Winter 1819/20 erneut eine Berliner Stadtwohnung angemietet, die sie schon im November bezog. »Ich bedarf Deiner in der Stadt mehr wie auf dem Lande«, schrieb Bettina, die sich in der Berliner Geselligkeit – Rahels sogenannter ›zweiter Salon‹ in der Mauerstraße bot eine neue Attraktion – offensichtlich in ihrem Element fühlte, an Achim, »weil ich Dir mehr Interessantes mitzuteilen habe«, »Neuigkeiten, die mich innerlich verzehren« (Vordtriede 1, S. 183 u. 192). In der folgenden Zeit versuchte Bettina mit Beharrlichkeit und Überredungskunst, auch Achim in die Berliner Gesellschaftskreise mit hineinzuziehen, in denen sie oft tonangebend war, während Arnim sich eher reserviert verhielt. Nachdem am 26. Mai 1821 das neue, von Schinkel gebaute Berliner Schauspielhaus eingeweiht worden war, bemühte sie sich um Kontakte für ihn und betrieb mit Energie die Aufführung eines seiner Stücke auf dem Theater (vgl. Vordtriede 1, S. 278). Mit einem früh ausgeprägten Sinn für öffentliche Wirksamkeit, dabei aber auch an die frühromantische Vorstellung von der ›poetischen Mission‹ des Dichters anknüpfend, wies Bettina auf die literarische Verpflichtung Achims hin: »[...] wer gekrönt ist, dem ist es Pflicht zu herrschen. Daß Du die Leier empfangen ist ein Zeichen, daß Du durch sie herrschen sollst« (Vordtriede 1, S. 278). Gleichzeitig wurde sie nicht müde, Achim zu bereden, sich mehr Zeit für seine poetischen Arbeiten zu gönnen, sein »aus Zorn und

Hypochondrie zusammengesetztes Phlegma« zu überwinden, und sich durch Reisen wie der von ihr angeregten Studienfahrt nach Schwaben zur Fortsetzung seiner *Kronenwächter* sowohl zu zerstreuen als auch zu sammeln (Vordtriede 1, S. 201). Einige dieser wohlmeinenden, von Bettina aber auch unmißverständlich zur Beförderung ihrer eigenen Interessen verabreichten Ratschläge nahm Achim, – als sich die finanzielle Situation des Paares im September 1820 zu entspannen schien – dankend an: »Wirklich möchte ich Dich für eine Seherin halten, daß Du mich zu so manchem Genuß dieser Reise gleichsam hingezwungen hast«, schrieb er ihr am 2. November 1820 aus Frankfurt (Vordtriede 1, S. 233). Dagegen wird ihm Bettinas kühne Gleichsetzung seiner literarischen Arbeiten mit denen Goethes und Shakespeares wenig geholfen haben (vgl. B. Gajek 1985 u. Lützeler 1990).

Achims stetig wachsende Abneigung gegen einen Aufenthalt in Berlin – als Literat unter Literaten wie Bettina es gerne gesehen hätte – begann sich in den Ehebriefen immer drastischer auszusprechen. Während er noch im September 1820 lediglich vom »melancholische[n] Staubnebel« und vom »abdestillierten und filtrierten faden Menschengeist, der in Berlin herumgereicht wird«, gesprochen hatte (Vordtriede 1, S. 197 f.), wurde er Anfang Mai 1821 deutlicher:

»Hier [auf dem Lande] bin ich etwas, kann mit jedem Tag etwas sein, habe eine äußere Tätigkeit, in Berlin bin ich von einem Bettler nicht viel unterschieden, esse mich an fremden Tischen satt und kann die Leute selten wieder bewirten; jeder Hauswirt und jeder Hausgenosse ist ein Tyrann, dabei die Polizeikommissarien und das Gesinde als Untertyrannen.« (ebd., S. 271; vgl. auch S. 285)

Vor diesem Hintergrund ging es im Frühjahr 1821 um die Entscheidung, ob Bettina, die seit dem November 1819 in Berlin gelebt und am 4. März 1821 gerade ihre zweite Tochter Armgart geboren hatte, den Sommer dieses Jahres nach über eineinhalbjähriger Abwesenheit wieder in Wiepersdorf verbringen würde. Mit dem Hinweis darauf, daß er sie und die Kinder gerne um sich hätte, bat Achim nur um ihr Einverständnis und befahl nicht, was für die Qualität ihres damaligen Verhältnisses spricht. Andererseits geht aus dem Briefwechsel dieser Wochen auch die Ernüchterung und Illusionslosigkeit hervor, mit der nun beide die Kluft zwischen ihren unterschiedlichen Vorstellungen erkannten und aussprachen: »ein jeder hat seine Gedanken, und das Zurechtweisen hilft wenig, das empfinden wir beide an einander« (Bettina an Achim, 22. Mai 1821; Vordtriede 1, S. 278; im Mai lernte Bettina auch den jüngeren Philipp Hößli kennen). Die

Zeit des Austarierens unterschiedlicher Meinungen und des Versuchs, den Partner von der Validität der eigenen Lebensführung zu überzeugen, war zu dieser Zeit abgeschlossen. Die bis Mitte der 1820er Jahre noch im Fluß begriffenen Positionen hatten sich endgültig verfestigt. Bettina vertrat seit Mitte 1821 ihre Position mit Nachdruck. Es ging ihr um die Kontinuität bei der Erziehung der Kinder und die Pflege ihrer persönlichen und künstlerischen Interessen. »Da Du mir nun erlaubst, meine Ansicht zu haben«, leitete Bettina ihre widerspenstige Antwort auf Achims Vorschlag zur Übersiedlung aufs Land in zwei aufeinanderfolgenden Briefen ein, in die sich nun unverkennbar auch Spitzen und stille Vorwürfe gegen ihn mischen: »Du bist nicht dazu gemacht, Dich um die Erziehung der Kinder zu bekümmern, und auch nicht dazu, einen Hofmeister zu suchen, noch dazu, ihm einen großen Gehalt zu geben« (Vordtriede 1, S. 274).

Den Charakter einer Machtprobe erhielt diese von beiden Seiten mit Schärfe, Bitterkeit und Beharrlichkeit geführte Auseinandersetzung zusätzlich dadurch, daß Bettina gegen Achims Willen darauf bestand, die Berliner Mietwohnung als Rückversicherung auch während der Sommermonate zu behalten. Einen längeren Aufenthalt auf Wiepersdorf vermied Bettina ohnehin dadurch, daß sie von Mitte August bis Anfang November 1821 mit Armgart und ihrer Schwester Gunda zur Familie nach Frankfurt reiste, während die fünf älteren Kinder bei Achim auf dem Lande blieben. Es ist anzunehmen, daß Bettina in Frankfurt wohl auch ihre Vermögensverhältnisse näher besprochen hat, da sie sich danach in der Lage sah, die Kosten der von Achim als unnötig empfundenen Berliner Mietwohnung zusammen mit einigen dafür notwendigen Neuanschaffungen selbst zu tragen. Damit wird klar, daß Bettinas Eigenständigkeit während ihrer Ehezeit durch den finanziellen Rückhalt ihres Frankfurter Erbteils ermöglicht und entscheidend gefördert wurde; ein Faktor, dem sie weitsichtig Rechnung trug, indem sie den nicht genau bezifferten Restbetrag, der im Mai 1827 noch von ihrem Vermögen vorhanden war, ausdrücklich zum Notpfennig für ihre Töchter bestimmte, »da ihr Los so unentschieden ist und immer von andern abhängt, daß ihnen Geld oft große und nötigere Unterstützung ist wie den Jungen« (Vordtriede 2, S. 669). Trotz ihrer bescheidenen persönlichen Bedürfnisse und aller Sparsamkeit, zu der sie Achim immer wieder anhielt, mußte Bettina Jahr für Jahr viel von ihrem eigenen Geld in die gemeinsame Hauswirtschaft einfließen lassen. Da Achim ihren wiederholten Bitten um Zuteilung eines in der Höhe festgelegten und im voraus verabreichten Haushaltsgeldes nicht nachzukommen bereit war, und Bettina sich bei ihren Berliner Verwandten oder Freunden ungern Geld ausborgte, ließ sie sich von 1827 an beim

Bankhaus Mendelssohn und Fränkel in der Jägerstraße einen jährlichen ›Kredit‹ auf ihr Frankfurter Erbteil einrichten. Ihren Angaben zufolge war ihr Vermögen schon im November 1823 auf »kaum 6000 Gulden« zusammengeschmolzen, und die ehelichen Debatten über die Dringlichkeit von Geldausgaben – vor allem Bettina sah sich immer wieder zu Rechtfertigungen genötigt – nahmen an Häufigkeit zu (vgl. Vordtriede 1, S. 418).

Streitigkeiten über die Art der Kindererziehung bildeten einen zusätzlichen Konfliktstoff: Während Bettina eine ›freie‹ Erziehung vertrat, die sich an Rousseaus Ideen orientierte, ging es Achim mehr um die Setzung von Autorität und die Einordnung in die gesellschaftlichen Normen. Während sie sich für die fachlich differenzierte Ausbildung an den neugegründeten Gewerbeschulen begeisterte und im Oktober 1827 auch durchsetzte, daß Fried- und Kühnemund das von Karl Friedrich von Klöden eingerichtete »Gewerbeinstitut« besuchten, plädierte Achim für die elitär-konservative Gymnasialausbildung und eine Form ›höherer‹ Allgemeinbildung. Während Bettina die Kinder prinzipiell gegen die Kritik Außenstehender in Schutz nahm und abzuschirmen versuchte, sparte Achim nicht mit Zurechtweisungen und Mißfallensäußerungen. Der schwelende und dann angefachte Konflikt um die angemessene Art der Lebensführung, um Kindererziehung und Durchsetzung persönlicher Interessen endete im Sommer 1822 vorläufig damit, daß sich Bettina den Vorstellungen Achims anpaßte. Nachdem Achim im Winter und Frühjahr 1821/22 Berlin ostentativ gemieden hatte und sogar Bettinas Geburtstag im April ohne Gruß vorbeigehen ließ, setzte sie seinen Wünschen nach einer erneuten Übersiedlung aufs Land keinen Widerstand mehr entgegen. Auf eine Wohnung in Berlin wurde für die nächsten 15 Monate verzichtet, die Möbel auf dem Dachboden der Savignys untergestellt, ein Hofmeister und eine Wirtschafterin gefunden, die bereit waren, Ende Juni 1822 Bettina und die Kinder nach Wiepersdorf zu begleiten. Bettina muß diesen ihr indirekt aufgezwungenen Umzug als Niederlage empfunden haben, den sie nur der ehelichen Harmonie zuliebe auf sich nahm. Am Ende dieses Jahres verfaßte sie ihren oft zitierten Klagebrief an die Savignys, in dem ihre Unzufriedenheit einen ungeahnten Höhepunkt erreichte:

»Ich habe die 12 Jahre meines Ehestandes leiblich und geistigerweise auf der Marterbank zugebracht und meine Ansprüche auf Rücksicht werden nicht befriedigt. Die Kinder, um deren irdischen Vorteil alle Opfer geschehen, werden in allem, was sich nicht mit der Ökonomie verträgt, versäumt; [...] Mir aber sind (ich schäme mich es zu sagen) die Hände gebunden, und ich kann nichts befördern, wozu ich mich bei jedem Nachdenken aufgefordert fühle. Was ich stets mit Geduld ertrug, weil ich mich kräftig genug fühle, das trag ich jetzt mit Ungeduld, weil ich schwach genug bin. *Mein Perspektiv ist das End aller Dinge.*« (AM, S. 233 f.)

Eine anhaltend depressive Stimmung Bettinas ist bis zum Frühjahr 1826 in den Ehebriefen nachweisbar und äußerte sich vor allem in psychosomatischer Kränklichkeit (Kopf-, Brust- und Magenschmerzen), aber auch in Melancholie bis hin zum unverhohlenen Lebensüberdruß. »Wenn mir einmal was zustoßen wird«, schrieb sie in einer solchen Stimmung im November 1823 an Achim, »so weiß ich, daß ich nicht wieder aufstehe, und ich mag auch nicht, denn das Leben ist mir so eine Last« (Vordtriede 1, S. 418). Bettina, die aus Krankheitsgründen Anfang 1823 für kurze Zeit nach Berlin reiste, um sich von ihrem Hausarzt Wolfart untersuchen zu lassen, versuchte in dieser Zeit der Lebenskrise häufig, sich mit Alkoholika – damals auch bei Kindern in Form von Wein bedenkenlos als ›Heilmittel‹ verwendet – und dem von Wolfart verschriebenen Opium, das sie mit gutem Erfolg anläßlich erneuter Anzeichen von Schwäche noch im September 1825 nahm, über die Runden zu helfen (vgl. Vordtriede 2, S. 554).

Die Einsicht, daß der Aufenthalt in der Stadt für sie unabdingbar war, reifte während dieser letzten auf dem Lande verbrachten Monate in Bettina zur Gewißheit. Von einer Fahrt nach Berlin Ende August 1823, die sie unternommen hatte, um nach einem neuen Hauslehrer für die Kinder und einer möglichen Stadtwohnung für den Winter zu suchen, teilte sie Achim mit neu gewonnener Entschlossenheit mit: »von meiner Rückreise kann nicht eher die Rede sein, bis ich ein Quartier habe« (Vordtriede 1, S. 400). Ende Oktober 1823 zog Bettina gemeinsam mit den Kindern, die Achim von Wiepersdorf herüberbrachte, in eine Wohnung am Wilhelmsplatz ein. Das Weihnachtsfest dieses Jahres wurde bezeichnenderweise getrennt verlebt, und anstelle eines Sommeraufenthalts in Wiepersdorf unternahm Bettina im Juli 1824 eine insgesamt knapp drei Monate während Badereise nach Schlangenbad im Taunus. Die gutgemeinten Ermahnungen Achims: »strenge auch Deine Augen während der Brunnenzeit nicht an mit Zeichnen oder nächtlichem Lesen« (Vordtriede 2, S. 462) schlug sie in den Wind und begann wieder mit dem Zeichnen. Zu ihrem Geburtstag 1822 hatte ihr Gunda einen »ganzen Malapparat« geschenkt und Amalie von Helvig und Wilhelm Hensel steuerten diverse Zeichenutensilien bei (Vordtriede 1, S. 362). Achim, der – wie aus einem Brief an Wilhelm Grimm hervorgeht – »mehr Freude an ihrer Musik« empfunden hatte, wandte sich besonders gegen Bettinas Versuch, die Ölmalerei zu erlernen, was er für eine »Mutter von 6 Kindern« unpassend hielt (Steig 3, S. 508 u. Vordtriede 1, S. 364).

Die universelle künstlerische Begabung machte es Bettina schwer, eine angemessene Ausdrucksform zu finden, auf die sie sich in den wenigen ihr zur Verfügung stehenden Stunden konzentrieren konnte. Während Arnim sich auf das Schreiben beschränkte, schwankte sie zwischen Musik, Malerei und Poesie. Bei der langjährigen Suche nach einer adäquaten Form kreativer Expressivität, die Achim für sich schon gefunden hatte, war sie zwangsläufig auf Anregungen von außen, auf gesellschaftlichen und freundschaftlichen Umgang mit anderen künstlerisch Interessierten, kurz: auf das Berliner Stadtleben angewiesen. In dem Maße wie Achim jedoch ihren Drang nach fördernden Kontakten und stimulierender Geselligkeit nicht verstand, hat Bettina die Notwendigkeit der Stille und Abgeschiedenheit des Landaufenthalts für sein kreatives Schaffen verkannt. Beide sind im Verständnis dessen, was dem anderen zur künstlerischen Selbstentfaltung nötig war, schnell an ihre Grenzen gestoßen, ohne daß dadurch neue Lernprozesse in Gang gesetzt worden wären. Während Bettina immer wieder aufs Neue versuchte, Achim aus seiner ›Isolation‹ herauszulocken, bemühte er sich unablässig darum, sie zur ›Ruhe‹ zu zwingen. »Glaube nicht, daß ich in Deiner Abwesenheit Gesellschaft gebe noch sehe«, erwiderte Bettina im März 1827 auf eine entsprechende Ermahnung Achims:

»eine Bemerkung von Dir, ich solle mich der Gesellschaft enthalten, sie sei mir schädlich, scheint mir darauf hinzudeuten; wenn mich etwas krank macht, so ist es eher diese unausgesetzte Einsamkeit, dieses Brüten und Nachdenken über meinen Zustand. Zu nervenschwach, um mit der Nadel zu arbeiten, ohne Bücher, ohne Menschen, ohne Aussicht in die Ferne als bloß Schmerzen, ist die modernde grüne Wand meines Zimmers der trübe Spiegel meiner Seele.« (Vordtriede 2, S. 654)

Aus dieser gereizten, gleichzeitig aber auch einsichtsvollen Antwort geht die psychosomatische Komponente der ständigen Leiden Bettinas deutlich hervor, die sie jedoch gelegentlich in der Konzentration auf sich selbst und ihre unterdrückten Wünsche überwinden konnte. So verlor sich eine »Taubheit«, über die Bettina im Zusammenhang mit »Schmerzen in Brust und Magen« im Juni 1824 geklagt hatte, »ganz plötzlich« wieder durch Singen, wonach sie sich wie »neugeboren« fühlte (Vordtriede 2, S. 448 u. 450).

Die Auseinandersetzung um das Verbleiben Bettinas und der Kinder in der Stadt setzte sich im Winter 1824 fort. Nach einem ungewöhnlich bitteren Anklagebrief Achims vom 16. November, in dem er Bettina mitteilte, daß er seine »Einsamkeit« auf dem Lande leichter ertragen könnte als ihre »beständige stumme Verdrießlichkeit«, fuhr sie umgehend zu einer Aussprache nach Wiepersdorf, wo die Familie (zum letzten Mal) das Weihnachts- und Neujahrsfest 1824/25 gemeinsam verlebte (Vordtriede 2, S. 495). Wohl als Resultat dieser winterlichen Besprechung mietete Achim schon Anfang Dezember 1824 eine neue Berliner Wohnung in der Dorotheenstr. Nr. 8 an, in die Bettina im Januar 1825 mit den Kindern umzog. Die Phase des bewußt voneinander getrennt Wohnens, die bis zu Achims Tod bestand, begann zu diesem Zeitpunkt und konnte nach außen hin nun auch mit Berechtigung als ›notwendig‹ in Hinsicht auf die geregelte Schulausbildung der Söhne begründet werden. Achim verbrachte meist mehrere Wochen oder sogar Monate der kalten Jahreszeit in Berlin, während Bettina von nun an in der Regel die Söhne in den Schulferien zu ihrer Entlastung aufs Land schickte und mit den Töchtern allein in der Stadt zurückblieb.

Das Leben in Berlin brachte für Bettina in diesen Jahren neue Probleme mit sich. Allein im Jahr 1826 sah sie sich zweimal zu einem Wohnungswechsel gezwungen. Abgesehen von baulichen Mängeln oder Streitereien mit den Mit- oder Vermietern waren vor allem die überteuerten Mieten in Berlin der Hauptgrund für die zahlreichen Umzüge der Familie, was Achim 1827 sogar an den Bau und Bettina 1830 an den Kauf eines eigenen Hauses in der Stadt denken ließ (vgl. Vordtriede 2, S. 870-872). Bettina behielt jedoch die Wohnung in der Dorotheenstr. 31D, die sie im Oktober 1826 schließlich bezog, trotz aller Nachteile bis zum April 1834. Dort wurde am 30. August 1827 auch das letzte Kind, die Tochter Gisela, geboren. Diese, ihre Lieblingstochter, die Bettina ungewöhnlich lange stillte und auch in späteren Jahren so gut wie immer um sich behielt, war ein von Achim nicht mehr gewünschtes Kind, ähnlich wie Bettina die davor geborene Tochter Armgart zunächst ›ungern‹ von Achim ›angenommen‹ hatte (vgl. Vordtriede 1, S. 213 u. 256); auch dies ein Zeichen für die Spannungen zwischen den Ehepartnern, die sich um die Zeit der Geburt Giselas noch einmal in einem offenen Streit entluden. Auf eine Kritik Achims an ihrem geselligen Umgangsstil – er hatte ihr dazu geraten, ihre Freundschaften mit Frauen mehr zu pflegen – reagierte Bettina im Juli 1827 mit einer geharnischten Verteidigungsschrift (»und heiße Dich einen dummen Peter mit Deinen Freundschaftswünschen«; Vordtriede 2, S. 683), die ein Schlaglicht auf ihre prekäre Situation innerhalb der Berliner Gesellschaft wirft, in der sie wieder einmal, wie schon in ihren Frankfurter Jugendjahren, eine Rand- und Ausnahmeerscheinung darstellte. Es war zu diesem Zeitpunkt offensichtlich, daß sie von ihrem Mann getrennt lebte und ihre Kinder fast allein erzog. Im geselligen Umgang schränkte sich Bettina nicht ein, obwohl sie wegen ihrer finanziellen Engpässe nicht immer ›standesgemäß‹ auftreten konnte.

Dadurch gab es mitunter Anlaß zu Klatsch und Spekulationen. Hinter Achims Wunsch nach Freundinnen vermutete Bettina ein latentes schlechtes Gewissen und ein stilles Eingeständnis seines wachsenden Desinteresses an ihr:

»Denn daß Du darum so bangst, das heißt nichts andres, als daß mein Alleinsein, mein von aller Erholung, allem Genuß entblößtes Leben Dir manchmal ein Vorwurf ist und vielleicht [aufgrund ihrer Schwangerschaft] jetzt mehr, da ich in einem Zustand bin, wo andre doch zum wenigsten an ihrem Mann eine Krücke haben.« (Vordtriede 2, S. 684)

Auffallend an diesem Brief vom 22. Juli 1827 ist der Übergang von konkreten Einzelvorwürfen zu einer prinzipiellen Kritik an Achim – sie beschuldigt ihn der grundlegenden Lebensängstlichkeit, der Entschlußlosigkeit und der Aufgabe der Ideale seiner Jugendzeit –, aber auch ein gewisser Stolz in bezug auf ihre Selbständigkeit und ihre Art der Handhabung der Familiengeschäfte, den Bettina hier erstmalig deutlich zum Ausdruck bringt: »Das einzige, was Dich mehr bindet wie andre Menschen, ist Deine Familie; nun, die besorge ich ja!« (Vordtriede 2, S. 687). Achim antwortete« auf diesen herb abrechnenden Brief, dem Bettina rasch ein versöhnlicheres Schreiben mit dem Angebot einer Reisefinanzierung für ihn folgen ließ, zunächst nicht. Seine Briefe der letzten Ehejahre zeichnen sich durch eine zunehmende Wort- und Gefühlskargheit aus, über die auch die floskelhaft verwendete Zärtlichkeitsformel (»ich küsse Dich und die Kinder«) nicht mehr hinwegtäuschen kann. Über sich selbst und seine publizistischen Aktivitäten und Pläne sprach Achim zu dieser Zeit kaum noch. Dagegen begannen sich auch bei ihm die Klagen über Unwohlsein und Kränklichkeit (Ohrenbrausen, Hämorrhidialbeschwerden, Rheuma) zu häufen, die im Oktober 1829 Anlaß zu einer letzten Erholungsreise wurden.

Während der Zeit seiner Abwesenheit brachte Bettina die beiden ältesten Töchter Maximiliane und Armgart zu einem längeren Erziehungsaufenthalt in das Haus ihres Bruders Georg nach Frankfurt, wo sie sich auch im Sommmer 1830 zur Pflege der typhuskranken Maxe längere Zeit aufhielt. Aus den Frankfurter Briefen an Achim geht hervor, daß die inzwischen 45jährige, lebensgeprüfte Bettina nicht mehr bereit war, sich von ihrem Mann oder von ihrer Frankfurter Familie kritisieren und gängeln zu lassen. Mit Energie und Durchsetzungskraft bestand sie gegen den Willen der Verwandtschaft auf einer homöopathischen Form der Krankenpflege für Maximiliane, kümmerte sich um die Beerdigung ihres an Typhus gestorbenen Neffen, und dehnte trotz der Vorhaltungen Achims ihren Aufenthalt in Frankfurt bis zu dem Zeitpunkt aus, als der weitere

Aufenthalt ihrer Töchter in Frankfurt geregelt war. Anfang November 1830 wieder in Berlin, verlebte Bettina, ohne es zu ahnen, ihre letzten gemeinsamen Wochen mit Achim, die wohl nicht von Harmonie geprägt waren (vgl. Drewitz 1979, S. 139 f.). Das Weihnachtsfest dieses Jahres verbrachten die Eheleute getrennt – wie ein Jahr zuvor. Achim plante, im Januar 1831 nach Berlin zu kommen. Da er sich jedoch nicht wohlfühlte, verzögerte er seine Abreise, bis Bettina sich Sorgen machte und erwog, ihn in Wiepersdorf zu besuchen. Dazu kam es jedoch nicht mehr. Am 21. Januar 1831 starb Achim »plötzlich und schmerzlos« an einem »Nervenschlag« (AM, S. 246), fünf Tage vor seinem 50. Geburtstag.

In einer Reihe von Briefen an Freunde und Verwandte hat Bettina den Tod ihres Lebenspartners poetisch verklärt. »Ich bin glücklich, daß mir Gott mein elendes, beflecktes Gewand wollte reinigen in dem Bad meiner Tränen«, schrieb sie im März/April 1831 in einem wenig bekannten Brief an Caroline von Egloffstein, in dem sich Trauer und Zukunftshoffnung mischen:

»daß er zwischen mich und die Lüge wollte eine Grenzscheide aufrichten, daß, wenn ich sie nicht überschreite, bin ich nicht in ihr, wie ich sonst mich nicht von ihm trennen konnte; ich bin glücklich, daß ich wieder in der Heimat sein kann, im eigenen Herzen, weil die Vorwürfe mir geschenkt sind und weil das Opfer seines Todes die bösen und verkehrten Neigungen von mir genommen hat« (Härtl 1, S. 662).

2. Goethes Briefwechsel mit einem Kinde (1832-1835)

Bettina von Arnim war sich über den unorthodoxen und provokanten Charakter des Werkes, mit dem sie 1835 erstmalig als Autorin gegen den Widerstand ihrer Familie an die Öffentlichkeit trat, durchaus im klaren. Noch bevor die ersten beiden Bände von *Goethes Briefwechsel mit einem Kinde* Mitte Februar ohne Nennung ihres Namens erschienen waren, rechtfertigte sie ihre Veröffentlichungsabsichten in einem Brief an ihren Bruder Clemens, der sich nach dem Lesen der ersten Druckbogen äußerst skeptisch gezeigt hatte, mit den Worten:

»Daß dieses Buch etwas Außerordentliches ist, was in diesem Jahrhundert und wohl auch in den vergangnen kein gleiches finden wird, ist meine wahre Meinung [...]. Wenn Du das Ganze in Händen haben wirst, so wirst Du anders drüber denken; oder Du wirst nur vor Schrecken in Ohnmacht fallen, dann ist es doch mit einemmal abgemacht. [...] Grüß mir den Ringseis und Görres recht herzlich, und sag ihnen, sie sollen ihre ganze

Freundschaft zusammen nehmen, um das Unerhörte zu bestehen, was in meinem Buch vorkommen wird.« (4. Juli 1834; K/M 5, S. 182)

Mit ihrem im März oder April 1835 publizierten dritten Band, dem *Tagebuch zu Goethes Briefwechsel mit einem Kinde* (im folgenden Text als *Tagebuch* bezeichnet), komplettierte Bettina ihr großes literarisches Erfolgswerk, dessen äußerst komplizierte Entstehungsgeschichte einen Zeitraum von knapp 30 Jahren umspannt.

Die wechselvolle Beziehung Bettina von Arnims zu dem 36 Jahre älteren Goethe ist schon 1927 von Bergemann in seinem viel zu wenig beachteten Vorwort zum Originalbriefwechsel detailliert nachgezeichnet worden. Im folgenden sollen deshalb nur die grundlegenden Fakten rekapituliert werden. Bettina hat in den Jahren 1807 bis 1811 insgesamt 41, zum Teil recht weitschweifige Briefe an Goethe geschrieben, der ihr seinerseits mit 17, meist kurzen und mitunter seinem Sekretär in die Feder diktierten Schreiben antwortete. Nach der bekannten handgreiflichen Auseinandersetzung zwischen Goethes Frau Christiane und Bettina in Weimar (1811) – der Klatsch weiß zu berichten, daß Bettina ihre Kontrahentin beim Besuch einer Ausstellung als »Blutwurst« beschimpfte und Bettinas Brille zu Bruch ging (vgl. Hirsch 1992, S. 50) – kam es zu einer langjährigen Unterbrechung der Beziehung zu Goethe. Erst in den Jahren 1817 bis 1832 schickte Bettina in größeren zeitlichen Abständen noch neun weitere Briefe an seine Adresse, die ohne Antwort blieben.

Vor der Auseinandersetzung mit Christiane im Jahre 1811 war Bettina dreimal mit Goethe zusammengetroffen – im April und November 1807 in Weimar und im August 1810 im böhmischen Badeort Teplitz. Diese dritte, erotisch aufgeladene und von beiden intensiv erlebte Begegnung, die Bettina 1832 aus der Erinnerung in vier voneinander abweichenden Fassungen im einzelnen beschrieb, bildet den Höhepunkt ihres Verhältnisses zu Goethe. (Zur Einschätzung des ›Teplitzer Manuskriptes‹, das sie vermutlich für Pückler entwarf, als ›Textvorstufe‹ des *Goethebuches* vgl. Bäumer 1986, S. 77-90.)

In der fast vollständig erhaltenen Original-Korrespondenz, die heute in der New Yorker Pierpont Morgan Library aufbewahrt wird, fehlen leider einige der Briefe, die kurz nach der Teplitzer Begegnung gewechselt wurden, so daß über den tatsächlichen Grad der Nähe und Intimität zwischen Goethe und Bettina im Sommer 1810 nur auf der Basis ihrer späteren poetisierten Aussagen geurteilt werden kann. (Der einzige neue Fund aus dem Konvolut der Originalbriefe in der Pierpont Morgan Library, ein Briefbruchstück, das einen unvollständigen Brief Bettinas an Goethe komplettiert, ist dagegen von geringerem Interesse; vgl. Sch/St 2, S. 602 f. und 1109 f.)

In den Jahren 1821 bis 1826 war Bettina auf Reisen durch und nach Weimar noch viermal bei Goethe zu Gast (im November 1821, im Juli und Oktober 1824, und anläßlich seines Geburtstags von Ende August bis Mitte September 1826). Poetisierte Reminiszenzen an ihre letzten Besuche bei Goethe – beispielsweise Goethes Reaktion, als sie ihm im Juli 1824 das Gipsmodell ihres Goethedenkmals zur Ansicht brachte – veröffentlichte Bettina im *Tagebuch* (vgl. z. B. K/M 2, S. 380 ff. u. 406). Bei drei weiteren kurzen Aufenthalten in Weimar (im Oktober 1829 und im August und November 1830) wurde Bettina von Goethe, der 1826 nach ihrem letzten längeren Besuch erneut verstimmt war und sie dem Herzog gegenüber als »leidige Bremse« bezeichnete (1826; Kat., S. 51), nicht mehr empfangen.

Zu den literarischen Quellen, die Bettina in ihrem *Goethebuch* erwähnt und/oder aus denen sie geschöpft hat, gehören neben Hölderlins Elegie *Menons Klagen um Diotima* und seiner Hymne *Der Rhein* vor allem Werke Goethes wie der *Werther, Die Wahlverwandtschaften, Dichtung und Wahrheit* und seine Gedichte – sowohl die frühe Sturm-und-Drang-Lyrik wie etwa *Wanderers Sturmlied* und *Prometheus* als auch späte Gedichte aus dem *West-östlichen Divan*. Auffällig ist auch, daß Bettina den im Zusammenhang mit Goethes italienischer Reise stehenden Schriften (*Egmont, Faust I, Wilhelm Meisters Lehrjahre, Iphigenie, Venezianische Epigramme* und *Römische Elegien*) stärkere Aufmerksamkeit schenkte und wiederholt (zumeist paraphrasierte) Textstellen aus einigen dieser Werke in ihr *Goethebuch* montierte. Verarbeitet wurde ferner Bettinas Korrespondenz mit Beethoven und Goethes Mutter sowie mit Friedrich Daniel Ernst Schleiermacher und Hermann Fürst von Pückler-Muskau. So ist die Doppelbödigkeit des Schreibaktes in der Verknüpfung oder mitunter sogar Austauschbarkeit der beiden Adressaten Pückler und Goethe im *Tagebuch* dokumentiert durch die alternierenden Textpassagen »An Goethe« und »An den Freund [Pückler]«. Schormann und E. Gajek haben darüber hinaus die Kongruenz einzelner Textstellen aus (zum Teil noch unveröffentlichten) Briefen Bettinas an Pückler und Schleiermacher mit verschiedenen Passagen des *Tagebuchs* nachweisen können. (Zur Quellenlage vgl. Oehlke 1905, Bäumer 1986, Schormann 1993, E. Gajek 1989 u. die Kommentare der Editionen von Härtl und Schmitz/Steinsdorff.)

Bettina konnte sich mit Berechtigung als Inspirationsquelle für Goethes dichterische Produktion betrachten. So stützen sich einige seiner 1807/1808 verfaßten 17 Sonette (nachweislich *Abschied, Mächtiges Überraschen, Das Mädchen spricht* und *Die Liebende abermals*) auf Textstellen einer ihrer Briefe an Goethe von Ende 1807.

Daß Bettina – verknüpft mit ihren Erinnerungen an die Teplitzer Begegnung – irrtümlich auch einige der Suleika-Gedichte Marianne von Willemers auf sich bezog, wird vor diesem Hintergrund verständlich. 1810 schickte Betttina auch Materialien für die Autobiograhie Goethes in Form von poetisch überarbeiteten Kindheitsanekdoten nach Weimar, die sie 1806 nach den Erzählungen von Goethes Mutter niedergeschrieben hatte. Sie gingen verändert in *Dichtung und Wahrheit* ein.

Nach Bettinas Aussagen wurde sie schon von Schleiermacher dazu aufgefordert, ihren Briefwechsel mit Goethe herauszugeben. 1833 dachte sie an die Möglichkeit, ihr *Goethebuch* von dem damals literarisch erfolgreichen Pückler herausgeben zu lassen, den sie im Januar 1832 im Varnhagenschen Salon kennen und schätzen gelernt hatte. Im Briefwechsel, der sich von 1832 bis 1835 zwischen Bettina und Pückler entspann, bildeten Bettinas Goethe-Reminiszenzen und die oft kontrovers geführte Diskussion um ihre Beziehung zu Schleiermacher die beiden Hauptthemen. Trotz aller Streitigkeiten und Mißverständnisse mit Pückler war die Korrespondenz mit ihm (bis heute nicht vollständig veröffentlicht) wesentlich für Bettinas Entwicklung, denn sie verhalf ihr dazu, sich ›freizuschreiben‹. Für seine Hilfe dankte sie ihm mit der Zueignung des *Goethebuchs* und dem Geschenk des Ringes, den ihr Goethe bei ihrem ersten Besuch in Weimar überreicht hatte.

Das *Tagebuch* bildet das poetische Kernstück des *Goethebuchs*, an dem Bettina über einen Zeitraum von etwa 10 Jahren arbeitete. Schon Bettinas Zeitgenossen wie etwa Bakunin, der eine Teilübersetzung dieses dritten Bandes ins Russische anfertigte, oder Moriz Carriere, der darin »das künstlerisch Vollendetste was Bettina geschrieben hat« erkannte, haben das *Tagebuch* als reife schriftstellerische Leistung gewertet und gewürdigt (Carriere 1887, S. 240).

In Anlehnung an Goethes *West-östlichen Divan* gab Bettina ihrem *Tagebuch* den Untertitel *Buch der Liebe* und stellte zugleich einen ästhetisch-philosophischen Leitgedanken des *Goethebuchs* heraus, der in zahlreichen Aphorismen und Sentenzen des *Tagebuchs* umkreist und näher erläutert wird. Liebe ist für Bettina eine Bewußtseinsform, ist ›Erkenntnis, Wissen, Verstehen‹, die zu ›Weisheit und Wahrheit‹ führt und daher unabdingbar ist für die (Aus)Bildung des Menschen. Bettina knüpft mit diesen Vorstellungen an die dem Platonismus verpflichtete Idee der Bildung durch Liebe an, die auch in der klassisch-idealistischen Konzeption von Goethes *Lehrjahren* eine wesentliche Rolle spielt. Auch die frühromantischen Vorstellungen einer Synthese von sinnlicher und geistiger Liebe, die sie in ihren Beziehungen zu Goethe, Pückler und Schleiermacher gleichsam

›erprobte‹, gehen in die komplexe Liebestheorie ihres *Goethebuchs* ein. In bewußter Umkehrung der Geschlechtsrollenverteilung werden Sinnlichkeit, Leidenschaft und Sehnsucht nach dem Liebespartner deutlich ausformuliert. Wenn sie Schleiermacher in Gesellschaft sagt: »Du hättest müssen die Milch meiner Brüste trinken, dann hätte sich Deine Weisheit vollkommen und ohne Anstoß entwickelt« (Assing I, S. 219), und wenn sie im *Goethebuch* formuliert: »Nimm hin, nimm hin meinen Leib! Nimm hin, den heiligsten Reiz der Natur, er drängt sich mit sanfter Gewalt an Deinen Busen«, dann ersetzt sie die platonisch-geistige Diktion durch eine sinnlich-körperliche ›Sprache der Erotik‹. Leitner/v. Steinsdorff haben in ihrer Sprachanalyse des *Tagebuchs* zu Recht von Bettina/«Bettine« als »Liebes-Aggressor« gesprochen, der Begriffe der »Penetration« und eine »gewisse Lichtmetaphorik« verwendet. Die Frage ist jedoch, ob in diesem Zusammenhang der Rückgriff auf die »theologische Tradition Hildegard von Bingens« und die »Jesusminne spätmittelalterlicher Mystik« (Leitner/v. Steinsdorff 1992, S. 192 f.) unbedingt notwendig ist, zumal der viel näher liegende Kontext der Frühromantik, der zudem verbürgt, daß Bettina neue Wege des Ausdrucks beschreiten wollte, völlig ausreichend erscheint.

Ähnlich versucht auch Liebertz-Grün, Bettina in das Korsett der »mehrhundertjährigen« literarischen Tradition der Minnesänger, Troubadoure und Petrarkisten einzureihen, die ihr unerreichbares Liebesobjekt [»Goethe«] immer wieder aufs Neue, wenn auch hintersinnig, besingt und umwirbt (Liebertz-Grün 1989, S. 5f.). Schon Schellberg/Fuchs hatten sich bemüht, Bettinas im *Goethebuch* formulierte »Liebe« zu Goethe, ihrem »Gott« und »Jupiter«, in eine verbürgte Tradition zu stellen und dabei auf christliches Gedankengut (z. B. »die Sprache der johanneischen und der paulinischen Mystik«, AM, S. 167), vermischt mit Elementen der griechischen Mythologie, verwiesen. (Härtl weist ferner auf die urchristliche, von den Junghegelianern übernommene Idee einer Liebe ohne Besitzanspruch hin.) Es ist richtig, daß die katholisch erzogene Bettina sich oft eines biblischen Vokabulars bediente, jedoch gehörte diese Terminologie zum allgemeinen Sprachgebrauch ihrer Zeit und bedeutet keinesfalls eine ungebrochene Übernahme christlicher Traditionen. Vage und weit hergeholte Kontextualisierungen, wie sie Schellberg/Fuchs (AM), Liebertz-Grün 1989 und Leitner/v. Steinsdorff 1992 herstellen, dienen eher der Verschleierung als der Offenlegung der innovativen sprachlich-erotischen Ausdrucksweise Bettinas, die primär den ›revolutionären‹ Ansätzen der Frühromantik verpflichtet ist.

Bettinas *Goethebuch* gehört in die Tradition der (im Pietismus wurzelnden) weiblichen Autobiographik (Bäumer 1986, S. 194, 196) und bezieht sich – wie Bäumer überzeugend dargestellt hat – auf Goethes *Wilhelm Meister* ebenso wie auf *Dichtung und Wahrheit*. Bettinas Identifikation mit der Mignon-Figur aus dem *Wilhelm Meister*, die in ihren Briefen und Zeugnissen von Zeitgenossen (vgl. Bäumer 1986, S. 118-121) nachweisbar ist (»nur in den Tod konnte ich ihr nicht folgen«; an Arnim; Steig 3, S. 30), wird erst nachträglich in den Goethebriefwechsel hineingearbeitet (Bäumer 1986, S. 130-139) und bestimmt den Anfang des *Tagebuchs*. Dabei ist es falsch, »Bettina von Arnims Identifikation mit der romantischen Kindfigur Mignon lediglich auf eine ›fraulich liebende‹ Verehrungshaltung zu Goethe reduzieren zu wollen« (Bäumer 1986, S. 129). Nach Bäumer vollzieht sich

»in der Phase des deutschen Idealismus eine geschlechtsspezifische Zweiteilung kindlicher Wertbestimmung; während die imaginierte Assoziationskette in Hinsicht auf den kindlichen Mann besonders die Begriffe der Genialität, Originalität, Kühnheit und Direktheit hervorhob, kreiste sie in bezug auf die ›Kindfrau‹ vor allem um die Sinnzuweisung der Unmündigkeit, passiven Unschuldigkeit, göttlichen Naturverbundenheit und himmlischen Keuschheit.« (Bäumer 1986, S. 129)

Die stilisierte Mignon-«Bettine» entspricht der positiveren (›männlichen‹) Idealisierung und überwindet zum Beispiel in der Darstellung des geträumten Eiertanzes (K/M 2, S. 75; Bäumer 1986, S. 137-144) ihre Abhängigkeit von Meister/Goethe und wird zu einer gleichwertigen Partnerin. Mignon ist hier nicht mehr das Naturkind, sondern repräsentiert etwas ›Göttliches‹, Selbständiges.

»Durch erlittene, schmerzlich erduldete Passivität und befangene Stummheit zur selbstbefreienden künstlerischen Aktivität – hier zeigt sich die Nahtstelle, an der die gestaltete Kunstfigur Mignon als Chiffre patriarchalischer Präfiguration des Weiblichen sich wandelt zum Präsentationsbild der sich selbst gestaltenden Künstlerin. [...] Der von Goethe gestalteten Kunstfigur Mignon, die ihre romantische Doppelgängerin in der fiktiv gestalteten ›Bettine‹ hat, steht somit die bewußt gestaltende Autorin Bettina von Arnim gegenüber. In diesem Zusammenhang muß noch einmal klar herausgestellt werden, daß Bettina von Arnim sowohl den [...] ›Briefwechsel mit Goethes Mutter‹ [...] und weite Passagen des dritten Teils (›Tagebuch‹) [...], in den Jahren 1832/33 geschrieben hat. Eben in der Zeit, in der sie sich nach der Stagnation in der 20jährigen Ehezeit zu einem künstlerischen Neuanfang durchgerungen hatte, und sich schließlich nach der verletzenden Zurückweisung durch Pückler dazu entschlossen hatte, ihr Goethebuch allen Widerständen zum Trotz allein herauszugeben.« (Bäumer 1986, S. 135 f.)

Der Kind-Mythos der Frühromantik, der nicht das abhängige, sondern das schöpferische, geniale, den Erwachsenen überlegene Kind meint, spielt hier eine große Rolle (Bäumer 1986, S. 121-124). Die

Entwicklung der »Bettine« bleibt zwar auf die Begegnung mit dem göttlichen Goethe ausgerichtet und reift in der Liebe zu ihm, doch beansprucht sie zugleich, nicht nur eine passiv leidende Mignon zu sein, sondern ein eigenständiges weibliches Ich, das sich nicht in einer unterwürfigen Verehrung des Dichters erschöpft, sondern die Reife und Bedeutung einer Psyche gewinnt.

»Im Goethebuch möchte sie gemeinsam mit ›Goethe‹ zum ›Urquell der Jugend‹ zurückkehren und leitet dies mit den Worten ein: ›...ich bin ein Kind, und Du bist ein Kind‹. Viel Gleichstellendes liegt auch in der Form ihrer Anknüpfung an den Topos des ›puer senex‹, mit dem sie [...] zum Ausdruck brachte, daß sie sich Goethe geistig verwandt fühlte: ›Sei Du so alt und klug wie ich, laß mich so jung und weise sein wie Du, und so möchten wir füglich die Hände einander reichen‹ [...].« (Bäumer 1986, S. 124; Zitate: K/M 2, S. 333 und 201)

Die »selbstwertgefährdenden Vorstellungen einer ›Epiphanie‹ [werden] im *Goethebuch* nur durch den Gedanken ihrer Gleichstellung mit Goethe« (Bäumer 1986, S. 116) konterkariert. Das *Goethebuch* ist daher als Autobiographie Bettinas zu lesen, die – nach Rezeption von *Dichtung und Wahrheit* – als weibliche Kontrafaktur zu Goethes Werk entstand (Bäumer 1986, S. 157-172). Ursprünglich hatte Bettina – unterstützt von Goethe – nach den Erzählungen der Frau Rat eine Biographie des großen Dichters schreiben wollen. Der Plan war so weit gediehen, daß ihr Bruder Clemens bereits einen Verleger für das Projekt gewonnen hatte (Bäumer 1986, S. 161). Goethes Mutter starb jedoch 1808, und als ihr Sohn selbst mit der Darstellung seines Lebens begann, ließ er sich von Bettina das gesammelte Material übermitteln. Bettina sah, wie Goethe ihr Material verarbeitete. Aus der Darstellung einer komplizierten Geburt, die sie ihm übermittelt hatte, wird in *Dichtung und Wahrheit* ein von kosmischen Konstellationen bestimmtes Ereignis, das auf die singuläre Position des genialen Goethe hinweist. Im *Tagebuch* nimmt Bettina darauf Bezug (Bäumer 1986, S. 167, 169). Andere Anekdoten, die sie nach Weimar übermittelt hatte, läßt Goethe weg oder verändert sie so, daß sie sich der teleologischen Struktur seines Werkes bruchlos einfügen. Bettina lernt aus Goethes Verfahren, in der Autobiographie ihre eigene Bedeutung herauszustreichen und eine zielgerichtete Entwicklung der »Bettine« zu schildern.

Die verschiedenen Entwicklungsstufen, die ihre Liebe dabei durchläuft, sind im Goethedenkmal dargestellt, das (ohne den später projektierten großen Sockel) als Stich im *Goethebuch* dargestellt ist. Die Selbstdeutung des Entwurfs in einem Neujahrsbrief an Goethe (1823/24) hebt »drei entscheidende Stationen in ihrer Beziehung zu Goethe« hervor: »sich überwerfen«, »entsagen« [als Mignon] und

»sich den höheren Standpunkt erklettern« [als Psyche auf dem Fuß Goethes stehend] (Bäumer 1986, S. 112). Das Denkmal zeigt in diesem Sinne:

»[auf dem Relief der Thronlehne] die unschuldig-kindliche Erotik der ›Gauklerin Bettine‹, der Hauptattraktion einer italienischen Artistentruppe in Goethes ›Venizianischen Epigrammen‹ (1796), die mit ihrer stark sinnlichen Anziehungskraft die Zuschauer in ihren Bann zieht; die entsagende, auf Vereinigung im Jenseits hoffende Liebe des göttlichen Kindes Mignon [ebendort] und die reife, geprüfte Liebe Psyches [im Vordergund], eben desjenigen Menschenkindes in der griechischen Mythologie, die ihre anfänglichen Verfehlungen gegen die Liebe bereute und sich durch Beharrlichkeit, Ausdauer und Unterwerfung unter die Forderungen der Venus die Liebe ihres Gottes Amor zurückgewann.« (Bäumer 1986, S. 113 f.)

Den »Grundgedanken des geistigen Aufstiegs« (Bäumer 1986, S. 116) zeigt das *Goethebuch* ebenso wie das Denkmal. Dabei wird die Begegnung mit Goethe zum »identitätsbildenden Höhepunkt und Abschluß ihrer Jugendzeit« (Bäumer 1986, S. 193) gestaltet.

»Ähnlich wie Goethe in ›Dichtung und Wahrheit‹ stilisiert sich Bettina [...] zum besonderen, aus der Masse herausgehobenen Menschenkind, das in enger Verbindung mit einer übernatürlichen, höheren Ordnung steht. Allerdings vergißt sie nicht, und hierin unterscheidet sich ihr Lebensweg von dem Goethes, den Preis für diese imaginierte Singularität zu erwähnen – den Leidensdruck der sozialen Vereinzelung.« (Bäumer 1986, S. 199)

»Ihre Absicht war es, sich in der retrospektiven Auseinandersetzung mit Goethe selbst zu finden und zu fassen. [...] Um hinderliche soziokulturelle Einflüsse, die in ihrem Leben die fördernden bei weitem übertrafen, zu übertünchen und zu harmonisieren, sah sie sich geradezu gezwungen, eine poetisch verklärende und romantisierende Selbstdarstellung zu verfassen. Goethe war bei gleichem idealistischen Konzept in der Lage, sich wesentlich realistischer und weltbezogener zu geben. Bettina von Arnim beschränkte sich hauptsächlich auf die Darstellung ihres inneren Reifungs-, Wandlungs- und Differenzierungsprozesses und benutzte die Liebe zu Goethe gleichzeitig als Konkretisierung ihrer Bildungsansprüche. Alles in allem könnte man das Goethebuch wohl als ein ›trojanisches Pferd‹ verstehen, aus dem etwas heraussprang, was das Publikum ihrer Zeit nicht erwartet hatte, nämlich die nicht anonyme Selbstbeschreibung einer Frau.« (Bäumer 1986, S. 215 f.)

IV. Der Schritt aus der Privat-
in die Öffentlichkeitssphäre –
die Anfänge von Bettinas ›Salon‹

1. Biographisches (1835-1840)

Bettina von Arnims Berliner Salon verdankt seine Existenz der un-
stillbaren Neugier ihrer ersten Leser, die es sich nicht nehmen lassen
wollten, die Autorin von *Goethes Briefwechsel mit einem Kinde* persönlich kennenzulernen. Mit dem immensen, wenn auch kontrover-
sen literarischen Erfolg ihres *Goethebuchs* war die 50jährige Schriftstellerin zu einer ›Institution‹ geworden, und ein reger Verkehr von
Bewunderern setzte ein. Bettina führte ein ›offenes Haus‹, so daß in
gewissem Sinne von einem ›Salon‹ gesprochen werden kann. In der
Sekundärliteratur wurden die Anfänge dieser Geselligkeit in Bettinas
Wohnung mitunter irrtümlicherweise in die 1820er Jahre vorverlegt
(vgl. Wirth 1972), wofür es keine Indizien gibt. Petra Wilhelmy
spricht im Bettina-Kapitel ihres Buches *Der Berliner Salon im
19. Jahrhundert* etwas unscharf von »salonartige[r] Geselligkeit in
Berlin seit den 1830er Jahren, unkonventionell« (Wilhelmy 1989,
S. 586).

Legt man die Kriterien Wilhelmys an (ebd., S. 25 f.), so entspricht Bettinas Geselligkeit nicht dem ›idealen‹ Salon mit einer geselligen Runde, die zwanglos aber regelmäßig (an einem ›jour fix‹)
unter der Leitung einer Salonière zusammenkommt. Wilhelmy fol-
gert deshalb:

»Einen Salon im strengen Sinne des Wortes führte Bettine nicht, gab jedoch interessante, unkonventionelle und sehr heterogen zusammengesetzte
Gesellschaften. Das soziale Spektrum des Bekanntenkreises von Bettine von
Arnim war sehr breit, in ihrem Hause verkehrten zugleich preußische Prinzen und demokratische Schriftsteller.« (ebd., S. 587)

Angezweifelt werden muß die Gleichzeitigkeit dieser Besuche. Zwar
heißt es in der berühmten Beschreibung im Tagebuch der Tochter
Maxe:

»[...] im Hause Arnim gab es zwei Salons, einen demokratischen und einen
aristokratischen. Links vom Saal in unseren Räumen empfingen wird unsere Freunde, rechts in ihren Zimmern Bettina ihre ›edlen‹ Weltverbesserer.«
(Werner 1937, S. 173)

Doch verkehrten die beiden Gruppen eben in verschiedenen Salons (=Empfangsräumen) der gleichen Wohnung »In den Zelten« (in der Nähe der heutigen Kongreßhalle im Tiergarten). Maximiliane bezeichnet diese Besuche auch richtig als »Empfänge« und betont den politischen Charakter dieser Besuche. Sie beschreibt hier die Zeit um 1848, als die politische Spannung in Berlin ihren Höhepunkt erreichte. Schon vorher dürften jedoch politische Diskussionen (wie sie den Briefwechsel mit den entlassenen Brüdern Grimm und damit verbundene Korrespondenzen beherrschen) eine zentrale Bedeutung in Bettinas Geselligkeit gewonnen haben (auch dies im Widerspruch zur Salonidee, die ein breites und offenes Spektrum der Gespräche anstrebt).

Der Beginn des geselligen Lebens, in dem Bettina den Mittelpunkt bildete, kann auf Sommer 1836 datiert werden. Erst zu dieser Zeit endete das doppelte Trauerjahr um Bettinas jüngsten, poetisch begabten Sohn Kühnemund, der am 23. Juni 1835 bei einem Badeunfall in der Havel tödlich verunglückt war, und um ihr Patenkind Bettina (Savigny) Schinas, die kurz nach Kühnemund in Griechenland gestorben war (vgl. Werner 1937, S. 48). Seit Sommer 1838 war die Wiedereinstellung der Brüder Grimm das dominierende Thema aller Gespräche Bettinas, und die preußische Politik, in der die Verfassungsfrage – wie bei der Entlassung der Göttinger Sieben – eine zentrale Rolle spielte, beherrschte die Diskussionen.

Bettinas Salon gehört demnach in die Spätphase des romantischen Salons in Berlin. Die Reduktion auf wenige, meist einzeln auftretende Besucher und die Dominanz der politischen Thematik kennzeichnen eine starke Veränderung gegenüber der ersten Phase der Salonkultur, die bereits mit Beginn der napoleonischen Besetzung abschloß. Doch steht Bettinas offene Geselligkeit durchaus in der Tradition dieser liberalen jüdischen Salons, deren berühmte Salonièren sie persönlich kannte:

»Bettine von Arnim gehörte seit ungefähr 1810 den Berliner Salonkreisen an. Sara Levy erfuhr als erste von ihrer Verlobung mit Achim von Arnim. Bettine verkehrte bei Elisabeth von Staegemann, Amalie von Helvig, Rahel Varnhagen und später auch bei Hedwig von Olfers und Ludmilla Assing.« (Wilhelmy 1989, S. 587)

Durch ihre enge Freundschaft mit Schleiermacher, der schon 1799 eine Art Salontheorie (*Versuch einer Theorie des geselligen Betragens*) formuliert hatte und zu den eifrigsten Salonbesuchern Berlins gehörte, wußte sie von den berühmten Salons dieser Stadt. Unter den Besuchern von Henriette Herz (mit Schleiermacher eng befreundet) wird sie bei Wilhelmy nicht aufgeführt, jedoch ist fraglich, ob die

Auflistung der Salongäste überhaupt vollständig ist, zumal jedenfalls Clemens Brentanos Besuch »bei der Herz« belegt ist.

Bettinas »Abneigung gegen jede offizielle Gesellligkeit«, aus der sie keinen Hehl machte (vgl. Werner 1937, S. 180), ihre häufigen Reisen und wiederholten, mitunter fast halbjährigen Aufenthalte auf ihren Landgütern sowie die zahlreichen Wohnungswechsel in Berlin – in den Jahren 1834 bis 1847 viermal – verhinderten die Einrichtung eines festen gesellschaftlichen Treffpunkts. Ihre Verehrer und Freunde besuchten sie meist einzeln, wobei es weder einen Jour fix noch die Notwendigkeit einer besonderen Einladung oder Anmeldung gab.

Zu den ersten Gästen, die sich im Sommer 1836 enger an Bettina anschlossen, gehörten neben den schon länger mit ihr bekannten Leopold von Ranke und Markus Niebuhr die beiden neu nach Berlin gekommenen Studenten Emanuel Geibel und Philipp Nathusius, die ihr *Goethebuch* mit Begeisterung gelesen hatten. Der begüterte Großindustriellensohn Nathusius aus Althaldensleben bei Magdeburg mietete sich sogar in der gleichen Straße wie Bettina ein, um der von ihm verehrten Frau nahe zu sein (Kat., S. 156). Es scheint, daß diese Besucher der ersten Stunde (mit oft eigenen, biedermeierlich-epigonalen poetischen Neigungen) in Bettina vor allem die Frau sahen, die ihnen näheren Aufschluß über ihren Umgang mit berühmten Zeitgenossen geben konnte. Den Berichten Geibels und auch anderer Gäste der späteren Salonjahre ist zu entnehmen, daß Bettina es uneingeschränkt genoß, aus dem Schatz ihrer Erinnerungen zu ›plaudern‹, wobei sie oft in weitschweifig-anekdotisches, zugleich aber auch fesselndes Erzählen verfiel:

»Bettina [...] erzählte fort und fort mit ihrer leisen eigenthümlichen Stimme. Mir war's, als rausche ein Bach neben mir hin, es schwammen bunte und wunderbare Bilder auf seinen Wellen; [...]. Das waren Geschichten, wie sie den Fürsten Pückler in die falschen Waden gestochen, oder den Herrn Gutzkow ausgescholten hatte.« (6. 11. 1837; Geibel 1909, S. 102 f.)

Auch Bettinas außergewöhnliche rhetorische Begabung (»sie spricht womöglich noch schöner als sie schreibt«), ihr ›Mutterwitz‹ (sie »empfing mich mit hundert Späßen«) und ihre nie versiegende Schlagfertigkeit sind in den Aufzeichnungen ihrer Gäste vielfältig belegt (vgl. Geiger 1910, S. 202 u. Geibel 1909, S. 102). So notierte sich auch Wilhelmine Bardua 1845 ein unverhofft pointiert endendes Gespräch Bettinas mit ihrer Schwester Caroline:

»Dann fing sie [Bettina] über Schedes kirchliche Schrift [Carl Hermann Schede, Das Grundprinzip der Reformation, Berlin 1845] zu schelten an und meinte, es ständen nicht zwei Sätze drin, die was wert wären. Caroline widersprach, aber die Arnim ließ sie gar nicht zu Wort kommen und warf alles über einen Haufen, was sich im kirchlichen Leben bewegt. Da wollte Caroline ein ernstes Wort reden und sagte: ›Aber Frau von Arnim, wenn wir keine feste Religion mehr haben, ist doch unser ganzes Leben nichts!‹ Die Arnim rief: ›Ich weiß nicht, was Sie noch wolle. Sie habe Ihr Minche, und's Minche hat ihr Carlinche – ich weiß nicht, was Ihr noch extra für geschmorte Äppel wollt.‹ Und somit war das religiöse Thema abgebrochen. [...] So ist unsere Bettine.« (Werner 1929, S. 201)

In den Aufzeichnungen ihrer Besucher fehlen auch nicht die wiederholten Hinweise auf Bettinas Exzentrizität und geltungsbewußten Mutwillen sowie auf ihre Ironie und Doppelbödigkeit im Kontakt mit ihren Gästen. Ihre Funktion als ältere, berühmte Gastgeberin gab Bettina nicht nur die Gelegenheit zur Selbstdarstellung sondern auch zu einer monologisierenden Form der Überredungskunst und Belehrung, deren egozentrische Wortgewalt bei vielen ihrer Zuhörer einen ›umwerfenden‹ Eindruck hinterließ. Auf diese magnetische Wirkung, die sie vor allem auf ihre jüngeren Salonbesucher ausüben konnte, wies Bettina selbst mit einiger Selbstgefälligkeit hin; so in einem Brief an Ringseis, in dem sie von einem Gast berichtet, der in ihrer Wohnstube »aus Enthusiasmus für das Schöne« ohnmächtig wurde (Pfülf 1903, S. 573).

Der Personenkult, der sich zunächst auf briefliche Anfragen und ›Devotionsschreiben‹ im Gefolge ihres *Goethebuchs* beschränkt hatte und dann zu einem Besucherstrom führte, wurde ihr jedoch bald lästig. Bettina sah sich bereits 1837 von ›Neugierigen‹ und ›Zudringlichen‹ in ihrem Haus ›überlaufen‹ (Carriere 1914). Daraus erklärt sich, daß sie viele Besucher, die sie derart huldigen wollten, zunächst unfreundlich und ›barsch‹ abweisend empfing. »In der Art hätten's ihr schon viele gesagt, und es wäre ihr schon zur Gewohnheit geworden«, teilte sie im April 1839 der verdutzten Sophie Fleischer auf ihre Verehrungsbezeugungen mit (Steig 1909); und dem befreundeten Adolf Stahr versicherte sie zur gleichen Zeit schriftlich, daß sie sich auch aus Gründen der Arbeitsüberlastung – im Spätsommer 1838 hatte sie mit der Arbeit am *Günderodebuch* begonnen – nicht mehr viel Zeit für ihre Gäste nahm (Geiger 1903, S. 205).

Ein in seinen Folgen weitreichendes Ereignis, das Bettinas Energien bis 1840 absorbierte, und einen Wendepunkt in ihrem Salonleben herbeiführte, trat am 11. Dezember 1837 ein – dem Tag, an dem die Brüder Grimm aufgrund ihres Protestes gegen die Aufhebung der Verfassung durch den neuen König von Hannover gemeinsam mit fünf anderen Professoren aus ihren Universitätsämtern entlassen wurden. Bettina setzte sich vorbehaltlos und energisch für die langjährigen Freunde ein, denen sie im Oktober 1838 in Kassel einen ersten Besuch abstattete, und versuchte zunächst, über den preußischen Kultusminister Karl von Altenstein eine Anstellung der Grimms in Berlin zu erreichen, indem sie eine drohende Berufung der Brüder nach Paris beschwor (vgl. Schultz, S. 40 f., 49 f.). In dieser Zeit des Kampfes für die Rehabilitierung ihrer Freunde, für die sie »herzhaft in die Dornen der Zeit zu greifen« bereit war (an Wilhelm Grimm, 25. 3. 1839; Schultz, S. 77), lernte Bettina die Kunst des politischen Taktierens und Lavierens (Kat., S. 113; vgl. a. Schultz 1987). So benutzte sie ihre neugeknüpfte Verbindung zu dem jungdeutschen Autor Karl Gutzkow, der sie im Spätherbst 1837 besucht hatte, sogleich dazu, um in der von ihm herausgegebenen Zeitschrift *Telegraph für Deutschland* (Nr. 5 vom Januar 1839) einen für die Sache der Grimms parteiergreifenden Brief zu publizieren. Sie erfuhr dabei zum erstenmal die große Wirkung einer solchen Publikation in der Berliner Gesellschaft:

>»Ich halte es für die größte Ehre, die mit widerfahren könnte daß dieser Brief öffentlich wurde, es setzt voraus den Glauben an die Unverbrüchlichkeit meiner Gesinnung, und daß ich öffentlich so gut wie unter uns *dasselbe* sage. – Man legt Wert auf meine Ansicht man stimmt ihr gern bei, man läßt sie für sich sprechen und die gute Sache vertreten, und das ist mir eine große Gunst des Schicksals.« (an Wilhelm Grimm, Febr./März 1839; Schultz, S. 69)

Die weiteren Auseinandersetzungen in Berlin bringen Bettina in engen Kontakt mit Mitgliedern der Berliner Akademie und Universität, die sich für Freunde der Brüder Grimm halten, jedoch über den Horizont ihrer Fachwissenschaften nicht hinausgucken und ihre Position in Berlin durch Äußerungen in einer politisch brisanten Angelegenheit nicht gefährden wollen:

>»Als Jacob, noch in besserem Vertrauen, gleich nach unserer Entsetzung, sein Recht als Mitglied der Akademie in Anspruch nehmen und dort [in Berlin] lesen wollte, hielten ihn wohlunterrichtete Freunde ab, sie versicherten ihn daß er nicht würde zugelassen werden.«

So berichtet Wilhelm Grimm Bettina am 11. Juni 1839 (Schultz, S. 103), um dann selbstkritisch den ›vorauseilenden Gehorsam‹ und die unpolitische Haltung der Akademiker zu tadeln:

>»Es wäre vielleicht besser gewesen, er wäre hingegangen und hätte sich fortweisen lassen, denn es ist in unserer Zeit heilsam, wenn die Gesinnung sich scharf ausspricht, aber unserm Charakter widerstehen solche Demonstrationen.« (ebd.)

Bettina ist dabei, »solche Demonstrationen« zu lernen. Sie legt sich mit allen Gelehrten Berlins an, die sich opportunistisch neutral und abwartend verhalten, unter anderen mit dem Kunsthistoriker und Zeichner Carl Friedrich von Rumohr, den Historikern Leopold Ranke und Barthold Niebuhr, dem Philologen Karl Lachmann und dem Altphilologen Philipp August Böckh. Der Hauptangriff Bettinas gilt jedoch dem Schwager Karl Friedrich von Savigny, der seit der Berufung in die Gründungskommission der Berliner Universität (1810) und in die Akademie der Wissenschaften (1811) größten Einfluß auf die Berliner Kulturpolitik hatte. Seit 1817 gehörte er zur Justizabteilung des preußischen Staatsrats, 1842 wurde er Minister. Während Bettina mit den Mitteln einer politischen Schriftstellerin polemisch und provokativ kämpfte und dabei auch auf die lange freundschaftliche Lehrer-Schüler-Beziehung ihres Schwagers zu Jacob Grimm verwies, vergaß Savigny nie die Regeln der Diplomatie: Er sondierte am preußischen Hofe und stellte seine Bemühungen um die Wiedereinstellung der Brüder Grimm als aussichtslos ein, als er erfahren hatte, daß der König selbst (bis 1840 der konservative Friedrich Wilhelm III.) sich gegen eine Anstellung ausgesprochen hatte. In ihrer ›großen Epistel‹ vom 4. 11. 1839, die Bettina durch Verbreitung von zahlreichen Kopien quasi veröffentlichte, rechnete sie mit ihrem Schwager ab (vgl. Schultz, S. 224-262).

Im Mai 1839 erhielt Bettina den ›Antrittsbesuch‹ des Philosophiestudenten und ehemaligen Grimmschülers Moriz Carriere, der seit Herbst 1837 in Berlin studierte. Carriere war Mitglied des Berliner ›Doktorklubs‹, einer Vereinigung von Studenten und Doktoren, die junghegelianischen Ideen gegenüber aufgeschlossen waren und »nach und nach [...] mit der genialen Frau in Beziehung« kamen (Ring 1898, I, S. 116). Zu diesem Kreis gehörten der früh promovierte Jurist und politische Autor Heinrich Bernhard Oppenheim, den Bettina besonders protegierte, der spätere Rechtsanwalt und Reichstagsabgeordnete Wilhelm Wolfson, Alfred von Behr, der 1848 nach Amerika emigrierte und sich als praktischer Arzt in New Orleans niederließ, und sein Bruder Ottomar, der als Landwirt in Texas lebte, wo sogar einige Zeit südlich von Austin ein als Landwirtschaftskollektiv geplantes »Bettina-Dorf« existierte (vgl. Bäumer 1994, S. 355-370); ferner der Mediziner Moritz Fränkel, der Buchhändler Wilhelm Levysohn, in dessen Verlag das *Günderodebuch* erschien, der Gutsbesitzer Gebhard von Alvensleben, der spätere Jurist Isaak Wolffson und der Theologe und Autor Karl Heinrich Christian Keck, den Bettina auf Oppenheims Empfehlung hin als Hauslehrer für ihre jüngste Tochter Gisela engagierte. Ein weiteres Mitglied dieser Vereinigung, der Medizinstudent, Autor und spätere Hausarzt Varnhagens, Max Ring, dessen Lebenserinnerungen die geselligen Zusammenkünfte bei Bettina 1839/40 ausführlich dokumentieren, spricht davon, daß sich Bettina vor allem durch ihre »freisinnigen Anschauungen und ihren sonderbaren vorurteilslosen Verkehr«, mit dem sie »nicht ohne Absicht ihre Standesgenossen« ärgerte, bei den jungen Leuten beliebt machte (Ring 1898, I, S. 121). Somit scheint nicht nur Bettinas politisches Eintreten für die Grimms sondern auch ihr reger Umgang mit den Mitgliedern des Doktorklubs eine Veränderung des geselligen Lebens in ihrem Haus bewirkt zu haben. Geibel hatte im Juni 1837 noch von dem harmlos-harmonischem »lustige[n] Treiben« bei Bettina berichtet (Geibel 1909, S. 93 f.), Ring dagegen erinnerte sich für das Jahr 1839 vor allem daran, daß Bettina ihren konservativ denkenden Schwager Savigny, mit dem sie über die Grimms im Streit begriffen war, vor den anwesenden Studenten provozierte und überhaupt »ihre Freude daran [hatte], je schärfer die Geister auf einander platzten« (Ring 1898, I, S. 119).

Die in ihrem Salon geführten Debatten um jungdeutsche und junghegelianische Themenkreise haben deutliche Spuren in Bettinas Werk, vor allem im *Günderode-* und im *Königsbuch* hinterlassen. Die Praxis des Vorlesens und Diskutierens ihres jeweilig neuen, in Arbeit begriffenen Buches, die sich für alle Schriften Bettinas nachweisen läßt, ist gerade für das *Günderodebuch* besonders häufig durch ihre damaligen Salongäste Max Ring, Moriz Carriere, Philipp Nathusius, Julius Döring und Wolfgang Müller von Königswinter belegt. Schon im *Günderodebuch* vermischen sich mündliche und schriftliche, zeitgenössische und zurückliegende Formen und Inhalte des Dialogs in einem kontinuierlichen Fluktuationsprozeß miteinander, und die verschiedenen Quellen, auf die sich Bettina dabei stützt – etwa die Salonkonversationen mit den Mitgliedern des Doktorklubs, die erinnerten Gespräche mit Schleiermacher und Karoline von Günderrode und die werkbegleitenden Briefwechsel mit Nathusius und Döring – müssen als halböffentliche Vor- oder Zwischenstufen des publizierten literarischen Endprodukts gesehen werden. Der Prozeß der Interdependenzen von mündlicher und schriftlicher Expressivität ist mit der Publikation nicht abgeschlossen, denn wie die Autorin sich die Rezeption des *Günderodebuchs* vorstellt, beschreibt sie im Text selbst: »wenn mir die Studenten aus vollem Herzen ein freudig Lebehoch brächten, wenn sie im Fackelzug anmarschiert kämen, ja das wär mir am liebsten von allen Ehrenkränzen« (K/M 1, S. 501). Die ›freisinnigen‹ Jungakademiker, die das Werk begeistert aufnahmen, ehrten Bettina tatsächlich ihrem Wunsch gemäß mit einem Fackelzug, und der engere Kreis ihrer Verehrer und Salonbesucher überreichte ihr zusätzlich selbstgefertigte Gedichte und eine Zeichnung (vgl. den kommentierten Text des Widmungsalbums bei Bäumer 1989, S. 272-278). In Rings Schilderung dieser Würdigung spricht sich nicht nur ein hoher Grad der Bewunderung für die Autorin Bettina von Arnim sondern auch eine enge emotionale Bindung an die Person aus:

»Angeregt durch diese Widmung [des *Günderodebuchs*], welche ihre begeisterten Freunde und jugendlichen Verehrer wohl zunächst auf sich beziehen durften, beschlossen wir durch Ueberreichung eines prachtvollen Albums unsern Dank im Namen der studirenden Jugend auszusprechen. Ein talentvoller Maler zeichnete das Titelblatt, worauf Bettina selbst mit der Günderode dargestellt war [...] Poetische Gaben, Lieder und Gesänge feierten die beiden Dichterinnen und beklagten den frühen Tod der schönen, geistvollen Freundin Bettina's. Eine Deputation aus unserer Mitte überreichte der Letzteren das sinnreiche Geschenk als Zeichen unserer schwärmerischen Verehrung, worüber sie offen ihre große Freude zu erkennen gab.« (Ring, Die Gartenlaube Nr. 52, 1868)

Ring selbst empfand »eine fast an Liebe grenzende leidenschaftliche Verehrung« (Ring 1898, I, S. 150). Ähnlich intensive Gefühle entwickelten zeitweilig auch andere ihrer jungen Salonbesucher wie Julius Döring und Philipp Nathusius, und Bettina betonte ihrerseits wiederholt, wie sehr sie sich durch den Umgang mit ihren jungen Salongästen angeregt, belebt und zu neuen Taten und Gedanken inspiriert fühlte. Ihrem Bruder Clemens berichtete sie nach München über die wohltuende Übereinstimmung mit ihren jungen Gästen, die sich in ihrem Salon mit ihr gegen die Philisterwelt verschworen hatten:

»Drum bin ich scheu, aus dem Einsamkeitstempel meiner Wohnung herauszutreten, hier, wo nur die naive Liebe zu mir kommt und mir ihren Beifall in Umarmungen, in Vertrauen zu erkennen gibt, nicht in Ehrfurcht.« (2. April 1839; K/M 5, S. 188)

Gerade die Intensität und die Direktheit der Beziehungen Bettinas zu einigen ihrer Jünger haben jedoch für Komplikationen gesorgt. Ihr Insistieren auf einer sinnlich-erotischen Sprache, die mitunter als ›anstößig‹ empfunden wurde, ihr Bedürfnis nach ungezwungener Nähe und offen-rückhaltlosem Gedankenaustausch, wie sie es in ihrem Umgang mit Schleiermacher exemplarisch hatte verwirklichen können, überforderte in aller Regel jedoch ihre wesentlich jüngeren, ihr zumeist auch nicht ebenbürtigen Salongäste.

So kam es im September 1839 bei Bettinas Besuch im Elternhaus von Philipp Nathusius offensichtlich zu einem Bruch mit dem jungen Freund (vgl. Vordtriede 1963, S. 424 u. 425 f.). Ihre Vorstellungen von neuen unkonventionellen Umgangsformen, die einen freizügigen Umgang mit den jungen Studenten einschloß, kollidieren hier mit den Normen und Formen der kleinbürglichen Welt norddeutscher Kleinstädte. Ihren Freunden fehlen Mut und Format, um sich aus diesen Bezügen des Elternhauses konsequent zu lösen, und Bettinas Erziehungsvorstellungen waren zum Scheitern verurteilt.

Im Anschluß an diese Reise, die sie mit Döring weiter nach Kassel zu den Brüdern Grimm führte, verbrachte Bettina den Herbst und Winter 1839 auf Bärwalde und erwog sogar, nicht mehr nach Berlin zurückzukehren. Die erste größere Enttäuschung über die Qualität ihrer Jünger mag dabei eine Rolle gespielt haben, doch war das Zerwürfnis mit Savigny und das (vorläufige) Scheitern aller Bemühungen um die Brüder Grimm wohl der Grund für diesen Rückzug aus Berlin. In Bärwalde verfaßte sie ihren Anklagebrief an Savigny, dessen Kopien sie an den preußischen Kronprinzen, an Döring, Nathusius und zahlreiche ›Multiplikatoren‹ des öffentlichen Lebens in Berlin verschickte.

Der Brief zeigt keine Resignation sondern ein ungebrochenes Selbstbewußtsein, das sich in einem geradezu missionarischen Eifer entfaltet. Ihr Anspruch, die öffentliche Meinung in Preußen aktiv zu beinflusssen und sich gegen die etablierten Mächte durchzusetzen, tritt deutlich hervor. In ihren Überlegungen wird das biblische Bild vom ›Licht unter dem Scheffel‹ zum Leitbild. Sie hat sich entschlossen, ihr Licht nicht unter den Scheffel zu stellen und öffentlich zu wirken und wirft Savigny vor, aus Opportunismus nicht das gleiche zu tun. Bereits in diesem Brief entwirft sie politische Utopien, die sie in ihren Publikationen der 1840er Jahre im einzelnen entfalten wird:

»Die Jahrhunderte aber, wo die Throne ohne Wanken bestehen sollen, die müssen in der Volksliebe, in dem Begriff der Wahrhaftigkeit, die allein Religion ist, ihr Bestehen gründen. – Ich weiß wohl, daß Du so nicht würdest zu dem König reden; denn einem Fürsten die Fehler mitteilen, die in seiner Regierung vorfallen, oder ihm einen höheren Standpunkt zuweisen, das wär wider die Politik der Ehrfurcht, mit der ihr die Fürsten behandelt wie die Automaten, ja Ihr getraut Euch selbst nicht zu denken und verbergt Euch vor der Wahrheit wie vor einem Gläubiger, den man nicht bezahlen kann. Ihr haltet den Fürsten nur die Reden, auf die sie eingerichtet sind zu antworten ohne aufzuwachen; denn die Wahrheit würde sie wecken, und sie wären dann keine Automaten mehr, sondern selbständige Herrscher [...]. Siehest Du, da bin ich auch einmal ganz anders [...]. Ich würde dem König ein Licht anzünden eines idealischen Staats, weil dies der einzige wahre ist, ich würde bei dieser Erleuchtung ihm dienen mit allen Kräften meines Geistes und mit denen meiner Liebe.« (Schultz, S. 256 f.)

Als Bettina im Februar 1840 wieder nach Berlin zurückkehrt, um ihr *Günderodebuch* drucken zu lassen und ihre beiden ältesten Töchter bei Hofe einzuführen, tut sie das mit diesem neugewonnenen Selbstbewußtsein. Politische Aufklärung und Wirkung in der Öffentlichkeit sind ihre Ziele. Sie versteht sich seit dieser Auseinandersetzung um die Wiedereinstellung der Brüder Grimm, die 1840 mit Regierungsantritt von Friedrich Wilhelm IV. auch Erfolg hat, als politische Schriftstellerin.

2. Ilius Pamphilius und die Ambrosia (1848)

Die Bezeichnung des fünften von Bettina von Arnim herausgegebenen Werks *Ilius Pamphilius und die Ambrosia* als ›Briefroman‹ ist unzutreffend und sollte eher durch die Bezeichnung ›Briefdokumentation‹ ersetzt werden, da dieser Text den überlieferten Briefen viel enger folgt als die anderen drei Werke Bettinas, die aus Briefwechseln hervorgingen. Die Grundlagenforschung Konstanze Bäumers hat ergeben, daß Bettina den originalen, zum Teil auf farbigen Briefpapier (in den Farben rosenrot, lindgrün und himmelblau) geschriebenen Briefwechsel mit Philipp Nathusius unmittelbar als Druckvorlage benutzte, indem sie die wenigen, ihr notwendig erscheinenden Textveränderungen in die Handschrift hineinkorrigierte. Die Chronologie des Originalbriefwechsels, der die Jahre 1837 bis 1841 umfaßt, ist kaum verändert. Im Wesentlichen beschränkte sich Bettina darauf, die Zeitangaben, Orts- und Eigennamen durch Abkürzungen oder Asterix zu ersetzen und einige der ihr zu persönlich erscheinenden Briefpassagen oder Briefzusätze durch schlichtes Durchkreuzen zu eliminieren. So tilgte sie beispielsweise eine im Brief von Nathusius vom 24. September 1840 knapp vier Seiten umfassende, rechtfertigende Replik auf das in Berlin kursierende Gerücht, daß seine Braut Marie Scheele mit dem Sohn des Grafen Raczynski, in dessen Palais Bettina bis 1843 wohnte, ein heimliches Liebesverhältnis unterhalten hatte. (Die von Bettina im Werk eliminierten, im Originalbrief durchkreuzten Seiten schließen sich nahtlos an den folgenden Satz im *Ilius* an: »- und was ich Dir schreiben muß, wie seltsam und fremdartig kommt mir das dabei vor!«; K/M 2, S. 701.) Eine abschließende Textuntersuchung, die auch das Konvolut der erhaltenen Briefentwürfe und einiger zusätzlicher, von Bettina nicht verwendeter Originalbriefe berücksichtigt, muß im Rahmen der anstehenden Neueditionen noch geleistet werden.

Im Zusammenhang mit dem *Ilius* ist nicht nur seine Entstehungs – sondern vor allem seine langjährig ›verhinderte‹ Veröffentlichungsgeschichte von Interesse. Bettina plante die Herausgabe von ausgewählten Textpassagen, Gedichten und Aufzeichnungen aus ihren verschiedenen Briefwechseln mit jungen Freunden als politischen Akt der Unterstützung und Solidarität für die ›Göttinger Sieben‹ schon während der Zeit ihrer heftigen Auseinandersetzung mit Savigny. In ihrem schon erwähnten Abrechnungsbrief an den Schwager vom November 1839 hatte Bettina damit gedroht, daß sie »ja nur zum Beispiel meine gesammelten Briefe, die ich über und an die *Grimm* geschrieben habe, drucken zu lassen« brauche (Schultz, S. 244), um sich einerseits in der breiteren Öffentlichkeit Gehör für die Dringlichkeit und Bedeutung ihres Anliegens zu verschaffen und andererseits die ihrer Meinung nach eklatanten Versäumnisse Savignys und seiner Kollegen bloßzustellen (AM, S. 283). Bei dieser Briefdokumentation, die unmittelbar im Anschluß an das *Günderodebuch* erscheinen sollte, dachte Bettina nicht nur an die Korrespondenz mit Philipp Nathusius und Julius Döring, dessen Briefe sie ebenfalls für eine Herausgabe vorzubereiten begonnen hatte. Wie sie Nathusius am 17. September 1840 mitteilte, schwebte ihr zunächst eine Sammelveröffentlichung von Exzerpten aus Korrespondenzen mit verschiedenen ihrer Salonbesucher vor:

»In Graubünden ist jetzt ein junger Mann, mit dem ich Briefe wechselte [Philipp Hößli], er trug mir an, sie mir zum Druck zurückzuschicken, weil sie gar zu schön seien, um der Welt verloren zu gehen, so reist einer jetzt in Italien, der mir dasselbe dringend abforderte [Moriz Carriere], mit dem verhandelte ich über Religionswechsel, Stiftung und Änderung; so ist noch ein anderer, dessen Briefe mich zu hohen politischen Fragen und Antworten leiteten, ein anderer der Ahnungen, Vorbedeutung und neue Phasen der Poesie enthält, alle diese Korrespondenzen sind mir übergeben, um das der Welt zugehörige daraus auszuziehen und zu vervollständigen.« (K/M 2, S. 696)

Noch 1846 erinnerte sich Bettina Varnhagen gegenüber, daß sie dieses Buch »damals für die Brüder Grimm herauszugeben beschlossen hatte, als es zweifelhaft war, ob der König sie nach seiner Thronbesteigung noch berufen werde und als die Hrn. Minister so sehr im Dunkeln dagegen arbeiteten« (Assing 1873, S. 396). In einem Brief an Döring vom 24. Oktober 1840 spricht Bettina darüber hinaus explizit von der »kühnen Idee«, ein solches Werk »zum Behuf des Leipziger Vereins herauszugeben«. Das bedeutet, sie plante, die ›Göttinger Sieben‹ nicht nur ideell sondern auch finanziell mit ihrer Publikation zu unterstützen (Vordtriede 1963, S. 477; vgl. a. K/M 2, S. 696). Der Leipziger Solidaritätsverein war auf Betreiben einiger Buchhändler und Verleger schon im August 1838 demonstrativ gegründet worden, um für die entlassenen ›Göttinger Sieben‹ eine Existenzgrundlage zu schaffen. In diesem Kreis war Anfang 1840 auch der Plan entstanden, Jacob und Wilhelm Grimm die wissenschaftliche Arbeit an einem historischen Wörterbuch der deutschen Sprache zu ermöglichen (vgl. hierzu K/M 2, S. 682 sowie Schultz, S. 43). Nathusius, der sich für dieses sprachwissenschaftliche Projekt einsetzen wollte, besuchte in diesem Zusammenhang im März 1840 die Grimms in Kassel, nachdem er schon 1839 eine von Bettina begutachtete ›Probe-Sammlung‹ von *Funfzig Gedichten* bei Vieweg und Sohn in Braunschweig herausgegeben hatte, deren finanzieller Ertrag – wie aus dem Titelvermerk des Heftchens hervorging – zur »Schadloshaltung der ihrer Stellen entsetzten Göttinger Professoren« bestimmt war. Sein dort schon veröffentlichtes Gedicht *Am lieben Morgen* wurde später von Bettina als erste der vielen lyrischen Einlagen für den *Ilius* ausgewählt (vgl. K/M 2, S. 421). Nachdem der vom Kronprinzen zum preußischen König aufgestiegene Friedrich Wilhelm IV. jedoch am 2. November 1840 die Berufung der Grimms nach Berlin veranlaßt hatte – Varnhagen hat dies nicht zu Unrecht als »eine Ehrensache der eigenen [Bettinas] Persönlichkeit, eine gewonnene Schlacht gegen den Schwager Savigny, ein Sieg über Lachmann und Ranke« gewertet (28. 10. 1840; Tb 1, S. 233) –, sah Bettina ihren Plan einer Briefdokumentation als nicht mehr zwingend notwendig an und konzentrierte im folgenden ihre publizistischen Aktivitäten nun lieber auf die Idee der ›Erziehung‹ des Königs.

Ende 1846 griff Bettina ihren liegengelassenen Veröffentlichungsplan wieder auf, diesmal in der Absicht, den politisch verfolgten August Heinrich Hoffmann von Fallersleben, den sie schon Anfang der 1820er Jahre in Berlin kennengelernt hatte, tatkräftig zu unterstützen. Hoffmann von Fallersleben hatte 1842 wegen der Herausgabe der beiden Bände *Unpolitische[r] Lieder* (1840/41) seine Professur an der Breslauer Universität verloren und war später bei Reisen durch verschiedene deutsche Kleinstaaten mehrmals aus politischen Gründen des Landes verwiesen worden. Nachdem Berliner Studenten am 24. Februar 1844 während einer Geburtstagsfeier im Hause der Grimms nicht nur das Geburtstagskind Wilhelm sondern auch dessen Gast Hoffmann von Fallersleben öffentlich hochleben ließen, wurde ihm auch der Aufenthalt in Berlin von den Polizeibehörden untersagt. Zur großen Enttäuschung Bettinas ließen die zwar ehemals selbst verfolgten, inzwischen aber wieder etablierten Grimms umgehend einen von Ängstlichkeit und konservativer Einstellung gekennzeichneten Artikel in die *Allgemeine Preußische Zeitung* vom 6. März 1844 einrücken, in dem sie sich von ihrem Gast öffentlich distanzierten. Aus finanzieller Not heraus war Fallersleben schließlich darauf angewiesen, seine Privatbibliothek, die wertvolle altdeutsche Handschriften und niederländische Literatur enthielt, zum Verkauf zu geben.

Zu diesem Zeitpunkt Ende 1846 kündigte Bettina rasch entschlossen mit einer Notiz in der *Zeitungshalle* das baldige Erscheinen eines neuen Buches zu Gunsten von Hoffmann von Fallersleben an. Gleichzeitig ließ sie auch durch Humboldt beim König sondieren, ob die »Bibliotheca Hofmanni Fallerslebensis« zu einem angemessenen Preis von staatlicher Seite erworben werden könnte. Der wie immer in alles eingeweihte Mittelsmann Varnhagen hatte sich schon am 9. Februar 1846 notiert:

»Ihr [Bettinas] Eifer für Hoffmann von Fallersleben hat übrigens einen besonderen Stachel; die Brüder Grimm haben sich häßlich gegen ihn betragen und sind darüber auch mit ihr zerfallen; es würde ihr eine persönliche Genugthuung sein, wenn sie ihm aufhelfen könnte.« (Tb 3, S. 299)

Zu denken geben wollte Bettina wohl vor allem Wilhelm Grimm, dem Vater des eng mit ihrer Tochter Gisela befreundeten Herman Grimm, der trotz eines von Bettina unternommenen Wiederannäherungsversuches in seiner Einstellung hart und unversöhnlich geblieben war, während sich ihr Verhältnis zu dem umgänglicheren Junggesellen Jacob schon im Laufe des Jahres 1844 wieder entspannt hatte. (Das Zerwürfnis ist die Ursache dafür, daß Wilhelm Grimm nach 1844 nicht mehr an der 1839 gemeinsam mit Bettina begonnenen Ausgabe der Schriften Achim von Arnims mitwirkte; zum Plan der Arnim-Ausgabe vgl. Schultz, S. 367 ff.)

Zur Absicherung ihres Vorhabens setzte sich Bettina noch vor der Drucklegung mit Philipp Nathusius in Verbindung, den sie darum bat, sowohl den mit ihm befreundeten Hoffmann von Fallersleben über ihre Veröffentlichungsabsichten zu informieren, als auch bei Julius Döring nachzufragen, ob er gegen diese späte Publikation seiner Briefe Einwände hätte. Während Fallersleben überrascht und erfreut und Nathusius mit allem einverstanden war, hatte der inzwischen zum Oberlandesgerichtsassessor in Aschersleben avancierte Döring starke Bedenken:

»Um Hoffmann v[on] F[allersleben] seine Bibliothek zu erhalten willst Du für ihn ein Werk edieren, dem Du den räthselhaften Namen ›Ilius, Pamphilius und die Ambrosia‹ auf die Stirn schreiben willst. Ph[ilipp] N[athusius] und ich sollen darin als Demagogen vorkommen; so schreibt mir wenigstens Ph. N. Du willst hierzu unsere Briefe benutzen und frägst an, ob auch mir das Recht ist? Die Antwort überlaß' ich Dir.« (13. 12. 1846; Vordtriede 1963, S. 481)

Dieser zweifelhafte Bescheid veranlaßte Bettina offensichtlich, ihre Pläne auf die Edition des Briefwechsels mit Nathusius zu beschränken, nachdem sie schon vorher die ursprüngliche Absicht, weitere Texte aus ihren Korrespondenzen mit anderen jungen Männern zu veröffentlichen, aufgegeben hatte. Vermutlich spielte bei dieser Entscheidung auch der Zeitdruck eine Rolle, unter dem das Projekt stand. Das in der Zeitung bereits angezeigte Werk mußte schnell erscheinen, um eine effektive finanzielle Unterstützung ihres Schützlings zu ermöglichen. In diesem Sinne schreibt sie Varnhagen am 12. Dezember 1846:

»wenn ich nicht in diesem Augenblick diese Papiere herausgebe, dann werden sie scheintodt begraben und wenn man auch einstmals sie wieder berücksichtigte, so würde doch das Urtheil sein, ihr flüchtiger Geist konnte nur hier wirken und die Schwäche der Nerven wieder beleben, als ihr Salz noch nicht verflogen war.« (Assing 1873, S. 399 f.)

Offensichtlich war sich Bettina darüber im klaren, daß einige der im *Ilius* diskutierten Themen – wie beispielsweise die Beurteilung des lange zurückliegenden Kölner Kirchenstreits und des Berliner Pietismus – im Vormärz stark an Aktualität eingebüßt hatten. Was im *Ilius* diskutiert wird, entspricht den in den Jahren 1836 bis 1840 bevorzugten Gesprächsstoffen. In keinem anderen ihrer Werke ist die Überlagerung der an die Salongeselligkeit gebundenen Gesprächs- und Briefkultur mit ihrem Werk so offensichtlich wie in diesem Buch. Die späte und wenig erfolgreiche Publikation dokumentiert nicht nur Bettina von Arnims ›in den Bereich des Privaten zurückführende‹ Beziehung zu Nathusius, sondern auch die Geschichte ihres Salons von den Anfängen der respektvollen Verehrung der ›genialen‹ Frau Ende der 30er Jahre zur Haupt- und Glanzzeit ihres ›offenen Hauses‹ Anfang der 40er Jahre, in dem Bettina zur einflußreichen, wenn auch nicht immer erfolgreichen Mentorin von Jungakademikern und »kühnen Vorrednerin« des Volkes – wie Gutzkow sie nannte – avancierte (vgl. Kat., S. 112). Vermutlich hat Bettina mit der Veröffentlichung des *Ilius* zu einer Zeit, in der ihr Stern schon im Sinken begriffen war, unter anderem auch beabsichtigt, das Lesepublikum noch einmal auf ihre frühere Bedeutung als Salongastgeberin und Leitfigur des öffentlichen Lebens aufmerksam zu machen, zumal auch im Briefwechsel mit Nathusius ihre Anerkennung durch den ›großen‹ zeitgenössischen Autor (Goethe), den herausragenden Musiker und Komponisten (Beethoven) sowie den bedeutenden Prediger und Religionsphilosophen (Schleiermacher) noch einmal dokumentiert wird.

Die aus literarhistorischer Perspektive interessanteste und tatsächlich zeitenüberdauernde Thematik des *Ilius* ist der Diskurs um die Kriterien und Bedingungen für ein erfolgreiches literarisches Schaffen, oder anders formuliert: die poetische Botschaft der Mentorin Bettina von Arnim an zukünftige Generationen von Schriftstellern. Für den poetisch aspirierenden Nathusius ebenso wie für Emanuel Geibel, Julius Döring, Max Ring, Georg Friedrich Daumer, Friedrich Förster und andere, die mit ihr den Gedankenaustausch über Literarisches suchten, war Bettina, wie Nathusius formulierte, schon nach der Publikation des *Goethebuchs* eine der ›Autoritäten in der Literatur‹, allerdings ›keine von den legitimen‹ (K/M 2, S. 544). Bettina war darum bemüht, sich sowohl als Literaturkritikerin als auch als Literaturproduzentin bewußt zwischen oder über die jeweiligen literarischen Strömungen und poetischen Moden zu stellen, und sie versuchte darüber hinaus, die von ihr als bedeutender angesehene Rolle der literarischen Mentorin den sich wechselhaft gestaltenden Privatbeziehungen zu ihren Jüngern überzuordnen:

»Ich bin freilich keine ›legitime‹ und keine illegitime Autorität [...] Ihr habt Ansichten, ich bin blind geboren; kein Strahl dessen, was die Zeit darbringt, leuchtet in mich; meine Anschauung liegt nicht in der Zeit, sie geht in mich hinein, was ich Dir sein konnte, war in mir selber, nicht außer mir, und nie würde ich aus diesem Brunnen schöpfen können, bloß (wie's in der sittlichen Welt gang und gäbe ist) um einander zu verpflichten, da Begeistrung sich nicht *benützen* läßt.« (K/M 2, S. 544 f.)

In Bezug auf den Themenbereich der Poetik und Poetologie verhält sich der *Ilius* zum *Goethe-* und *Günderodebuch* wie die Praxis zur Theorie: was die Autorin Bettina von Arnim an poetischer Einsicht durch ihre intensive Beschäftigung mit Goethes Schriften gewonnen und an poetologischen Leitideen im Prozeß der Fiktionalisierung der beiden Dichterfiguren »Günderode« und »Hölderlin« herausgearbeitet hatte, versuchte sie als Mentorin im Briefwechsel mit Nathusius ratgebend zu vermitteln und durch konkrete Hinweise zur Umgestaltung seiner Texte in die Tat umzusetzen.

Es ist deshalb kein Zufall, daß gerade der Dialog um das *Goethe-* und das *Günderodebuch* den Rahmen zum *Ilius* bildet. Das Werk beginnt mit einem Einführungsbrief von Nathusius, in dem er sich als Repräsentant der »unbefangene[n] Mehrzahl der Menschen«, besonders aber der »Jugend« vorstellt, die Bettinas *Goethebuch* »mit herzlicher Liebe und Begeisterung« aufnahmen, »wovon man ahnt, daß es eine Wohltat ist, aber deren Absicht man noch nicht kennt« (K/M 2, S. 413). Bettina gab ihm dadurch, daß sie ihn für die Korrekturen zur Zweitauflage des *Goethebuchs* anstellte, eine Gelegenheit zur Vertiefung seiner Kenntnisse über ihre ›Absichten‹. Nach wiederholten, über das ganze Buch verstreuten poetologischen Exkursen und Belehrungen dankt Nathusius, der zum Schluß als »Dein alter Schüler, der es gern auch künftig bleibt«, unterzeichnet,

Bettina »im Herzen« für die Zusendung des ersten Bandes der *Günderode* mit den Worten: »Es sind genug, die Dir's danken, die mit dürstendem Munde danach schnappen« (K/M 2, S. 706 u. 686 f.). Der *Ilius* endet mit dem Abdruck einiger ungedruckter Gedichte des ›Greises‹ Hölderlin, den Nathusius auf Anraten Bettinas aufgesucht hatte. Hölderlins Gedichte hatte Nathusius erst durch sie – auch hierin ihr gelehriger Schüler – verstehen gelernt.

An der Zurschaustellung dieser positiven Rezeptionshaltung zu ihren ersten beiden Werken wie sie ihren Vorstellungen entsprach, mußte Bettina gelegen sein. Sie hatte 1840 ihr *Günderodebuch* mit Bedacht der begeisterungsfähigen Jugend, genauer »den Studenten [...] Euch *Irrenden, Suchenden*« gewidmet (K/M 1, S. 217), von denen sie sich eine entsprechende Wertschätzung erhoffte, auf die sie jedoch nicht immer bauen konnte. (Als Döring auf das *Günderodebuch* nicht so reagierte, wie Bettina es erhofft hatte, wies sie ihn auf Nathusius' ›vorbildliche‹ Einstellung hin.) Schon das *Günderodebuch* war nicht nur als Dialog mit der Vergangenheit angelegt, sondern erhob auch den Anspruch, Zukunftsperspektiven aufzuzeigen. In dem von Bettina dort mit aufgenommenen, leicht gekürzten und veränderten Günderrode-Text *Die Manen* belehrt ein »weiser Meister« seinen »Zuhörer«, daß »die prophetische Gabe, Gegenwart und Vergangenheit mit der Zukunft zu verbinden, den notwendigen Zusammenhang der Ursachen und Wirkungen zu sehen« aus »Sinnenfähigkeit« hervorgeht (K/M 1, S. 227), eine Erkenntnis, die im *Ilius* durch das von Bettina wiedergegebene Zitat Schleiermachers: »Ohne Sinnlichkeit kein Geist« noch einmal bekräftigt wird. »Freilich lebt das nur fort in dir«, erklärt der »Lehrer« seinem »Schüler«,

»was dein Sinn befähigt ist aufzunehmen, insofern es Gleichartiges mit dir hat, das Fremdartige in dir tritt nicht mit ihm in Verbindung, darauf kann er nicht wirken, und mit dieser Einschränkung nur wirken alle Dinge. Wofür du keinen Sinn hast, das geht dir verloren wie die Farbenwelt dem Blinden.« (K/M 1, S. 225 f.)

So wie sich Bettina von Arnim von »Günderode«, »Hölderlin« (und auch »Goethe«) beeinflußt sah und sich in diesen Dichterfiguren partiell wiedererkannte, so sollte auch noch die nächste Generation durch das Mittel ihrer Werke mit diesen Autoren in Verbindung gebracht werden. Bettina stilisiert sich damit einerseits als Bewahrerin des literarischen Erbes, womit sie den Tendenzen des Biedermeier entgegenkommt, andererseits galt ihr poetisches Interesse, das sich in die biedermeierlichen Bestrebungen um Wertekonservierung nur bedingt einordnen läßt, jedoch vor allem den ver- oder unbekannten Autoren, denen sie zu neuer oder größerer öffentlicher Geltung verhelfen wollte. In diesen Kontext passen Bettinas (fehlgeschlagene) Bemühungen, Nathusius und später auch Döring für die Herausgabe der Schriften Achim von Arnims zu gewinnen; und anläßlich der Absicht von Nathusius, die Biographie seiner Großmutter, der Autorin Philippine Gatterer, zu schreiben, forderte sie ihn dazu auf, zusätzlich auch das Leben einiger anderer ›vergessener‹ Schriftstellerinnen aus dieser Zeit zu würdigen: »im Ganzen läge ein Abdruck der weiblichen Bahn jener Literaturepoche« (K/M 2, S. 677). Der Blick in die Zukunft galt Bettina als unabdingbar: »Ich verstehe nicht, was Sie dem G[eibe]l gesagt haben von der nächstfolgenden Dichterepoche, deren Samenklappen die Liebeslieder bildeten, und wollte lieber, ich hätt es selbst gehört«, schrieb ihr Nathusius im Juni 1837 (K/M 2, S. 483). Und trotz der Tendenz, sich der Vergangenheit zuzuwenden, war sich Nathusius unter Bettinas Einfluß doch bewußt, daß die »goldne Zeit der Literatur vorüber [ist], aber wir können und sollen bei *keiner* Zeit stehenbleiben« (K/M 2, S. 536).

Die zukunftsweisenden Elemente im Werk der von ihr ›protegierten‹ Autoren stützte die Mentorin nachdrücklich. Insbesondere wies sie ihre Adepten auf das Beispiel des jungen Goethe hin, auf die Dichtungen, die in seiner Sturm-und-Drang-Zeit bis hin zur Selbsterfahrungsphase der *Italienischen Reise* entstanden. Sie stand damit im Gegensatz zu den biedermeierlichen Versuchen, den gereiften Goethe der Weimarer Alterszeit zu fixieren und zu überhöhen. Ihr Ziel war es, mit dem *Ilius* eine direkte Verbindungslinie von der aufmüpfigen Jugendgeneration der Stürmer und Dränger über den Kreis der rebellierenden Frühromantiker bis hin zur kritischen Generation der Jungdeutschen herzustellen. »Ja, das ewige Leben besteht darin, daß alle Geistesgewalt sich elektrisch fortbewege«, hatte Bettina schon 1839 an Savigny geschrieben:

»auch meine soll sich fortbewegen im jungen Deutschland, zu denen ich mir zwei liebenswürdige Stellvertreter [Nathusius und Döring] ausersehen habe, ein Paar plebeische Herzen.« (AM, S. 290)

Die literarischen Anklänge an den Schöpfungsmythos des Sturm und Drang und seine eindringliche Gestaltung in Goethes *Prometheus*-Hymne von 1773 fallen jedoch nicht auf fruchtbaren Boden. Zwar versichert Nathusius, daß er sich dem »Prometheischen Geist« Bettinas verwandt fühle (K/M 2, S. 411), doch mußte Bettina erkennen, daß es ihm und Döring an Genialität und dichterischer Potenz mangelte. Bei der erneuten Durchsicht der Briefe für die Publikation gestand sie Varnhagen am 2. Dezember 1846, daß »diese wilden Bestien [leider] gar zu zahm« seien (Assing 1873, S. 397).

Bettina selbst beharrt im *Ilius* – ganz im Sinne des Sturm und Drang und der Frühromantik – auf radikaler Subjektivität, sowohl im Urteil über den Wert der Schriften anderer (»Wenn ein Buch Dir nicht eine Geliebte ist, so konnte es für Dich ungeschrieben bleiben, es ist Dir kein Verlust«; K/M 2, S. 558) wie auch in der Wahl von Stoff und Darstellungsart. Ziel der Schriftstellers ist es, »die eigne Idealität zu entwickeln und sich in ihr erkennen zu lernen« (K/M 2, S. 426). Der Autor muß sich dabei konsequent über das Urteil seiner Kritiker hinwegsetzen:

»Ihnen deucht es seltsam, durch ein Buch sich aller Welt offen zu geben; [...] mich deucht, jedem sollte es wichtig sein, die vorgefaßte Meinung anderer, die nicht mit seinem das Ideal bildenden Streben übereinstimmt, zu überwinden. Lange genug hab ich für etwas anders gelten müssen, als ich verantworten möchte. [...] die Wahrheit [...] sie macht sich geltend ohne geschichtliches Dokument« (K/M 2, S. 426).

So setzt Bettina auch bei Nathusius voraus, daß das »Urteil, ob Sie Ihre Gedichte drucken lassen sollen, [...] aus Ihrer Überzeugung hervorgehen [muß]« (K/M 2, S. 427). Und sie verweist ihm auch den vergleichend-abschätzenden Seitenblick auf die literarischen Produkte anderer, wie etwa auf die Gedichte Geibels (»Ich glaube nicht unbescheiden zu sein, wenn ich meine Gedichte mit den seinigen auf gleichen Wert stelle«; K/M 2, S. 528) oder auf die Verse Ferdinand Freiligraths, dem er sich überlegen fühlt: »ich habe ihn für einen der Geringsten gehalten« (K/M 2, S. 535). Die überlieferten Briefwechsel zeigen jedoch, daß Bettinas Briefpartner dieses Selbstbewußtsein nie gewann. Offensichtlich überforderte die Schriftstellerin ihre Partner und machte sich Illusionen über deren Begabung, die sie mit ihren Ermahnungen und Lehren nicht ›einimpfen‹ konnte. Auch der *Ilius* zeigt nicht den Erfolg der intendierten Erziehung zum genialen Dichter sondern gerade deren Scheitern.

V. Im Zenit ihres Lebens –
Bettinas sozialpolitisch aktivsten Jahre

1. Biographisches (1840-1845)

Im Jahr 1840 erlebte Bettina einen ersten großen Erfolg ihrer politischen Aktivitäten: Rasch nach der Inthronisation des neuen preußischen Königs (7. Juni 1840) wurden die entlassenen Brüder Grimm, für die sie mit großem Engagement gekämpft hatte, in Berlin angestellt. Friedrich Wilhem hatte ihr dies schon als Kronprinz versprochen und hielt sein Versprechen. Seine Order erfolgte, noch bevor die Feierlichkeiten in Berlin begannen (vgl. Schultz, S. 167-218). Von der ersten Stunde seiner Regentschaft an versuchte Bettina nun, mit neuem Selbstbewußtsein auf die politische Enwicklung in Preußen Einfluß zu nehmen. Sie wandte sich an den Bürgermeister in Berlin und kritisierte scharf den Plan, bei den Huldingungsfeiern ein »thurmartiges Gerüst, auf welchem die 40 Ahnen des königlichen Hauses [...] transparent gemalt werden sollen«, zu errichten. Sie argumentierte dabei u. a. aus der Perspektive des Königs, dem sie damit zugleich auf eine moderne, liberale Linie festzulegen suchte – eine Taktik, die sie in den folgenden Jahren immer wieder versuchte. Es ist, wie sie formuliert,

»der größte Mißgriff im Interesse der Bürger, auf den Huldigungstag jene Ahnenreihe einer Zeit, die auf keine Weise den heutigen Ansprüchen und Bürgersinne entspricht, auf eine so beziehungslose und eclatante Weise hervorzuheben, so zwar, daß es der König nicht nur mißverstehen sondern auch mißbilligen müßte.[...] daß wir nichts besseres können, als todtes Vergangnes aufzuputzen, zu illuminiren, während andre Nationen stark sind das Neue das Bessere auszusprechen, das doch vor andren uns, in unserm König so hoch und theuer zugesagt ist. [...] Warum malen Sie nicht alle Hoffnungen alle Wünsche des Volkes in ihrer (vom König zu erwartenden) Gewährung symbolisch dahin [...]?« (Kat., S. 118 f.; vgl. auch die Darstellung der Episode im *Dämonenbuch*: K/M 3, S. 309)

Bettina artikuliert hier die Hoffnungen, die fast alle liberalen Kräfte in Preußen mit der Wende verbanden. Da der Kronprinz sich vor der Regierungsübernahme oft kritisch gegenüber der Politik seines Vaters geäußert hatte, erwartete man nun von ihm Impulse für eine Erneuerung. Politiker wie der einflußreiche Theodor von Schön, Regierungspräsident von Ost- und Westpreußen, hofften, daß Friedrich Wilhelm IV. umgehend das Verfassungsversprechen seines Vaters erfüllen und den Weg für eine konstitutionelle Monarchie moderner Prägung freigeben würde. Die Hoffnungen wurden bald enttäuscht, und in Varnhagens Tagebuch ist zu verfolgen, wie die Enttäuschung in Berlin von Tag zu Tag größer wurde.

4. 11. 1840:

Es werden schon sehr viele Leute sehr nachdenklich, der König thue wohl mancherlei, aber man erkenne wohl, wohin eigentlich sein Sinn gehe; seine liebsten Leute [...] seien Betbrüder und Aristokraten. (Tb 1, S. 235)

21. 12. 1840:

Ueber den König spricht man hin und wider sehr ungünstig. Die Leute sagen, alle seine Thätigkeit bringe nichts hervor, als daß sie die alte Ordnung verwirre [...]. (Tb 1, S. 250)

23. 12. 1840:

Die Beliebtheit des Königs schwindet immer mehr. [...] Man hat ziemlich allgemein vom König die Meinung, er sei weich und schwach [...]. (Tb 1, S. 251)

17.2. 1842:

[...] die Volksstimmung war lau und that ganz gleichgültig. Man hat durchaus kein Vertrauen zu dem, was der König noch alles thun wird. (Tb 2, S. 22)

22. 6. 1842:

Der persönliche Wille des Königs weiß die Formen der Ausführung nicht gehörig zu finden, die Sachen werden anders, als er sie gewollt. (Tb 2, S. 82)

Theodor von Schön, ein Schulkamerad von Friedrich Wilhelm, der anfangs hoch in seiner Gunst stand (nach Varnhagen noch 1841; vgl. Tb 1, S. 287) und seine Überlegungen zur politischen Perspektive 1842 in einem Privatdruck mit dem bezeichnenden Titel *Woher und wohin?* formulierte, konnte seine liberalen Vorstellungen nicht durchsetzen und verlor rasch seinen Einfluß auf die politische Entwicklung in Preußen. (Zu Bettinas Versuch, den pensionierten Schön 1848 wieder in die Regierung zu bringen, vgl. S. 119ff.)

Bettina, deren politische Vorstellungen stets von einem starken, charismatisch wirkenden König ausgingen, gelang es, den sporadischen schriftlichen Kontakt mit Friedrich Wilhelm aufrechtzuerhalten, aber sie vermochte nur in wenigen Fällen, ihre Ziele zu erreichen. Der König hatte zwar Sinn für die Ideen der Romantik, er bemühte sich um die noch lebenden Vertreter, die Brüder Grimm und den alten Tieck, indem er für ihre existenzielle Absicherung sorgte; er hatte Sinn für die Rekonstruktion mittelalterlicher Baudenkmäler, und förderte die Fertigstellung des Kölner Doms, die gründliche Restaurierung der Marienburg (bei Danzig), ließ das Schloß Stolzenfels (bei Koblenz) rekonstruieren – mit den aktuellen politischen Problemen Preußens wurde er jedoch nicht fertig. Von einer konsequenten Demokratisierung hielt er nichts, und die Einzelheiten der Innenpolitik ließ er – im alten Sinne – von der Ministerialbürokratie regeln, gegen die er sich bei schwierigen Entscheidungen auch nicht durchsetzen konnte.

Bettina durchschaute diese Herrschaft der Kamarilla. Ihre Strategie zur Entlarvung der Machtverhältnisse war raffiniert und nicht ohne Erfolg. Sie suchte den direkten Kontakt zum Monarchen und provozierte zugleich die Beamten und Minister. Nach ihrer Auffassung wurde der König daran gehindert, die sozialen Verhältnisse (die ›Wahrheit‹ über die Situation und Stimmung im Volk) kennenzulernen. Nur in direktem Kontakt mit dem Volk konnte er nach ihrer Auffassung dessen Nöte und Wünsche erfahren. Damit unterstützte sie die Eitelkeit des Monarchen und berührte zugleich einen Punkt, der auch dem ›Romantiker auf Preußens Thron‹ – wie Friedrich Wilhelm IV. genannt wird – einleuchtete: Nur ein König, der im Sinne seines Volkes regiert, der sich in ›harmonischer Einheit‹ mit seinem Volk befindet, kann erfolgreich regieren. Ein »ideale[s] Königthum« (Tagebuch Baier; 5.1.1844; Gassen 1937, S. 16), eine Art ›Volkskönig‹ wollte Bettina; und genau das wollte Friedrich Wilhelm IV. auch sein:

»Zwischen mir und meinem Volke soll keine Mauer sein«, ist ein Wort, das er oft wiederholt (5. 4. 1841; Tb 1, S. 287). In welcher Form diese Einheit erreicht und in der praktischen Politik vollzogen werden sollte, darüber gab es die verschiedensten Auffassungen, die erst allmählich an den Tag kamen. Es gehörte jedoch zur Taktik Bettina von Arnims, die Übereinstimmung in dieser Grundfrage zu betonen, wie entfernt die politischen Positionen im einzelnen auch waren.

Friedrich Wilhelm IV. betrachtete Bettinas Wirken offensichtlich zunächst mit Wohlwollen. Er konzedierte ihr, ihm ein Buch zu widmen und gab ihr damit – bevor der Inhalt dieses Werkes überhaupt feststand – über alle Zensurbehörden hinweg eine Lizenz, die Bettina systematisch auszuschöpfen verstand, um ihre Kritik am preußischen Staat deutlich zu artikulieren. Es entstand das *Königsbuch*, dessen Titel die Widmungsformel ist: *Dies Buch gehört dem König* (1843). Ein Jahr später wollte sie ein Buch ausschließlich der Armenfrage widmen. Durch Zeitungsnotizen und Briefkontakte annoncierte sie diesen Plan, um Material zu sammeln. Besonders aus dem verarmten Schlesien erhielt sie – oft von amtlichen Stellen – statistische Unterlagen, Denkschriften und Zeitungsartikel zugeschickt, die sie für den Druck aufbereitete. Während der Arbeiten an diesem Projekt war der Unmut unter den arbeitslosen und verarmten schlesischen Webern derart gewachsen, daß ein blutiger Aufstand ausbrach. Preußische Truppen konnten diese spontanen Unruhen rasch niederschlagen.

In Berlin wurde Bettina für diese Entwicklung verantwortlich gemacht. Von Savigny und Humboldt erhielt sie deutliche Hinweise, daß eine Publikation des Materials – auch im Ausland – nicht geduldet würde. Bettina brach daher ihr Projekt ab, setzte jedoch die Sammlung von Materialien zur »Armensache« fort. Ein großer Teil der Papiere, darunter die Armenlisten mit Markierungen der Setzer, hat sich erhalten und wird heute im Freien Deutschen Hochstift (Frankfurter Goethe-Museum) aufbewahrt.

Mit dem Abbruch des Armenbuchprojekts begann der Einfluß Bettinas wieder zu sinken. Das *Königsbuch* hatte sie als einflußreiche politische Schriftstellerin eingeführt. Die politische Linke hatte sie wahrgenommen, und ihr Salon wurde zum Treffpunkt der »edlen Weltverbesserer« (wie die konservative Tochter Maximiliane spöttisch schreibt; Werner 1937, S. 173). An einen offenen Salonbetrieb, bei dem sich zwanglos Künstler, Vertreter des Regierungsapparats und kritische Intellektuelle trafen, war jedoch nicht mehr zu denken. Bettinas Salon wurde bespitzelt, und bereits im Herbst 1842 meldet ein Konfident, sie sei »durch die Verfechtung ihrer Bruno Bauerschen Religionsansichten in starken Konflikt« mit ihren Frankfurter Verwandten geraten (Härtl 1992b, S. 242 f.). Der preußische Minister des Innern (Arnim-Boitzenburg) weiß seinem König am 6. Juni 1844 zu berichten:

»Wenn Bettina aus besonderer Vorliebe für die habitués ihres Salons (Bruno Bauer, wohlbekannt, Egbert [richtig: Edgar] Bauer, der neulich aus einer Branntweinschenke betrunken in den vorüberfließenden Rinnstein fiel [...]) das dritte Blättlein dieser Kleepflanze, Edgar [richtig: Egbert] Bauer, zum Verleger ihrer Geisteswerke auswählt, so muß sie sich schon die Folgen gefallen lassen.« (zit. nach Härtl 1992b, S. 249)

Zu dieser Zeit fürchtete sie die Briefkontrolle derart, daß sie einen Brief mit brisantem Inhalt nicht der Post anvertraute (vgl Gassen 1937, S. 76).

Ein Bericht, der 1847 an die ›Zentrale Informationsbehörde‹ nach Mainz ging, faßt zusammen:

»Die Tendenz dieser Teegesellschaften ist eine sozialistische, indem die Versammelten sich vorzugsweise über ein in Wesen und Form zu verbesserndes Leben unterhalten und besprechen. Vorzüglich ist es das weibliche Geschlecht, das sich nach der Befreiung von den Fesseln des Herkommens, der Mode, der Konvenienz sehnt. Unter allen Frauen dieser Art in Berlin, die einen öffentlichen Ruf genießen, ist Bettina von Arnim unstreitig die erste und bedeutendste. Daß ihre Abendzirkel den bezeichneten Charakter haben, ist hier allgemein und selbst dem Hofe bekannt.« (zit. nach Waldstein 1988, S. 57)

Die Treffen, die sich in der Regel auf den Besuch einzelner Freunde beschränkten, hatten damit etwas Konspiratives. Das ist sicher auch einer der Gründe dafür, daß wir über die zahlreichen Kontakte Bettinas bis heute keine hinreichenden Erkenntnisse haben. Durch Arbeiten von Härtl und Püschel sind lediglich einzelne Kontakte erforscht. Wir wissen, daß Bettina sich regelmäßig mit Heinrich Bernhard Oppenheim (1819-1880) traf (vgl. Püschel 1990), und können eine Begegnung mit Karl Marx in Kreuznach als höchstwahrscheinlich annehmen (Kat., S. 151). Auch eine Reihe von Kontaktpersonen bei den Junghegelianern läßt sich ausmachen, die in Berlin eine bohèmeartige Gruppe der »Freien« bildeten:

»Sie bevorzugte für theologisch-philosophische Auseinandersetzungen das Gespräch mit den Autoren, nicht die wissenschaftliche Beschäftigung mit ihren Werken. [...] Unter den Junghegelianern war deren theoretischer Kopf, Bruno Bauer, der bevorzugte Gesprächspartner Bettinas. [...] Übergreifend in den Gesprächen Bettinas mit den Junghegelianern war sicher die gemeinsame Opposition zu den geistigen und sozialpolitischen deutschen Zuständen, der gegenüber Abweichungen in konkreten Fragen Minimalia blieben.« (Härtl 1992b, S. 239, 245)

Als Edgar Bauer nach drei Prozessen am 9. Mai 1845 verhaftet wurde, setzte sich Bettina »mit äußerster Vorsicht bei Friedrich Wilhelm IV. zugunsten der Brüder ein [...]. Viel scheint sie nicht für ihn erreicht zu haben, möglicherweise Erleichterung seiner Gefangenschaft. Er wurde zu vier Jahren Festungshaft in Magdeburg verurteilt« und »blieb bis zur März-Revolution 1848 in Magdeburg inhaftiert« (ebd., S. 249-252). Seit Ende 1845 hatte sich Bettina allerdings mit dem Verleger Egbert Bauer überworfen (ebd., S. 252-254).

Von September bis Dezember 1845 hielt sich Bettina in Wiepersdorf auf. Mit der Regelung aller Verlags- und Wohnungsangelegenheiten in Berlin betraute sie den Studenten Rudolf Baier (1818-1907). Der junge Verehrer, der sie Anfang 1844 kennengelernt hatte, berichtet in seinem Tagebuch begeistert über seine ersten Kontakte und nahm bereitwillig ihr Angebot an, die Neubearbeitung des *Wunderhorn* in der Arnim-Ausgabe zu übernehmen. Die Aufgabe, die Baier als »Abdruck der 3 [Wunderhorn-] Bände mit den nöthigen Veränderungen und Zusammenstellung folgender Bände aus dem reichen Nachlasse Arnims« (5.1.1844; Gassen 1937, S. 18) beschreibt, erwies sich jedoch als nahezu unlösbar. Die angestrebte Zurückführung der Texte auf die Quellen, von denen Arnim und

Brentano in der Regel mehrere ›kontaminierten‹ und ›romanti-sierten‹, bedeutet eine Quadratur des Kreises, bzw. Zerstörung des romantischen Kunstwerks *Wunderhorn*. Die unbefriedigenden Arbeiten zogen sich denn auch wesentlich länger hin, als Bettina und Baier erwartet hatten. Baier verfehlte darüber den Abschluß seines Stu-diums und verarmte bei der fast honorarlosen arbeitsaufwendigen Redaktionsarbeit, während er von Bettina aus Wiepersdorf mit Vorwürfen und Beleidigungen überhäuft wurde. Zugleich mußte er für Bettina eine Auseinandersetzung mit dem Berliner Wirt führen, eine neue Wohnung für Bettina suchen und den Prozeß mit dem Verleger des *Günderodebuchs*, Levyson, führen. Mit Schröder (dem Berliner Verleger des *Königsbuchs*) war sie ebenfalls in Streit geraten und erwartete von Baier, daß er die Übergabe der bereits gedruckten Bände der Arnim-Ausgabe an den neuen Favoriten, Edgar Bauer (Verleger des *Frühlingskranzes*), aushandelte und organisierte. Als Baier diese zahlreichen, komplizierten Probleme nicht zur Zufrie-denheit der ungeduldigen Bettina lösen konnte, kam es im Dezember 1845 auch mit ihm zum Bruch. Bettina übernahm nun selbst den Verlag ihrer Bücher; die Fortsetzung der beiden Werkausgaben (Arnim und Bettina) und die späteren Publikationen erschienen im Eigenverlag und wurden nur von Buchhändlern in Kommission vertrieben.

Die engen Kontakte zu Oppositionellen in Berlin, die Resonanz des *Königsbuches* und des Armenbuchprojektes führten dazu, daß Bettina weit über Preußen hinaus als politische Publizistin und ein-flußreiche Persönlichkeit Berlins bekannt wurde. In Berlin lernte sie (im Salon des russischen Ehepaars Frolov) Ivan Turgenev und (1840) Michail Bakunin kennen, der ein Teil ihres *Goethebuches* ins Russische übersetzt hatte (Leitner/v. Steinsdorff 1992, S. 175-177; Tb 1, S. 232). Der süddeutsche Liberale Carl Theodor Welcker be-suchte sie im Herbst 1841 mehrfach (Hirsch 1992, S. 88 f.). Im Frühjahr 1845 schrieb ihr George Sand, und die Briefzensur ließ ausstreuen, sie habe mit der französischen Schriftstellerin über »So-zialismus und Kommunismus« korrespondiert (Hirsch 1992, S. 99; nach Baier [Gassen 1937, S. 32] nahm Bettina eine Indiskretion Varnhagens an). Mit Adolf Stahr, der ihr *Königsbuch* in Form von Exzerpten veröffentlichte, stand sie in regem Kontakt, und bei der Planung des *Armenbuchs* kam sie mit Oppositionellen in Schlesien in Kontakt. Moriz Carriere (der die erste Kurzbiographie Bettinas schrieb) besuchte sie nach seiner Italienreise. Auch der Geschichts-student Jacob Burckhardt suchte sie auf und überlieferte eine plasti-sche Beschreibung ihres Salons. Die Widmung des *Günderodebuches* war demnach nicht ohne Wirkung geblieben: Studenten gingen bei ihr ein und aus, und bei zahlreichen spektakulären Aktionen war Bettina direkt oder indirekt beteiligt, ob es sich nun um ein Ständchen für Schelling, Proteste gegen die Entlassung des Kapellmeisters Spontini, die Ehrendoktorwürde für Liszt oder das Lebehoch für Hoffmann von Fallersleben handelte. 1842 verkehrte auch Felix Prinz von Lichnowsky bei ihr, ein gesellschaftlicher Außenseiter, der sich um die älteste Tochter Maximiliane bemühte, aber auch der verwitweten Mutter den Hof machte.

Als Bettina nach dem Tode ihres Bruders Clemens (28. Juli 1842) von September 1842 bis Januar 1843 und im Herbst 1843 nach Süd- und Westdeutschland reiste, traf sie nicht nur Karl Marx (vgl. Kat., S. 151) und D. F. Strauß (in Sontheim am 10. Jan. 1843; vgl. Härtl 1992b, S. 244 f.), sondern auch König Ludwig I. von Bayern. Sie hatte ihn bereits als Kronprinzen kennengelernt und mußte nun erfahren, was ihr Konzept der ›Fürstenerziehung‹ bewirkt hatte. Der König wollte an die frühen Kontakte nicht erinnert werden und war empört, daß Bettina ihn duzte. Bettina gelang es offensichtlich nicht, ihn für ihre politischen Ideale zu gewinnen, denn das wenig später erschienene *Königsbuch* wurde in Bayern sofort verboten.

Die regen Kontakte Bettinas mit Oppositionellen im In- und Ausland wurden von staatlichen Instanzen mit Argwohn beobachtet, und bei der Veröffentlichung des politisch kaum brisanten *Frühlingskranzes* war es Bettinas Entscheidung für den politisch verdächtigen Verleger Egbert Bauer (einem Bruder von Bruno Bauer aus dem ›Doktorclub‹), die große Schwierigkeiten auslöste (vgl. Härtl 1992b, den Anhang bei Schultz 1985, S. 321-327 u. 341-343, sowie Kat., S. 149 f.).

Die Veröffentlichung einer Fortsetzung des *Königsbuchs* war unter diesen Umständen zunächst undenkbar. Bettina beschränkte sich deshalb bei ihren politischen Aktivitäten auf singuläre Aktionen. In persönlichen Briefen an den König setzte sie sich für politisch gefährdete Personen ein. Wir wissen von ihrer Intervention zugunsten des Königsattentäters Tschech (vgl. Kat., S. 151-153), die jedoch die Vollstreckung des Todesurteils (im Dez. 1844; vgl. Tb 2, S. 413) nicht verhindern konnte, und kennen auch ihren vergeblichen Einsatz für Gottfried Kinkel (1849; Kat., S. 160 f.). Der Briefwechsel mit dem preußischen König ist bislang jedoch nur lückenhaft veröffentlicht; lange Zeit waren nur Entwürfe Bettinas bekannt, von denen sich oft mehrere zu einem Brief im Nachlaß fanden, während die abgeschickten Briefe im preußischen Staatsarchiv nicht zugänglich waren. Die Publikation von Geiger (1902) bedarf deshalb dringend der Ergänzung und sollte durch eine vollständige, kommentierte Edition des gesamten Briefwechsels ersetzt werden, wie sie Ursula Püschel plant.

Die Frage, ob Bettina je Friedrich Wilhelm zu einem Gespräch getroffen hat, ist oft und kontrovers diskutiert worden. Offensichtlich mied sie den unmittelbaren Kontakt und zog es vor, sorgfältig formulierte Briefe zu schicken, die Friedrich Wilhelm dann eigenhändig (unter Umgehung seines Sekretariats) beantwortete. Im Jahre 1845 (am 27. April) kam es aber dennoch zu einer geheimen Begegnung, für die es drei voneinander unabhängige Belege gibt. Unter dem 9. Mai 1845 berichtet Varnhagen:

»Sie machte mir die wunderbarste Entdeckung, daß sie den König endlich gesprochen, er habe sie zu einer geheimen Zusammenkunft einladen lassen, drei Stunden habe die Unterredung gedauert, er habe ihr, sie habe ihm alles gesagt, er habe sich ihr Beichtkind genannt, wolle sie ferner heimlich sehen etc. Ich muß Verschwiegenheit geloben, soll zu weiteren Dingen rathen, Stoffe liefern und bearbeiten, die dem Könige mitzutheilen wären etc.« (Tb 3, S. 71 f.)

Unter dem 21. Mai berichtet Rudolf Baier ebenfalls von einer dreistündigen Unterredung (Gassen 1937, S. 32 f.), und eine ausführliche Schilderung aus der Perspektive der Tochter Armgart veröffentlichte Ingrid Forbes-Mosse aus deren Tagebuch:

»Kaum konnten wir die Zeit erwarten bis die Mutter zurückkam (d. h. wir waren unterdes in ihr Zimmer eingefallen und haben da einmal radikale Ordnung gestiftet) – Um 3 Uhr kam sie rayonnante zurück, denn alles war wunderbar gelungen. Der König liebenswürdig und natürlich, sobald er sich nicht in die höheren Obedienzbegriffe erging, gewährte ihr alles, ging auf vieles ein, so arg sie auch loslegte, besonders bei der Konstitution, da war er ganz ihrer Meinung.
[...] Das Königsbuch nimmt er weiter an. Und will sie öfters sehen. [...] Sogar einige Staatsgeheimnisse, die die Mutter gleich wieder vergaß, teilte er ihr mit. [...] Also das erstemal ohne Maske! Er war erstaunt, daß ihn die Mutter so gut kenne, als sie ihm sagte, sie wolle ihm das alles nicht sagen, denn sie wisse wohl, wie er oft die Augen zudrücke, um manches nicht zu sehen, weil er sich sonst für die anderen schämen müsse.« (Forbes-Mosse 1928)

Für die Arnim-Töchter war der Verkehr in den Kreisen des Hofes selbstverständlicher als für Bettina. Bereits zur Inthronisation des Königs 1840 hatten sie in jahrelanger Arbeit eine aufwendige Arabeske geschaffen, die sie mit einem umfangreichen erklärenden Gedicht 1842 in Potsdam persönlich – ohne Begleitung der Mutter, die auch allen Hof-Festivitäten fernblieb – überreicht hatten (vgl. Kat., S. 119-121 mit Abb.). Das kostbar in Leder eingeschlagene

Werk, das u. a. Ereignisse der preußischen Geschichte in phantastischen Märchenmotiven darstellt, hat sich erhalten und wird im Hochstift aufbewahrt, das begleitende Gedicht ist verschollen.

2. Dies Buch gehört dem König (1843)

Über die Entstehung des *Königsbuchs* und die Umstände, unter denen Friedrich Wilhelm IV. seine Erlaubnis zu diesem dem König ›gehörenden‹ Projekt gab, informiert ein Brief von Alexander von Humboldt an den preußischen König vom 8. August 1843, den Ursula Püschel in ihrer Dissertation veröffentlichte. Darin heißt es:

»Es sind bereits zwei Jahre, als Frau von Arnim mich schriftlich bat, ihr die Erlaubnis zu verschaffen, ein Buch, dessen Inhalt und Titel sie nicht bezeichnete, Sr Majestät dem König zueignen zu dürfen. Sr Majestät geruhten mir zu sagen, daß Sie allerdings die Zueignung annehmen, aber doch wissen wollten, wovon das Buch handeln würde. Frau von Arnim erwiederte schriftlich [...] ›sie wünsche das Geheimnis des Inhalts zu bewahren.‹ Der König befahl mir scherzhaft zu antworten: ›es bliebe bei der Annahme der Zueignung, aber Er werde in der Leipziger Zeitung, gegen sie schreiben, wenn er sich über die geistreiche Schriftstellerin zu beklagen habe. [...]‹« (Püschel 1965, S. 284; vgl. Varnhagens Tagebuchnotiz nach mündlicher Information durch Humboldt: Tb 1, S. 301; 17. Mai 1841)

Diese Information deckt sich, was die gleichsam ›blinde‹ Zustimmung des Königs betrifft, mit Bettinas Angaben. Schon im Frühjahr 1841 wissen Freunde Bettinas von ihrem Projekt. Bettina »schreibt ein Buch«, informiert Karl Hartwig Gregor von Meusebach am 4. März 1841 Jacob Grimm, »in dessen Widmung an den König sie ihm die Wahrheit sagen will« (C. Wendeler [Hrsg.]: Briefwechsel des Frh. Karl Hartwig Gregor von Meusebach mit Jacob und Wilhelm Grimm, Heilbronn 1880, S. 240). Die gleiche Formel (von der Wahrheit) findet sich schon in einer Notiz Varnhagens vom 7. Dezember 1840, die allerdings noch kein Buchprojekt nennt:

»Sie [Bettina] ist außer sich über die Wirthschaft, die hier beginnt, sie mißbilligt alle Vertrauten und Lieblinge des Königs, sie will Konstitution, Preßfreiheit, Vernunft und Licht. [...] Sie will dem Könige die Wahrheit sagen, sie habe den Muth und das Geschick dazu.« (Tb 1, S. 242 f.)

Dem König die Wahrheit sagen, das hatte sie zunächst in Briefen getan. Und schon im Herbst 1840 scheint sie einen kritischen Brief an Friedrich Wilhelm gerichtet zu haben, denn Varnhagen berichtet am 13. Oktober 1840:

»Sie liest mir, nachdem ich das Geheimniß gelobt, einen Brief vor, der entschieden Konstitution fordert. Sie will solche durchaus, hält alles andre für nichts. Der König habe *so* kein Kind, so möge er die Konstitution als solches haben.« (Tb 1, S. 228)

Erst im Frühjahr 1841 kam dann das Projekt eines offenen Briefes in Buchform mit dem Widmungstitel auf. Am 5. März berichtet Varnhagen noch einmal über die kritische Haltung Bettinas: »Sie drängt auf Konstitution, auf Preßfreiheit, verwirft die Hofetikette« (Tb 1, S. 279), am 25. April übermittelt er Humboldts Zustimmung zur Zueignung:

»Ich sagte Bettinen, daß Humboldt ihren Gedanken einer Zueignung an den König gebilligt; ›der König verdiene es um sie‹ habe er geäußert. Das nimmt sie übel und macht mir einen wunderlichen Krieg deßhalb. Sie hatte anderes erwartet.« (Tb 1, S. 296)

Wenig später muß die Zustimmung des Monarchen auch auf anderem Wege (vermutlich als Botschaft des Königs über Humboldt) an Bettina gelangt sein, denn am 5. Juni berichtet sie dem befreundeten Adolf Stahr:

»Ich habe den König um Erlaubniß gebeten, ihm mein Buch zuzueignen, was sagen Sie dazu? Er hat gesagt ja! Es werde ihn freuen, aber ich sollte meiner Phantasie nicht die Zügel schießen lassen, sonst werde ich öffentlich gegen mich zu Felde ziehen. Guter Professor Stahr, ich freue mich darauf, Ihnen das Buch zu geben, obschon ich gar nicht weiß, was ich hinein schreiben soll, aber ich muß in diesen Tagen den Druck beginnen, und daher muß auch etwas drin stehen. Beten Sie zu den Sternen, daß die mich nicht sitzen lassen.« (Geiger 1902, S. 14)

Trotz der Blanko-Zustimmung des Königs kommt es zu Schwierigkeiten mit den Zensurbehörden, und der zitierte Brief Humboldts diente dazu, sie auszuräumen und Friedrich Wilhelm IV. an sein scherzhaft gegebenes Versprechen zu erinnern. Vorübergehend scheint Bettina den Satz des Werkes – aus Sorge vor Beschlagnahme, oder um eine endgültige, verbindliche Klärung zu erreichen – gestoppt zu haben, denn bei Humboldt heißt es:

»Nach einiger Zeit kamen Klagen über die Unbequemlichkeit der Censur, sie wurden, wenn ich mich recht erinnere, an den König Selbst gerichtet. Es fand sich aber, daß die Censur, bloß bisher über den sonderbaren Mangel des Titels Ausstellungen gemacht hatte. Frau v Arnim unterbrach, wie ich durch Andere hörte, den Druck, wahrscheinlich aus Unmuth. Ich verlor die Herausgabe ganz aus dem Gedächtnis, als die Schriftstellerin mir durch ihre Töchter sagen ließ, das Buch sei völlig gedruckt und sie wolle es durch mich, mit einem Briefe Sr Maj. überreichen lassen; die Übergabe geschah in Sanssouci, der Brief, der das Buch, von dem ich ebenfalls ein Exemplar erhielt, begleitete, war versiegelt. Bald darauf ließ mich Frau von Arnim wissen, ›daß sie keine Exemplare ausgebe, ja daß sie die ganze Auflage vernichten würde, wenn das Buch von Sr Majestät mißfällig aufgenommen würde‹ Der König befahl mir zu antworten ›Er werde Frau von Arnim bald selbst für das übersendete Buch schriftlich danken sie brauche aber bis dahin die Publication nicht zu verschieben.‹ Wenige Tage darauf haben Sr Majestät geruht, an Frau Bettina von Arnim zu schreiben.« (Püschel 1965, S. 284 f.)

Der Brief zeigt die wichtige Rolle, die Alexander von Humboldt am Hofe für Bettina spielte. Er nannte die Schriftstellerin zwar gutmütig herablassend als 50jährige Schriftstellerin noch »das Kind« (nach dem Titel des *Goethebuchs*), setzte sich jedoch geschickt und erfolgreich mündlich und schriftlich beim König für ihre Anliegen ein. So laufen z. B. auch die Verhandlungen über das Gehalt der Brüder Grimm über Bettina und Humboldt (vgl. Kat., S. 114 f.), wobei der zuständige Minister dann unter Druck gesetzt wird. Humboldt war die ›graue Eminenz‹ am preußischen Hof, und es war für Bettina besonders wichtig, sein Vertrauen zu genießen. Um ein vollständiges Bild von den Kontakten Bettinas mit dem König und allen ihren politischen Aktivitäten zu gewinnen, müssen daher auch die Briefe Humboldts von der Bettina-Forschung erschlossen werden.

Die von Humboldt genannten Briefe zum *Königsbuch* sind bereits veröffentlicht (K/M 3, S. 456 f. und Püschel 1965, S. 305 f.). In der Edition von Konrad (K/M 3, S. 458 f.) erfahren wir darüber hinaus, daß ein Gutachten mit Empfehlung zum Verbot des *Königsbuchs* von Geheimrat Bitter existiert, der preußische Innenminister Arnim-Boitzenburg aber dennoch von einem Verbot absah, als er von Humboldt die Meinung des Königs erfahren hatte.

Bettinas Begleitbrief zum *Königsbuch* an Friedrich Wilhelm IV. läßt erkennen, daß sie an ihrer Vorstellung von einem charismatischen Volkskönig festhält und den Monarchen mit ihrer Begeisterung zu inspirieren sucht:

»[...] die Volksbegeisterung [ist] ein Flügelpferd [...], das mit seinem Feuerhuf die Wolken zerstampft, um sich Licht zu verschaffen. [...] Wie groß ist es, Fürst zu sein einem Volke, das in Anlage, im Willen und im Zweck der Geschichte einen großen Fortschritt zu tun berufen ist und das nicht mehr durch den getrübten Widerschein seiner Begriffe kann an sich irre werden. Der Beruf eines so kritischen Momentes flößt Ehrfurch ein vor dem König, der ihn zu lösen hat, und Liebe. [...] Dem Volk Genius sein, es umfassend stärken und erleuchten zur kühnen Tat, das ist des Königs Beruf, [...]. Der Genius nur kann Fürst sein! Und unser König – wollte der unumschränkte Genius sein! Stieg das Ideal der Zeiten in seinem Geist uns auf! – All dies ist mir durch den Kopf gegangen, als ich mein Buch schrieb.« (K/M 3, S 456 f.)

Das launige aber nichtssagende Antwortschreiben des Königs vom 14. Juli 1843 verrät, daß er das Werk zunächst nur durchgeblättert hat:

»Meine liebe, gnädige RebenGeländerEntsprossene, SonnenstrahlenGetaufte Gebietherinn von Bärwalde, dem Sande-satten! [...] da ich Ihnen *schreibe* u. nicht mit Ihnen *rede* so mach' ich's kurz.
   Ich habe Ihr Buch empfangen. -
   Ich *danke* Ihnen für Ihr Buch. -
   Ich fühle mich durch Ihr Buch geehrt;
      warum?
das kann ich Ihnen nicht recht begreiflich machen weil ich schreibe u. nicht spreche u. weil Ihr Gemüth zu kindlich u. Ihre Feder zu stolz ist. Ich habe Ihr Buch nicht allein erhalten sondern es auch noch nicht gelesen; dasselbe aber angeschaut und zweyerley schon begriffen 1) daß es *dem Könige* gehört, 2) daß es die Offenbarungen Ihrer Muttergottes enthält. Beydes steigert meinen Dank für die reiche Gabe zu einem: qualificirten, wie Ihr Schwager Savigny sagen würde. Wie er steigt oder fällt wenn ich ihr Buch gelesen haben werde weiß ich nicht, [...]. (Püschel 1965, S. 305 f.)

Einige Anspielungen in diesem Brief zeigen, daß der König etwa bis zur S. 15 des Erstdrucks gelesen hatten, die politisch brisanten Teile also noch nicht kannte. Nach der vollständigen Lektüre scheint sich seine Meinung grundlegend geändert zu haben, denn unter dem 13. November 1843 weiß Varnhagen zu berichten:

»Ueber Bettinens Verhältniß zum Könige kommen nun doch ganz andre Dinge an den Tag, als sie vermuthen ließ. Er scherzt bisweilen über sie in gar nicht schonender Art. Er hatte ihr erst auf ihr Buch viel freundlicher geantwortet, aber, nachdem er hin und wieder darin gelesen, zerriß er sein Blatt, und schrieb ein andres, das sie auch empfangen hat, und in bombastischem Lobe doch kalt sein soll, ja sogar etwas spitzig; hat mir Bettine das ganze Blatt vorgelesen, und richtig? Nachdem der König weitergelesen und über das Gelesene gesprochen hat, ist seine Stimmung wahrer Unwille geworden.« (Tb 2, S. 225)

Der Sinneswandel ist aus der Anlage des Buches zu erklären. Im ersten Teil überwiegt Anekdotisches, er schildert *Der Erinnerung abgelauschte Gespräche und Erzählungen von 1807* (dem Jahr, in dem Bettina engen Kontakt mit Goethes Mutter hatte). Unter anderem wird eine historische Begegnung von Goethes Mutter (»Frau Rath«) mit der Mutter Friedrich Wilhelms IV. (der legendären Königin Luise) geschildert, die durch einen überlieferten Brief Catharina Elisabeth Goethes an ihren Sohn (Kat., S. 123 f.) belegt ist. Die Gespräche der beiden (zum Zeitpunkt der Veröffentlichung des *Königsbuchs* längst gestorbenen) Frauen sind jedoch ebenso von Bettina formuliert wie die Gedanken der Frau Rath, die sie auf ihrer Fahrt nach Wilhelmsbad (bei Hanau; im Buch: Darmstadt) bewegen.

Um aktuelle politische Themen des Vormärz in Preußen kreisen die Gespräche in Teil II und die *Beilage zur Socratie der Frau Rath: Erfahrungen eines jungen Schweizers im Vogtlande*. Daß es sich nicht um allgemeine Diskussionen über die Mechanismen von Herrschaft, das Gefängniswesen oder die Religion handelt, wird schon aus der Schlußformel zu Teil II deutlich, die überraschend ein Datum nennt:

> »Hier kann der Herr Klein [Bettinas Faktor, der sich um den Druck kümmerte] seinen Korrekturzepter niederlegen, denn jetzt schreib ich gleich die Dedikation an den König, wo er mir nichts dran ausstreichen darf. – Geschrieben am 23. Mai 1843.« (K/M 3, S. 226)

Die Gespräche haben denn auch mit der Situation um 1807 nichts zu tun, sondern beziehen sich primär auf die preußischen Verhältnisse in den 30er und 40er Jahren, wobei Zensur, Gefängniswesen und Fragen der Religion Hauptthemen sind und die (bereits 1808 gestorbene) Frau Rath Bettinas Positionen vertritt.

Als Modell für die Gesprächsform im *Königsbuchs* können weder die platonischen Dialoge (auf die Bettina anspielt), noch das frühromantische Symphilosophieren des Schlegelkreises gelten. (Liebertz-Grün stellt 1989 recht unkritisch diese Verbindungen her: »Das literarische Modell: Platons ›Politeia‹«, S. 76 f.) Es ist ist vielmehr die mündliche Gesprächssituation des Salons, die im *Königsbuch* – mehr als in irgendeiner anderen Publikation der Zeit – als Vorbild dient (vgl. Schultz 1995). Frau Rath redet, wie ihr der Schnabel gewachsen ist, z. T. in Frankfurter Mundart, zum Teil sehr deftig und drastisch, aber immer mit Mutterwitz und einer großen Portion gesunden Menschenverstands. Sie verläßt sich ganz auf ihre innere ›Naturstimme‹ und entnimmt ihre Bilder primär aus dem Bereich der Natur und des täglichen Lebens. Die Ähnlichkeit mit den platonischen Gesprächen, die sich ebenfalls Naturmetaphern und allgemeinverständlicher Vergleiche bedienen, ist jedoch nur scheinbar, und die Anspielungen im Text selbst – der Titel *Socratie der Frau Rath* – führen in die Irre. Die Überschrift signalisiert eine Übereinstimmung in der Thematik der Staatsutopie und soll andeuten, daß Frau Rath eine abgeklärte Weisheit wie Sokrates entfaltet. In der Redestrategie gibt es jedoch gravierende Unterschiede. Bei Platon werden die Bilder aus dem Bereich von Natur und täglichem Leben sorgfältig und zielbewußt-didaktisch aufgebaut und runden sich zu einem Gesamtbild. So spricht der Philosoph, der Logiker, der Systemdenker mit hohem Anspruch. In Bettinas Gesprächen des *Königsbuchs* fehlt dieser logische Aufbau, die Bilder werden assoziativ-spontan entwickelt, und ihre Zerstörung – der Wechsel von eigentlichem zum uneigentlichem Sprechen – gehört zu den dominierenden Kennzeichen der Redeweise. Wahrheit wird so eingekreist und durch volksnahe Eloquenz suggeriert, nicht logisch abstrakt deduziert.

Der Vergleich mit überlieferten Briefen von Frau Aja zeigt, daß Bettina die Tonart ihres Vorbilds recht genau traf. Aus ihren Berichten – die kaum angezweifelt werden können – wissen wir, daß sie sich mit der Mutter Goethes ad hoc allerbestens verstand und beide in der gleichen Tonlage sprachen. Wenn je in einem Berliner Salon so gesprochen wurde, so ist es Bettina persönlich, die sich ähnlich artikulierte. In ihrem Salon wurden die Konflikte auch nicht harmonisiert sondern eher provoziert. Grunholzer berichtet von seinem Besuch bei ihr:

»Sie ist derb, klar, männlich fest. Man muß es sich gefallen lassen, wenn auf unbesonnene Antworten folgt: ›Sie sind noch unerfahrner Jüngling‹; oder, wenn man schweigt: ›Was gucken Sie mich an? Dürfen Sie nicht heraus mit der Sprache?‹ Dagegen nimmt sie heftigsten Widerspruch nicht übel.« (Kat., S. 129)

In die Welt des Salons, die sich traditionell aus Vertretern des Adels und des gebildeten Bürgertums zusammensetzt, wird damit zum erstenmal eine ›Frau aus dem Volk‹ eingeführt, die sich über das Geschwätz der Gebildeten (die Argumente von Bürgermeister und Pfarrer) lustig macht, die kein Schriftdeutsch redet und konsequent gegen die Denkmuster der Intellektuellen vorgeht.

Damit wird dem Programm der Heidelberger Romantik genüge getan: Neben dem Volkslied, der Volkssage und dem Volksmärchen gibt es im *Königsbuch* das Beispiel eines ›Volksgesprächs‹ (volkstümlichen Gesprächs), das einen breiteren Leserkreis ansprechen soll und den Formen der mündlichen Kommunikation in hohem Maße entspricht – mehr als das ›romantisierte‹ Volkslied des *Wunderhorn* oder die stilisierten Märchen der Brüder Grimm. Bettina hat auch viel genauere Vorstellungen vom ›Volk‹ als die Heidelberger Romantik, die Handwerksburschen, Ammen und Soldaten als Vermittler von Volksdichtungen gleichermaßen verklärte und sich von der sozialen Realität dabei weit entfernte.

Bettina will nicht die etablierte Intelligenz ansprechen, von der sie annimmt, daß sie den Kontakt von König und Volk verhindert, sondern gerade die breite Schicht der lesekundigen Bürger, die verarmten Handwerker ebenso wie die Hausfrauen, die ihre Romanlektüre aus den Leihbibliotheken holten, die Oppositionellen der Linken ebenso wie die kritischen Studenten. Es geht ihr nicht nur darum, dem König die Wahrheit zu sagen, sondern sie will diese Wahrheit auch der breiteren Öffentlichkeit übermitteln. Dabei fungiert die »Frau Rath« als Identifikationsfigur, die zwar – wie Bettina – nicht zu den Ungebildeten oder gar zum vierten Stand gehörte – sich aber in ihrer Ausdrucksweise dem alltäglichen Umgangston anpaßte und auf diese Weise die Qualitäten eines (Frankfurter) ›Originals‹ annimmt. Daß sich diese Frau Rath dennoch energisch von der »vox populi« (Stimme des Volkes) absetzt, zeigt Bettinas Position: Von einer unkontrollierten Herrschaft des Volks hält sie nichts. Dieses Volk bedarf der Leitbilder, der Erziehung zu politischem Denken und ›Gemeinsinn‹:

»Wie soll die Volksstimme gelten, wo noch kein öffentlicher Geist, kein Gemeinsinn in ihr widerhallt? [...] die Vox populi [...] ist die Stimme von wilden Hunden, sie bellen wie toll um ihn [den Verbrecher] her, der mit Gewalt in den Abgrund gestürzt wird. Wölfe sinds, sie begleiten ihn mit gierigem Blick, sie wollen sein Blut lecken, dem betäubt von ihren Flüchen die Besinnung in Fasern martervoller Verzweiflung zerrissen ist.« (K/M 3, S. 140 f.; vgl. a. S. 138)

Das *Königsbuch* selbst soll bei dieser Erziehung zu politischem Bewußtsein mitwirken, und die breite Resonanz des Buches – die sich bei der scherzhaften Übernahme der Titelformel *Dies Buch gehört...* in zahlreichen zeitgenössischen Publikationen (vgl. Kat., S. 143, Härtl 1992a, S. 218 f.) ebenso zeigt wie in einer großen Zahl von Leserzuschriften (einige im Nachlaß erhalten) und Rezensionen (vgl. Härtl 1992a, S. 226-235) – spricht dafür, daß Bettina ihr Ziel zum großen Teil erreichte.

Bei der Kritik am preußischen Gefängniswesen, dem große Teile der Diskussion gelten, knüpft Bettina an das Engagement von Nikolaus Heinrich Julius (1783-1862) an. Aus einem Brief Arnims an Bettina vom 9. Juli 1829 geht hervor, daß Bettina Julius zu dieser Zeit schon persönlich kannte und beide Ehepartner regen Anteil an der Reform des Gefängniswesens nahmen (vgl. Kat., S. 98 ff.). Julius hatte sich als Armendistriktsarzt in Hamburg und auf Studienreisen nach England mit der staatlichen Handhabung des Armen- und Gefängniswesens seiner Zeit vertraut gemacht. Seine empirisch fundierten Ansichten vertrat er in seinen *Vorlesungen über die Gefängniß-Kunde*, die er 1827 in Berlin hielt und die sogar das Interesse des Kronprinzen Friedrich Wilhelm erregten. Ihm widmete Julius auch die 1828 in Berlin erscheinende, erweiterte Buchausgabe der Vorlesungen. Nach seiner Thronbesteigung 1840 berief Friedrich Wilhelm IV. Julius nach Berlin, um ihm Gelegenheit zur Verwirklichung seiner Ideen über den Strafvollzug zu geben. Julius verwickelte sich jedoch in Kämpfe mit den zuständigen Ministerien, die trotz der Protektion des Königs 1848 zu seiner Entlassung führten. Bettinas Auseinandersetzung mit den Problemen der Strafe und des Strafvollzugs im *Königsbuch* gehen essentiell auf Julius' Ansichten zurück, mit dem sie im brieflichen Kontakt blieb. Vor allem knüpft Bettina an seine Idee des »Zusammenhangs von Unwissenheit, fehlender Bildung und Kriminalität« an (vgl. Kat., S. 99 f.). Die Bestrafung sollte deshalb (nach Julius) vor allem die Form einer Besserung durch Bildung, Erziehung und sinnvolle Arbeit annehmen.

Sehr enge Beziehungen gibt es auch zu einer Reihe von religionsphilosophischen und politischen Thesen der Junghegelianer, wobei Härtl ein »Verhältnis von Abstand und Nähe« beobachtet, das sich bereits bei der Diskussion des *Günderodebuches* ergibt:

»Während Carriere und andere – vor allem Theodor Mundt – Bettina als Verkünderin einer neuen Religion gepriesen hatten, würdigte [Edgar] Bauer [in seinem Aufsatz *Die Bettine als Religionsschriftstellerin*, 1842]) ihr Buch als ›Aufhebung aller Religion‹ [...]. Bruno Bauers Polemik gegen zeitgenössische Exegeten der Evangelien entspricht diejenige der Frau Rat im Königs-Buch gegen die Kirchenväter und den mit ihr disputierenden Pfarrer. [...] Eduard Meyen stellte 1843 in einer Rezension des Königs-Buches ein Verhältnis von Abstand und Nähe zu den junghegelianischen Grundsätzen fest. Während Bettina ›das Naturrecht der freien Empfindung‹ verteidige, sei den theoretisch Radikalen ›das Selbstbewusstseyn [...] die vollendete Freiheit des Geistes‹. Sie streife ›an das Princip der neuesten Philosophie, ohne es jedoch festhalten zu können‹. [...]
Zwischen dem Königs-Buch und Edgar Bauers im selben Jahr fertiggestelltem Werk ›Der Streit der Kritik mit Kirche und Staat‹ sind [...] Analogien festzustellen [...] Edgar Bauer schrieb:
  Ihr müßt wissen, daß Verbrechen stets eine Folge, ein Erzeugniß dieser bestimmten Zustände sind: die Verbrechen sind die Ergänzungen der Institutionen, sind ihr umgekehrtes Bild.«
(Härtl 1992b, S. 228, 237, 231, 234)

Einige Passagen des *Königsbuchs* nehmen Bettinas Überlegungen zur Rolle des Souveräns wieder auf, die sie bereits in Briefen (und Briefkonzepten) an den Kronprinzen Karl von Württemberg (1823-1891, dem späteren König Karl I.) artikuliert hatte. Der im GSA Weimar aufbewahrte, bislang unveröffentlichte Briefwechsel aus der Entstehungszeit des *Königsbuchs* weist (nach Hahn 1971) eine enge inhaltliche Verwandtschaft mit dem *Königsbuch* auf, und Hahn bezeichnet diese Briefe sogar als »Vorstufen oder zum mindesten Vorstudien« dieses Buches. Auch zu dem Briefwechsel mit Friedrich Wilhelm IV. ergeben sich Parallelen, und das Buch fungiert in diesem Kontext als ›offener Brief‹, der die im internen (leider noch nicht vollständig edierten) Briefwechsel erörterten Diskussionen zusammenfaßt, weiterspinnt und publik macht.

Mit dem Satz »Am andern Tag komm ich angerennt« beginnt ein neuer, kurzer Abschnitt des *Königsbuchs*, in dem sich die (fiktive, junge) »Bettine« mit Frau Rath über den Pfarrer unterhält (K/M 3, S. 210). Diesem Dialog schließt das *Gespräch der Frau Rath mit einer französischen Atzel* (= Elster) an (ebd., S. 211). Frau Rath unterhält sich zunächst mit einem jungen Mädchen (»Bettine«) über die zugeflogene Elster, die dann jedoch – auf dem Kopf »Bettines« sitzend – ebenfalls »parlir[t]« (ebd., S. 380). Während Bettinas Argumente im Salongespräch mit Pfarrer und Bürgermeister allein von Frau Rath vertreten werden und die beiden Gäste als rechtschaffene Philister von ihr ›an die Wand geredet werden‹, spiegelt Bettina sich hier in allen drei Rollen.

Das *Königsbuch* steht mit diesem Rollenspiel am Ende einer langen Entwicklung: Die Autorin Bettina von Arnim wechselt ihre Masken. Sie verwandelt sich vom viel belächelten und oft verspotteten, öffentlich mißverstandenem, romantischen Schoßkind Goethes in seine Mutter, in eine alte weise Frau, eine vorausschauende Prophetin, eine weissagende Sibylle, eine Erd- und Weltmutter, die sich Proselyten wirbt, indem sie ihre Wahrheiten und Einsichten in die Öffentlichkeit trägt. Ein Spiel mit mythologischen Konfigurationen, die Bettina als Spiegelbilder ihres Selbst benutzt. Sowohl ihre Identifikation mit dem göttlich-weisen Kind Mignon als auch mit der Fruchtbarkeitsgöttin und Erdmutter Demeter/Ceres ist bei Bettina bereits früh biographisch belegbar. An beiden Identifikationsbildern hat sie lebenslang festgehalten, beide Bilder wurden von ihr künstlerisch verarbeitet und weiterentwickelt. Im mythologischen Typus des göttlich-unschuldigen Kindes ist die Umkehrung der fruchtbringenden Weisheit des reifen Alters als Facette schon enthalten und letztere ist von größerer Bedeutung. Schon in der klassisch-griechischen Götterkonstellation des Olymps ist die fruchtbarkeitspendende Demeter vor der kriegerischen Zeustochter Pallas Athene und vor der wankelmütig-egoistischen Liebesgöttin Venus die einzige weibliche Göttin von herausragender und eigenständiger Bedeutung. Das kommt zum Ausdruck, wenn sie aus Schmerz um ihre vom Gott der Unterwelt geraubte Tochter Persephone das Wachstum der Pflanzen verhindern, die Erde brachliegen und die Menschen verhungern lassen kann, bis ihr Wunsch nach Wiedervereinigung mit ihrem Kind respektiert wird.

Der letzte Teil des *Königsbuchs*, ein Anhang mit Berichten zur Situation in einer Berliner Vorstadt (dem Vogtland vor dem Hamburger Tor) stammt nicht von Bettina. Autor ist der Schweizer Student Heinrich Grunholzer (1819-1873), der seit 1842 für ein Jahr in Berlin studierte. Bettina lernte ihn im Februar 1843 bei den Grimms kennen (vgl. seine Tagebuchnotizen, Kat., S. 129 f.). Grunholzer war durch den Vorsteher eines Hilfsvereins auf die Armenhäuser vor dem Hamburger Tor aufmerksam geworden und machte sich dort Notizen über das Schicksal der einzelnen Familien. Auf diese Weise entsteht soetwas wie eine ›Sozialreportage‹ oder eine Art ›Dokumentation‹ zur Situation der Armen. Bettina kaufte dem Studenten seine Notizen für 50 Taler ab und versuchte vergeblich, ihn in Berlin zu halten und dem König vorzustellen. Ein Gespräch mit Savigny, von dem Grunholzer berichtet (Kat., S. 129), bestärkt ihn nur in der Annahme, daß die Regierenden sich selbst belügen, wenn sie über die Tatsache der in Preußen um sich greifenden Armut nichts wissen wollen:

»Was der Minister von Savigni über die Erfahrungen im Voigtlande gesagt hat, werden noch Viele nachsprechen. Es gibt keine höhere Politik, als sich selbst zu belügen. [...] Nun wird man aber in allen größern Städten Preußens Ähnliches finden. [...] das entworfene Bild [ist] [...] nur dazu gut, das große Werk einer gründlichen Untersuchung des Armenwesens anzudeuten.« (Kat., S. 129; zu den Positionen Grunholzers vgl. auch Kat., S. 108 f.)

Eine solche gründliche Untersuchung auf breiterer Materialbasis versuchte Bettina ein Jahr später selbst zusammenzustellen; insofern ist der Bericht Grunholzers im Anhang des *Königsbuchs* die Keimzelle des Armenbuchprojekts.

Die zeitgenössischen Rezensionen des *Königsbuchs* lassen erkennen, daß Bettina zentrale Fragen der politischen Diskussion anspricht. Karl Gutzkow (1811-1878), der bereits 1837 eine Reportage über einen Besuch bei Bettina veröffentlicht hatte, schreibt zum II. Teil:

»Man hat diese Parthie des Buches communistisch genannt. Man höre, was er erhält, und erstaune über dies sonderbare Neuwort: Communismus. Ist die heißeste, glühendste Menschenliebe Communismus, dann steht zu erwarten, daß der Communismus viele Anhänger finden wird. [...] ja ich nenne sie die *communistische* Frage: was soll geschehen, um den Menschen dem Menschen zu retten, das Band der Bruderliebe wieder anzuknüpfen und einer unheilschwangern, furchtbar drohenden Zukunft vorzubeugen? Diese Frage wird um Antwort drängen und die Antwort wird nicht in Phrasen, nicht in Almosen, sondern in durchgreifenden Schöpfungen bestehen müssen.« (zit. nach Kat., S. 107 f.; vgl. auch die Rezension von Moriz Carriere, ebd., S. 144 f.)

Zahlreiche weitere Rezensionen stellt Heinz Härtl zusammen (Härtl, 1992a, S. 226-235), der auch Bettinas Rolle im Kreis der Junghegelianer ausführlich dargestellt hat (1992b, S. 213-254). Sein Fazit ist:

»[...] die auf Friedrich Wilhelm IV. gerichtete Bettinasche Erwartungshaltung [...] war, im politischen Sinn und gemessen am Standard der politischen Einsichten ihrer Sympathisanten, nicht oder kaum anachronistisch. Selbst die Junghegelianer propagierten um 1841 die liberale Forderung einer konstitutionellen Monarchie und gingen erst 1842 zur Diskussion der parlamentarischen Demokratie über. [...] Bei aller Disparität der zeitgenössischen Aufnahme des ›Königsbuches‹ ist doch seine intensive und überwiegend positive Rezeption durch die Liberal-Demokraten und Frühsozialisten als ein übergreifendes Element hervorzuheben.« (1992a, S. 218 u. 220)

Eine besondere Rolle bei der Rezeption spielt der Anhang Grunholzers, der »in Zusammenhang mit Eugène Sues kurz zuvor erschienenem Erfolgsroman ›Les Mystères de Paris‹ [...] ganz erheblich auf die neu entstehende Berliner ›Mysterien‹-Literatur und auf Pauperismus-Darstellungen und -Diskussionen« wirkte (ebd., S. 222). Sehr anschaulich beschreibt Hermann Püttmann Bettinas Wendung zu den unteren Klassen in der *Kölnischen Zeitung*:

»Bettina, die Baronesse, streitet für den Sieg des Fortschritts, nimmt das Volks in Schutz, das *arme* Volk, das *verbrecherische* Volk, und scheut sich nicht, die schwielenbedeckte Hand des Arbeiters möglichst derb zu drücken und dem feinen Hofmann keck in den wohlriechenden Bart zu lachen.« (ebd., S. 221)

Adolf Stahr (1805-1876), ein Oldenburger Lehrer, der über seine Kritik des *Goethebuchs* mit Bettina Kontakt gewonnen hatte, veröffentlichte bereits 1843 (mit der Jahreszahl 1844) eine als Rezension getarnte Schrift mit dem Titel *Bettina und ihr Königsbuch*. Die »Flugschrift von 55 Octavseiten« (Bezeichnung der Prozeßakte; vgl. Kat., S. 132) bietet im wesentlichen wörtliche Auszüge aus Bettinas Buch. Isoliert und konzentriert dargeboten sind Bettinas Thesen politisch außerordentlich brisant. »Ihre Recension [...] hat einen guten Effect gemacht«, schreibt Bettina am 21. 11. 1843 an Stahr, »denn sie ist sogleich confiscirt worden und zwar durch den Minister Arnim[-Boitzenburg]« (Kat., S. 132). Am 23. 2. 1844 sprach das Oberzensurgericht in Berlin das endgültige Verbot aus. Eine andere Form der Tarnung vor der Zensur verwendet die Broschüre *Ruchlosigkeit der Schrift: ›Dies Buch gehört dem König‹. Ein unterthäniger Fingerzeig, gewagt von Leberecht Fromm* [d. i. vermutlich Wilhelm Marr] (Bern 1844; vgl. Kat., S. 133 f.). Hier wird eine scheinbare Gegnerschaft zu Bettinas Text aufgebaut. Ein Verbot wurde auch bei dieser Satire erwogen.

Während in Preußen nur der Auszug Stahrs beschlagnahmt wurde, war der Vertrieb des *Königsbuchs* in Bayern verboten (vgl. Tb 2, S. 251). Bettinas Begleitbrief an Ludwig I., in dem sie auf die Kontakte in der Jugendzeit Bezug nahm (vgl. Kat., S. 146), änderte daran nichts.

3. Das Armenbuchprojekt (1844)

Keimzelle des *Armenbuchs* sind die Sozialreportagen des Schweizer Studenten Grunholzer im Anhang des *Königsbuchs* und deren Resonanz. Bettina hatte erfahren müssen, daß man die kaum anfechtbaren Wahrheiten dieser Berichte aus der Armenvorstadt Berlins wenige Meilen entfernt nicht mehr glauben wollte. Obwohl in diesem Teil des Buches nichts als nackte Fakten übermittelt werden, zweifelten einflußreiche Freunde und Verwandte (wie Friedrich Karl von Savigny und seine Frau Gunda) den Wahrheitsgehalt dieser Dokumentation an.

Bettina zog daraus den richtigen Schluß, daß die begüterten Bürger Berlins (und die politisch einflußreichen Kreise des Hofes) die Tatsache wachsender Armut nicht wahrhaben wollten, daß sie vor der sozialen Realität die Augen verschlossen. Abhilfe konnte hier nur durch gezielte Aufklärung erreicht werden. Bettina beschloß deshalb, ein Buch über die Armut zu veröffentlichen, ein Entschluß, bei dem sie sich auf eine Preisfrage der Potsdamer Regierung des Jahres 1842 berufen konnte: »ob die Klage über die zunehmende Armut begründet sei, was die Ursachen und Kennzeichen der Verarmung seien und durch welche Mittel einer zunehmenden Armut könne gesteuert werden« (Vordtriede 1962, S. 382). Bereits Anfang März 1844 wandte sie sich an den als fortschrittlich bekannten schlesischen Fabrikanten Friedrich Wilhelm Schloeffel, mit der Bitte, ihr Material zu schicken. Denn Schlesien war zu dieser Zeit das Armenhaus Preußens. Die Entwicklung des mechanischen Webstuhls hatte dazu geführt, daß die meist in Heimarbeit tätigen Weber in Schlesien arbeitslos geworden waren bzw. von den Fabrikanten derart ausgebeutet wurden, daß eine menschenwürdige Existenz nicht mehr möglich war. Schloeffel stellte am 10. März in Eichberg bei Hirschberg eine Liste mit statistischen Angaben zu 92 Armen auf, die er durch »Abgabenerheber« (Steuereinzieher) und Orts-Schulzen bestätigen ließ (ebd., S. 384). Die Darstellung zur Situation der mit Namen und Adresse genannten Familien ähnelt z. T. den Angaben im Anhang des *Königsbuchs*, bleibt jedoch in der Regel lakonischer. Wie in einer Statistik werden Einkünfte und Ausgaben aufgelistet:

»Carl Hielscher in Lomnitz, 66 Jahre alt, evangelisch, verheirathet, besitzt ein für 30 rx erkauftes Häuschen, worauf 11 rx Schulden haften, spinnt mit seiner Ehefrau wöchentlich 4 Strähne Garn mit 2 Sgr Gewinn, und zahlt jährlich

a) Königliche Abgaben
   Classensteuer, nichts wegen des hohen Alters
   Grundsteuer   23 Sgr [Silbergroschen]
b) Gemeindesteuern   14 Sgr 5 Pfg
c) an das Dominium   3 Rhtlr 27 Sgr.« (ebd.)

Am Schluß der Liste heißt es:

»Die Liste habe ich geschloßen und die massenweise heranströmenden Armen, welche von meiner Thätigkeit Milderung ihres Nothstandes hofften, nachträglich abweisen müßen, weil ich mit Gegenwärtigem schon ein redendes Zeichen des Jammers gegeben zu haben vermeine. Möge Gott den Armen beistehen, indem er das Herz der Mächtigen ihnen zuwende.« (ebd.)

Schloeffel »wirkte in den vierziger Jahren an führender Stelle innerhalb der schlesischen Opposition mit, der auch Wilhelm Wolff, Eduard Pelz (Pseudonym Treumund Welp) und Isidor Pinoff angehörten« (Rudert 1991, S. 140). Mehrere Verbindungsfäden laufen von dieser schlesischen Oppositionsgruppe, die von der preußischen Polizei überwacht wurde, zu Bettina. Pinoff hatte das *Königsbuch* im März 1844 in den *Schlesischen Provinzialbättern* als »Meisterwerk deutscher Social-Literatur mit einer unübertrefflichen Geistesschärfe« gelobt (vgl. Härtl 1989, S. 224, 231); auf welche Weise der unmittelbare Kontakt mit der Verfasserin zustandekam, ist noch nicht bekannt. Der Verlauf der Informationsstränge nach Schlesien ist nur schwer zu ermitteln, weil Bettina ebenso vorsichtig war wie ihre Partner in Schlesien und vermutlich Botschaften und Materialien durch Boten übermittelt wurden. Aus den in Bettinas Nachlaß überliefertem Material ist jedoch ersichtlich, daß Publikationen Pinoffs aus der *Breslauer Zeitung* vom Februar 1844 und handschriftliche Augenzeugenberichte des Schweidnitzer Arztes (mit dem Datum 18. Juni 1844) Bettina erreichten (vgl. Kat., S. 135, 141 f.).

Karin Rudert hat im einzelnen gezeigt, wie Bettina den »berühmten Kasemattenartikel von Wilhelm Wolff (1809-1864)« vom 18. November 1843 für das *Armenbuch* verarbeitete. Entgegen ihren sonstigen Gepflogenheiten bei der Überarbeitung von Texten kürzte sie radikal und konzentrierte sich auf Wesentliches (Rudert 1991, S. 139 u. 143-148). Rudert beobachtet eine Verknüpfung mit den »Nachwort«-Entwürfen, stellt dann jedoch fest:

»Bettine gelingt es indes nicht, am Schluß des Textes ihr vordringendes, die ›Wahrheit‹ kennendes Ich zurückzuhalten. Auslöser des Bruchs, der sich auch im veränderten Stil widerspiegelt, ist der von ihr zitierte Ausruf, den jemand unter die ›Notiz‹ gesetzt hatte: ›*Ich möchte nicht der König von Preußen sein!*‹ [...] Insbesondere an diesem schroffen Stilbruch läßt sich das Unausgereifte des im übrigen nicht im Zusammenhang abgefaßten Textes erkennen.« (Rudert 1991, S. 148 f.)

Nach Vordtriede (1962, S. 380) ließ Bettina »am 15. Mai 1844« in allen großen Zeitungen Deutschlands Notizen über ihr Projekt erscheinen (vgl. die Reproduktion aus der *Magdeburgischen Zeitung* bei Hirsch 1992, S. 94). Härtl hat die erschienenen Artikel recherchiert und kommt zu dem differenzierenden Ergebnis:

»Die meisten Einsendungen aus Schlesien erhielt Bettina, bevor der Aufruf zum ›Armenbuch‹ am 15. Mai 1844 in der ›Magdeburger Zeitung‹ erschien und danach von anderen Zeitungen übernommen wurde: in der ›Kölnischen Zeitung‹ am 18., in der Augsburger ›Allgemeinen Zeitung‹ am 23. Mai. Vor dem Aufruf verfaßte Schriftstücke Bettinas mit der Aufforderung, zum ›Armenbuch‹ beizutragen, sind nicht bekannt, doch wußte man nicht nur in Schlesien bereits Anfang des Jahres von ihren Absichten.« (Härtl 1989, S. 129)

Härtl geht davon aus, daß Bettina die schlesischen Materialen bereits setzen ließ, als die Einsendungen aufgrund der Zeitungsnotiz eintrafen.

Das zugeschickte und gesammelte Material ist sehr heterogen: persönliche Bittschriften, statistische Materialien, Denkschriften, Zeitungsartikel. Bettina hat lediglich das schlesische Material für den Druck vorbereitet. Sie sah eine Denkschrift Schloeffels für den Druck vor und korrigierte die Listen, indem sie beispielsweise die Hausnummern tilgte. Zugleich begann sie mit der Formulierung eines Textes, der vermutlich als Nachwort des Buches fungieren sollte: In ihrem Brief an Humboldt (s. u.) spricht sie davon, sie wolle ihre »Ideen« dem Gesammelten »anreihen«.

Über den Stand des Projekts sind wir nur durch Briefe und die Eingriffe in die überlieferten Manuskripte informiert. Im Juni stellt sie das Projekt, das ihr »mehr [als der *Frühlingskranz*] am Herzen liegt«, in einem Brief an Humboldt so dar:

»Es ist die Beantwortung der Preisfragen, die von der Potsdamer Regierung Anno 1842 gestellt über das Zunehmen der Armut, und wie ihr zu steuern sei. – Der Preis ist gewonnen, allein dem Übel nicht gesteuert. Ich habe mir die bescheidne Aufgabe gemacht, alles mir darüber Mitgeteilte zu ordnen und meine Ideen dem anzureihen. Eine so wichtige Zeitfrage kann nur durch allgemeine Ermittlung ausgefördert werden. Der Schwanenorden [eine von Friedrich Wilhelm IV. erneuerte Institution mit sozialen Aufgaben] hat mich zu dieser Unternehmung angeregt, und manche Ideen, die durch ihn ausführbar sein würden, haben mich angefeuert. – Sollte es diesem Buche ebenso gehen wie dem andern [dem *Frühlingskranz*], so würde ich vorziehen, es an einem andern Orte drucken zu lassen; ich habe den Ertrag für den Armen bestimmt; ich muß dafür sorgen, daß es nicht eine Beute des Unverstandes werde. Man hat dies Buch schon verleumdet, obschon sein Inhalt nicht bekannt ist.« (Schultz 1987b, S. 225 f.)

Varnhagen scheint Bettina anfänglich nicht ins Vertrauen gezogen zu haben, denn sein Tagebuch berichtet ohne Erwähnung ihres Buchplanes über den Weber-Aufstand und Bettinas Empörung über die bewaffneten Auseinandersetzungen und den Tod des Schneidergesellen Karl Otto (9./10. Juni 1844, Tb 2, S. 307 f.). Erst am 24. Juni 1844, als Humboldt bereits von der Fertigstellung abrät (Tb 2, S. 315), wird das Projekt von Varnhagen erstmals erwähnt.

Die mit Rötelstift in den Originalen vorgenommenen Eingriffe betreffen im wesentlichen die Denkschrift Schloeffels und einige Listen. Trennstriche, die nur als Grenzzeichen für die Druckbogen gedeutet werden können, haben die Funktion, die Orientierung beim Korrekturlesen zu erleichtern. Der Setzer, Bettina oder ein Gehilfe trugen den Beginn der einzelnen Druckbögen in die zugrundeliegenden Manuskripte ein. Da sich die Handschriften erhalten haben – sie werden heute im Freien Deutschen Hochstift aufbewahrt – läßt sich erkennen, wie weit der Satz des Buches fortgeschritten war und welche Handschriften zweifelsfrei für den Druck ausgewählt wurden. Als Umfang des gesetzten Textes ergeben sich 15-17 Bogen (Ein Bogen umfaßt 16 Seiten, und mit dem Beginn des 16. Bogens war die Seite 241 erreicht; Härtl geht von 17 Bogen aus [1989, S. 128].) Ein Brief an Alexander von Humboldt (kurz nach dem 9. Juni 1843 geschrieben) deckt sich mit diesem aus den Handschriften erschließbaren Tatbestand. Bettina schreibt:

»Mein Manuscript vom Buch für die Armen, was ich dem Schwanenorden widmen wollte und was schon zum 15. Bogen gediehen ist, hab' ich einstweilen zurückgenommen. Wenn man mir an einem andern Druckort auch noch so viel Chicanen macht, es wird mir erträglicher sein als hier unter den Augen des Königs.« (Vordtriede 1962, S. 388)

Trotz der weit gediehenen Vorbereitungen für den Druck stellt die Edition des *Armenbuchs* bis heute ein editorisches Problem dar (vgl. Schultz 1987), denn der Rückschluß, daß alle nicht markierten Manuskripte des Konvoluts ausgeschieden wurden, ist nicht möglich, und sichere Hinweise darauf, daß die erhaltenen Materialien vollständig sind, gibt es ebenfalls nicht.

»Abgrenzungsentscheidungen über Aufnahme und Nichtaufnahme sind also bei der Edition des ›Armenbuch‹-Materials unvermeidbar. Sie sind eine Folge der partiellen Unbestimmbarkeit der Herausgeberabsicht Bettinas, die ein exaktes Editionskonzept nicht hinterlassen und wohl auch nicht gehabt hat. [...] Der Charakter des überlieferten Werks [?] läßt sich vage als Mischung von Fragment und Projekt einer Dokumentation bestimmen.« (Härtl 1989, S. 129 u. 133)

Bettina hat nach dem Scheitern des Projekts noch jahrelang weiter »Armensachen« gesammelt und auch nach 1844 erschienene Broschüren zum Thema Armut in ihre Sammlung einverleibt, später jedoch Materialien an Varnhagen verschenkt (vgl. Tb 13, S. 175; 3. 10. 1856) und im *Dämonenbuch* verarbeitet. Ihre Mitarbeit an der 162seitigen Broschüre *Ueber Industrialismus und Armuth* des Schweden Georg Svederus, die – wie der *Frühlingskranz* – bei Egbert Bauer in Charlottenburg 1844 erschien, wirft weitere Abgrenzungsprobleme auf. Bettina hat den Text teils eigenhändig korrigiert und ergänzt, teils von ihrem Sekretär Konrad Maßl korrigieren lassen. Auf ihre Kosten wurden 750 Exemplare gedruckt. Da sich das Thema weitgehend mit dem ihres *Armenbuchs* deckt, war vielleicht ein Teil dieses Textes für die Aufnahme im *Armenbuch* vorgesehen, das ja zum größeren Teil aus Fremdtexten bestehen sollte. Ob es jedoch zulässig ist, die von Bettina selbst geschriebenen Passagen einfach zu isolieren und in das *Armenbuch* zu integrieren (so Vordtriede 1962 und Härtl 1989, S. 133), ist mehr als fraglich.

Einzelne unter den »Armensachen« im Nachlaß Bettinas überlieferte Briefe tragen Notizen wie »auch bestimmt für den Druck einer Sammlung von Erfahrungen als Armenbuch« (Mai/Juni 1846) oder »Zu den Armenpapieren« (Härtl 1989, S. 129). Der Herausgeber hat Entscheidungen zu fällen, die Bettina selbst – die stets beim Setzen der Bücher noch entscheidende Eingriffe vornahm – noch gar nicht gefällt hatte; er muß wohl oder übel das Material ›im Sinne der Autorin/Bearbeiterin Bettina‹ zu gestalten versuchen, denn die 17 bereits gesetzten Bogen sind verschollen, und was »auf den ersten vier stand, ist nicht bekannt [...]« (Härtl 1989, S. 128). Der Text des von Bettina verfaßten ›Nachworts‹ (in vier Fassungen bei Vordtriede 1962 gedruckt) hat noch den Charakter eines Entwurfs. Das zentrale Problem ist dabei, daß Bettina selbst offensichtlich die Struktur des Textes noch nicht bestimmt hatte. Alle ihre vorausgehenden Publikationen leben von der Brief- oder Gesprächskonstellation. Im *Königsbuch* hat der Anhang mit den ›Sozialreportagen‹ die Funktion eines Beispiels: Was in den Gesprächen über die Situation des Milieus, aus dem die Verbrecher stammen, behauptet wird, demonstrieren die Aufzeichnungen des Schweizer Studenten am Exempel des Vogtlandes. Im überlieferten (und für den Druck präparierten) Teil des *Armenbuchs* scheinen Statistiken und Denkschriften im

Vordergrund zu stehen, die Verbindung mit den Entwürfen zum ›Nachwort‹ Bettinas und mit Korrespondenzen und Publikationen zur Armenfrage ist noch offen; die tragende Struktur fehlt. Die ›Gattungsfrage‹ ist deshalb keine »sekundäre« Frage (Härtl 1989, S. 133), sondern war bereits Bettinas Problem, das der Herausgeber nicht nachträglich für sie lösen kann, indem er alle nur erreichbaren Materialen mischt oder eine neue Struktur nach den Kriterien einer modernen Edition ›überstülpt‹. Bettina kam bezeichnenderweise nach dem unvollendeten Armenbuchprojekt auf die ›Gattungen‹ zurück, die sie beherrschte: Sie veröffentlichte erneut einen Briefwechsel (*Ilius*; als Brief*wechsel* nicht abgeschlossen) und ein Gesprächsbuch (*Dämonenbuch*). Wie sie das *Armenbuch* im einzelnen strukturieren wollte, ist nicht geklärt. Selbst die Reihenfolge der Texte und Bögen war mit dem Vorliegen einer Reihe von Druckbögen keinesfalls fixiert: Bis zur letzten Phase vor dem Binden eines Buches können Ergänzungen und Umstellungen vorgenommen werden – und Bettina war bei den Setzern wegen später Eingriffe geradezu berüchtigt! Auch ist die Frage der Auswahl und Kürzungen bei Denkschriften und Briefzusendungen zu klären. Bettinas Notiz »Zu den Armensachen« heißt ja nicht: Zur Publikation ausgewählt oder vorbereitet, sondern: bei einem eventuellen Druck durchzusehen, zu berücksichtigen. Möglicherweise hat sie das Projekt auch deshalb nicht weiter bearbeitet, weil sie noch keine Lösung für diese Strukturprobleme gefunden hatte. Nur eines scheint klar: Bettina hätte zweifellos nicht – wie Härtl plant – »alle erreichbaren und diesbezüglichen Texte« ohne weitere Bearbeitung zusammengestellt (Härtl 1989, S. 131 u. S. 129 f.) und mit Sicherheit nicht Tagebuchnotizen Varnhagens und Rudolf Baiers integriert (ebd., S. 131)! Wie problematisch jedoch eine solche ›Dokumentensammlung zur Geschichte dieser Dokumentaion‹ ist (die Härtl gar nicht anstrebt, jedoch faktisch konzipiert; vgl. ebd., S. 131 u. 133), erhellt die Tatsache, daß Bettina selbst das *Armenbuch* bereits im Juni 1844 abbrach (ebd., S. 131) und wenig später offensichtlich ganz andere Intentionen verfolgte. Varnhagen notiert am 1. Oktober 1844:

»Bettina von Arnim wurde neulich vom Fürsten von Lynar besucht, der über die Eisenbahnen geschrieben hat und nun über das Armenthum schreiben will; er sagte zu Bettinen, er sei auf glückliche Gedanken über diesen Gegenstand gekommen, und entwickelte ihr genau diejenigen, die er, wie sie sagt, vor einem halben Jahre von ihr gehört hat. Sie meinte darauf, ja, solche Gedanken habe sie früher auch gehabt, aber seitdem ganz verworfen und dafür ganz neue erhalten, die weit praktischer seien; als er befremdet und neugierig diese nun wissen wollte, verweigerte sie jede Auskunft und meinte, noch dürfe sie nicht darüber sprechen.« (Tb 2, S. 376)

Es wäre leichtfertig, Bettinas Behauptung, sie habe neue Ideen, die »praktischer« wären, als Koketterie einer gekränkten Autorin abzutun. Gerade durch den Prozeß gegen Schloeffel, den sie nun dokumentieren will, hatte sie ja erfahren, daß die Veröffentlichung von Fakten nicht nur den Unwillen der preußischen Behörden auslösen, sondern auch eine Strafverfolgung wegen Hochverrats nach sich ziehen konnte. Es reichte nun nicht mehr, lediglich die nackten Daten zu publizieren. Dokumentiert werden mußten dieser Prozeß sowie der Weberaufstand selbst und die unangemessenen Reaktionen des preußischen Militärs. Ein Bericht des Augenzeugen Dr. Pinoff (vgl. Kat., S. 141 f.) und möglicherweise auch Bettinas Denkschrift über Schloeffel, die sie am 18. Juli 1845 (!) dem König sandte (Teildruck bei Püschel 1965, S. 310-313), gehören nun zum Gegenstand des grundlegend *veränderten* Projekts. Aus dem (fragmentarischen) Projekt »Armenbuch« (bis Juni 1844) wird ein späteres, schwer eingrenzbares Projekt »Armensachen vom und zum Armenbuch« oder »Sammlung von Erfahrungen als Armenbuch« (Bettinas Formulierungen; die letzte aus dem Mai/Juni 1846!), wobei das Material des ersten Projekt vermutlich weitgehend im zweiten aufgegangen ist, die Dokumentation zum Scheitern des ersten Projekts jedoch noch gar nicht strukturiert wurde. Härtls Konzept trägt dieser chronologischen Trennung keine Rechnung, nimmt Anachronismen bewußt in Kauf (vgl. Härtl 1989, S. 131) und müßte erneut durchdacht werden, bevor es realisiert wird. Gerade die Trennung von schlesischen und nicht-schlesischen Materialien kann nicht überzeugen, denn die aufgrund der Zeitungsnotizen eingegangenen Materialien entsprechen dem ursprünglichen Plan Bettinas, »den Zustand des Armenwesens in Gemeinden, Kreisen, Bezirken, Provinzen u. s. w. des gesamten« Deutschen Vaterlandes« darzustellen (Zeitungstext; vgl. Härtl, 1989, S. 130).

Der heutige Herausgeber muß mit aller Sorgfalt unterscheiden: den von Bettina intendierten Armenbuchtext [1844], die von ihr intendierte Dokumentation zum Scheitern des Projekts durch den Aufstand [nach 1844] sowie eine Dokumentation des (heutigen!) Herausgebers, die in einem Kommentarteil zeitgenössische Tagebuchaufzeichnungen bieten kann.

Die Edition des Deutschen Klassiker Verlags beschränkt sich – den Editionsprinzipien entsprechend – auf eine Teilpublikation des Materials und löst zunächst die Editionen Vordtriedes ab, die auf den Abdruck der Armenlisten fast gänzlich verzichtet hatten und den Kern des Projekts verfehlen. Eine umfassende kritische Ausgabe mit einer Rekonstruktion der verschiedenen Entstehungsphasen des Projektes steht weiterhin aus.

Inwieweit die Behauptung des preußischen Innenministers von Arnim, Bettine sei die »Ursache des Aufstands« (Vordtriede 1962, S. 391) auf genauen Kenntnissen ihres Armenbuchprojekts beruht, ist unklar. Mit Sicherheit kannte er die Ankündigung des Projekts aus der Presse und wußte Einzelheiten aus der Briefüberwachung, die seit dem *Königsbuch* eingesetzt hatte (Vordtriede 1962, S. 380 f.). In seinen Äußerungen bezieht er sich zwar auf das *Königsbuch*, nennt jedoch ausdrücklich auch Briefe der Autorin (vgl. Tb 2, S. 314). Varnhagen berichtet am 20. Juni 1844:

»Bettinens von Arnim schönes Wort, er [der König] solle den Dom in Tausenden von Hütten bauen, wird jetzt viel gehört und belobt (Tb 2, S. 315; nach Varnhagen stand der Satz zuerst in einem Brief an Humboldt in der Fassung, »der König möge ›den hier beabsichtigten Dom in tausend Hütten in Schlesien bauen!‹«; 12. 6. 1844, Tb 2, S. 311)

Die nächste Notiz (datiert 24. Juni 1844) lautet dann: »Humboldt [...] räth Bettinen im Vertrauen, ihr ›Armenbuch‹ lieber auswärts drucken zu lassen« (Tb 2, S. 315), ein Rat, dem Bettina zunächst folgen wollte, denn Härtl berichtet: »Es gibt mehrere Briefe aus dem zweiten Halbjahr 1844, die belegen, daß sie den Druck des ›Armenbuchs‹ im Ausland, außerhalb Preußens, fortsetzen wollte« (Härtl 1989, S. 130). Möglicherweise hat Bettina die Druckfahnen durch Boten außer Landes gebracht, um sie als Druckvorlage in einem anderen Verlag zu nutzen. Genaueres ist jedoch noch nicht bekannt, und die Druckbögen sind bis heute verschollen.

Die Nachrichten über die schlesischen Ereignisse in Berlin drangen rasch nach Berlin. Am 9. Juni 1844 meldet Varnhagen: »In Schlesien Weberunruhen, Truppen aus Schweidnitz, scharf geschossen, mehrere Menschen geblieben« (Tb 2, S. 306). Am nächsten Tag heißt es:

»Traurige Nachrichten aus Schlesien, der Aufstand der Weber im Gebirge nimmt zu, die Truppen sind zurückgedrängt worden, ungeachtet sie scharf geschossen und viele Gegner getödtet oder verwundet hatten; [...] welch ein Elend muß geherrscht haben, und welches Unglück ist wieder dieses Ereigniß! [...] Man sagt, in Schlesien liege aller Orten der Zunder des Aufstandes ausgestreut, es brauche nur geringer Anlässe, und gleich würden die Flammen emporschlagen.« (Tb 2, S. 307)

Die Berliner Behörden versuchen die Ereignisse herunterzuspielen:

»Ueber die Weberunruhen in Schlesien giebt es mannigfache Berichte; die Behörden suchen die Sache gering zu nehmen, doch ist das allgemeine Gefühl sehr aufgeregt, und die Regierung wird hart getadelt, daß sie nicht längst an Abhülfe schreiender Mißbräuche gedacht, unter denen die Weber schrecklichen Druck leiden.« [11. Juni 1844]

»Minister Savigny schimpft erzürnt die Schlesier schändliches Volk, eine
von jeher schlechte Provinz, es müsse mit den schlechten Kerls ohne Erbarmen verfahren werden!« [15. Juni 1844]
»Große Wuth herrscht am Hof und in den Oberbehörden gegen die schlesischen Weber, jeder Minister glaubt den andern und dem Könige zu schmei-
cheln, wenn er über die Verruchtheit der Aufrührer loszieht, wenn er die
härtesten Strafen für sie begehrt. Man unterläßt nicht, auch von Aufwieg-
lern im politischen Sinn, von bösen oder wenigstens unbesonnenen Schriftstellern zu sprechen, man deutet auf Bettinen von Arnim, auf Herrn Pelz
(Treumund Welp), auf jede Schrift hin, wo vom Volke mit Antheil gesprochen wird. [...] Auf dieser Seite ist keine Menschlichkeit, kein Erbarmen,
keine Besinnung mehr.« [16. Juni 1844]
»Lied aus Schlesien, ›die Klagen der Weber‹ [...]. Von sozialistischen oder
kommunistischen Einwirkungen keine Spur, alles nur platter Ausdruck der
Noth und des Hungers. Die Behörden behaupten dagegen trotzig, es gäbe
Verdienst genug, aber die Leute wollten nicht arbeiten, oder verthäten ihren Gewinn in Branntwein.« [19. Juni 1844] (Tb 2, S. 309, 312-314)

Angesichts dieses Hochmuts der Berliner Regierungskreise kamen
Bettina offensichtlich Zweifel, ob politische Aufklärung, soziale Ein-
richtungen, Plädoyers für einen aufgeklärten König und eine konstitutionelle Monarchie die Lage in Preußen entscheidend verändern
konnten. Auf eine Bemerkung einer »Frau von S.« (vermutlich ihrer
Schwester Gunda) reagiert sie in scharfer Form und rechtfertigt indirekt einen revolutionären Umsturz. Varnhagen berichtet am 29.
November 1844:

»Gestern Mittags kam Bettina von Arnim; wir sprachen über den Verein
zur Erleichterung der Arbeiternoth, über den Schwanenorden etc. Frau von
S. sagte salbungsvoll, Armuth müsse sein, Gott habe sie eingesetzt, er werde
wissen zu welchem Zwecke! Bettina erwiederte mit Empörung, habe Gott
die Armuth eingesetzt, nun so habe er auch die Revolution eingesetzt, die
Guillotine, und darein müsse man dann eben so [= ebenso] fromm sich fügen! Der Minister von Savigny spricht heftig über die Frechheit und den
Unverstand, die Ausstellung des Bildes ›die armen Weber‹ in dieser Zeit
veranlaßt und gestattet haben.« (29. Nov. 1844; Tb 2, S. 403)

Möglicherweise änderte sich die Planung des *Armenbuchs* unter dem
Eindruck dieser Ignoranz der oberen Gesellschaftsschichten. Völlig
aufgegeben hat Bettina ihren Plan am Ende des Jahres jedenfalls
noch nicht. Ein Brief an den Sohn Friedmund, den Härtl auf »etwa
Januar 1845« datiert (Härtl 1989, S. 133), enthält die Bemerkung,
das Armenbuchprojekt werde »wieder bearbeitet [...] in der Schmie-
de der Druckerei« (ebd.), scheint aber keine genaueren Angaben zu
enthalten. Der berechtigte Verdacht, daß ihre Post überwacht wurde, führte dazu, daß Bettina ihre Spuren verwischte. (Die *Polenbroschüre* etwa lancierte sie trotz der Überwachung ihres Briefverkehrs

nach Frankreich zum Druck.) Die Bemerkung zur Fortsetzung des Drucks könnte demnach auch als Ablenkungsmannöver, als bewußte Irreführung gedeutet werden. Bettina legte eine falsche Fährte, sie foppte die mitlesenden Behörden und hatte möglicherweise 1845 noch keine konkreten Verlagskontakte zum ›Ausland‹, die eine rasche Publikation ermöglicht hätten.

Daß sie zu dieser Zeit noch an dem Projekt arbeitete, belegt die ›Geschichte vom Heckebeutel‹, eine »Kostbarkeit Bettinischer Erzählkunst«, die Vordtriede (im Sinne der oben angedeuteten sinnvollen Differenzierungen) nicht als Teil des *Armenbuchs* versteht, obwohl sie zum ›Konvolut der Armenpapiere‹ gehört:

»Dieser Text kann nicht als eigentlicher Teil des Armenbuches gedacht gewesen sein. Er entstand ja erst ein Jahr später, als der Plan zu dem Buche schon fallengelassen war. Auch ist diese Armengeschichte in Ton und Ausdruck völlig verschieden von allem Übrigen. Hier spricht nicht die Sibylle, sondern die in der Gesellschaft stehende Baronin Arnim. Nicht Ideen, sondern Beschreibung eines Menschen. Der Bericht war vermutlich an den Prinzen Waldemar gerichtet, der dem Hause nahestand und mit den Töchtern Maxe und Armgart befreundet war.« (Vordtriede 1962, S. 497)

Vordtriedes Zuordnung zur zweiten, erweiterten Phase des Armenbuchprojekts ist kaum anzufechten, da eine der Text-Fassungen mit der Datumsangabe »am 13ten Juni 1845« schließt (ebd., S. 517), die stilistisch begründete Absonderung von den übrigen Materialien kann jedoch nicht überzeugen. Was bereits für das *Königsbuch* galt, ist im Falle des Armenbuchprojekts noch deutlicher: Bettina spricht aus wechselnden Rollen; sie verbindet kühn disparate Textelemente. Alle Anzeichen sprechen dafür, daß Bettina in jeder Phase der Planung des Armenbuchprojekts an ein Buch dachte, das die Armutsproblematik aus ganz verschiedenen Perspektiven beleuchtete und daher aus mehreren Teilen unterschiedlichen Charakters bestand.

Die ›Erzählung vom Heckebeutel‹ handelt von einer armen 89jährigen Frau, deren Kinder und Kindeskinder von allen möglichen Schicksalsschlägen getroffen werden. Bettina hilft ihr immer wieder mit einer Spende aus dem Heckebeutel auf. (Der Heckepfennig ist ein Zaubergeld, das sich selbst vermehrt.) Am Schluß heißt es:

»Diese kleine Armengeschichte ist ganz nach der Wahrheit geschildert und ist selbst dabei kein Wort hinzugesezt von dem was die Frau gesagt hat; – ich habe sie niedergeschrieben weil meine Kinder mir sagten seine Königliche Hoheit habe ihnen anbefohlen die Verwendung der beiden Goldstücke [im Heckebeutel] ihm mitzutheilen.« (Vordtriede 1962, S. 515)

Während diese Geschichte Märchenelemente aufnimmt, schildert Bettina im sogenannten Nachwort sehr eindringlich die Situation in

Schlesien. Die Argumentation erinnert hier eher an das *Königsbuch* und an Briefe, in denen sie Savigny, Humboldt oder den König mit eindringlichen Bildern und mitunter polemischen Argumentationen überzeugen will. »Friedrich der Große nannte Schlesien sein Paradies«, schreibt sie im zweiten Absatz (ebd., S. 429), um dann zu erläutern, daß die Verhältnisse dort im 19. Jahrhundert alles andere als paradiesisch waren. »Sollte dort der Untergang jenes irdischen Paradieses sein, in welchem nach der Bibel die ersten Menschen wohnten?« Nachdem sie dann die Preisfrage der Potsdamer Behörde zitiert hat, heißt es:

»Diese Fragen welche die Noth des Augenblicks gleich Hirngespinsten übergehen [,] werden ebenso blöde eben so schnöde von einer unterthänigen Antwort übergangen. Durch den Nebel ihrer Vorurtheile ihrer hochmüthigen Philosophie bricht keine Spur lebendiger Geisteswirkung hervor, und zulezt entsteht noch die Frage ob nicht dies Verhängniß der Armen eigne Schuld sei! – Ein Beweiß wie Unnütz Ihr fragt.
Die Schuld von sich abwälzen, Und was zu verbieten ist, das versteht sogar der Teufel, aber das Elend auf sich nehmen, und das rechte Geboth thun, das bekundet die reine Gewalt des Genie's.« (Vordtriede 1962, S. 453)

Der Text Bettinas, der in allen Fassungen abreißt, ist nicht vergleichbar mit dem Buch von Svederus oder anderen zeitgenössischen Schriften, die im einzelnen die Gründe für das Umsichgreifen der Armut untersuchen. Von den auslösenden historischen Fakten (wie der Mechanisierung der Webstühle, der Kontinentalsperre, die den wichtigen englischen Markt für die deutschen Erzeugnisse versperrt hatte) ist keine Rede:

»Für den Sinn der auf das Historische, Theoretische, Volkswirtschaftliche zielenden Frage hat sie keinerlei Organ. [...] Sie kann nie, wie Schloeffel oder Svederus, etwas geschichtlich entwickeln, um dadurch einer Wahrheit nahezukommen, da sie nur mythologisch erlebt und zu denken weiß.« (Vordtriede 1962, S. 492)

Trotz dieser ahistorischen Denkweise ist Bettinas Argumentation nicht unpolitisch. Ganz offensichtlich denkt sie nicht an eine Erweiterung des Almosenwesens sondern an eine Umverteilung von Vermögen und Einkommen, denn sie wirft den Reichen nicht nur Untätigkeit vor sondern auch Ausbeutung: »die Reichen sind nicht ein gemeinsam Volk, da ist jeder für sich, und nur dann sind sie gemeinsam wenn sie eine Beute theilen auf Kosten des Volkes« (Vordtriede 1962, S. 455). Bettina arbeitet mit eindringlichen Bildern und Beispielen. Ihre Publikation ist – wie das *Königsbuch* – darauf abgestimmt, die Nichtfachleute zu überzeugen, sie mitzureißen und zum Engagement in der sozialen Frage zu gewinnen; als historische oder soziologische Abhandlung darf man ihr Buch nicht lesen. Eindringlich schildert sie die aussichtslose Lage der armen Bevölkerung und spricht damit den Betroffenen ›aus der Seele‹:

»Stürme Überschwemmung Dürre, alles fällt auf des Armen Haupt [...]. Giebts Pest und Hungersnoth, er arbeitet sich durch, er ist der Ausdauer gewohnt. Giebts Krieg so ist er der schützende Wall, er läßt sich berauben seiner Mühen und Fähigkeiten zu Gunsten der Reichen. Sein Wille ist unterjocht die Rechtspflege ist ihm mit Dornen verhackt, er kann sich nicht erwehren ihrer Willkühr [...]; seine Menschenrechte sind dem Staat Illusionen, seine Hoffnungen sind erschöpft längst erstorben er lebt aus mechanischem Naturtrieb, nicht aus Geist und Bewußtsein. seine Anlagen sind erstickt, [...].« (Vordtriede 1962, S. 455 f.)

Varnhagens Tagebuchnotizen zeugen von der großen Resonanz und Aktualität von Bettinas Projekt und zeigen, daß sie den richtigen Ton fand. Die wenigen Aussprüche aus dem Kontext des Armenbuchkomplexes, die in die Öffentlichkeit drangen, wurden rasch geflügelte Worte in Berlin. Allzu deutlich wurde gerade in der preußischen Metropole, daß viel Geld für repräsentative Großbauten zur Verfügung stand, während große Teile der Bevölkerung hungerten. Bettinas Vorschlag, statt des ehrgeizigen Dombauprojekts »tausend Hütten« in Schlesien zu bauen, war deshalb rasch populär.

Diese Popularität barg jedoch in der politisch prekären, sich immer mehr zuspitzenden Situation Gefahren für die Schriftstellerin. Die Staatsorgane reagierten nervös und sparten nicht mit böswilligen Unterstellungen. Bettina nahm den ›Rat‹ Humboldts als Warnung vor den gefährlichen Reaktionen der staatlichen Instanzen Preußens ernst. Der Abbruch des Projekts ist nicht als Eingeständnis zu werten, daß sie die Weber politisch aufgewiegelt hatte, sondern dürfte auf der Einsicht beruhen, daß eine Weiterführung des Projekts sie ins Gefängnis und das Buch nicht an die Öffentlichkeit gebracht hätte. Angesichts der politischen Polarisierung – an der die politischen Schriftsteller weniger ›Schuld‹ waren als die Reaktionäre und das Unvermögen der Regierung, brennende soziale Probleme zu lösen – hätte ein Insistieren auf den Publikationsplänen Bettina ihrem Ziel, politisch aufzuklären, nicht näher gebracht. Ihre Begründung im Brief an Adolf Stahr vom 27. Juni 1844 lautet denn auch:

»Mein Armenbuch habe ich einstweilen abgebrochen, denn der Druck würde hier nicht gestattet werden, indessen sammeln sich jeden Tag noch merkwürdige Belege dazu. Traurig ists zwar, daß es nicht zu rechter Zeit kommt. – Allein, *den Hungrigen helfen wollen heißt jetzt Aufruhr predigen*, hat mir jemand [vermutlich Humboldt; vgl. das Zitat aus Varnhagens Tagebuch] geschrieben und mir damit den Rath verbunden den Druck hier nicht fortzuführen. Ich bewahre wunderliche Dokumente geschichtlich merkwürdig in Bezug auf dieses Buch.« (Vordtriede 1962, S. 392)

VI. Magistratsprozeß, Polenfrage und Revolution von 1848.
Bettinas Provokationen und Alleingänge

1. Biographisches (1845-1859)

Unter dem 1. Januar 1846 berichtet Varnhagen: »Im englischen Journal ›Punch‹ heißt es: In Berlin sei nur noch ein einziges altes Weib (Bettina), das an die Versprechungen des Königs glaube!« (Tb 3, S. 277). Damit wird noch einmal die internationale Resonanz des *Königsbuchs* deutlich, aber zugleich die wachsende Isolation der alternden Autorin drastisch dargestellt. Es sind Nebenschauplätze, auf denen sie nach der Blockierung des Armenbuchprojekts kämpfte. Was sie vorher vermeiden konnte: die Auseinandersetzung mit den unteren Ebenen der Behörden, wird nun zu ihrem Hauptgeschäft. Bereits 1842 hatte sich ein Streit um die Hundesteuer mit dem Berliner Ämtern angebahnt (vgl. Peter-Anton von Arnim 1994, S. 298). In ihren Eingaben stellte Bettina die Behörden und ihre Sprache satirisch bloß. Durch immer neue Interventionen reizte sie die humorlosen Beamten und versuchte, das philiströse Verhalten der Behörden zur Schau zu stellen. Dem sogenannten ›Hundesteuerprozeß‹, der um die geringe Summe für ein nicht in Berlin (sondern in Wiepersdorf) geborenes Tier ging, schloß sich eine Auseinandersetzung um die Bürgerrechte an. Am 18. August 1846 wurde Bettina aufgefordert, die Bürgerrechte der Stadt Berlin zu erwerben – eine formale Voraussetzung für die Gründung eines Verlags. Ein langwieriger Streit begann, den Gertrud Meyer-Hepner unter der Bezeichnung *Der Magistratsprozeß* (1960) im einzelnen dargestellt hat. Am 20. August war Gerichtstermin, und Bettina wurde wegen Beleidigung der Behörde zu zwei Monaten Gefängnis sowie Bezahlung der Kosten des Verfahrens verurteilt. Der Prozeß hatte großes Aufsehen in der Öffentlichkeit erregt, und Bettina war entschlossen, die publizistische Wirkung noch zu steigern:

»Bettina war an sich bereit, die Strafe anzutreten, ihr Sohn Friedmund bestärkte sie darin, indem er ihr schrieb, das Gefängnis werde den Magistrat mehr entwürdigen, als alle Briefe der Frau Bettina an ihn wieder gut machen könnten, und ihre französische Übersetzerin Hortense Cornu schickte ihr in gleichem Sinne ein Glückwunschschreiben zu dem Urteil. Bettina wollte die Dokumente zum Prozeß als Buch veröffentlichen lassen [...]. Es ist nicht bekannt, warum sie sich plötzlich entschied [...], Revision gegen das Urteil einlegen zu lassen.« (Peter-Anton von Arnim 1994, S. 309)

Auf Einfluß des Schwagers Savigny wurde ein Vergleich erreicht – obwohl Bettina eine Unterschrift unter Savignys Vorlage bis zum Schluß verweigerte und die Gebühren nicht bezahlte (ebd., S. 310).

Wichtiger als diese Scharmützel mit dem Berliner Magistrat sind Bettinas Aktivitäten im Zusammenhang mit der Revolution von 1848. Erst seit kurzer Zeit liegen hier neue Materialien vor. In einer Magisterarbeit von Christine Becker (*Bettine von Arnims Berichte zur Revolution von 1848*; Mainz 1993) werden zum erstenmal Bettinas Beobachtungen in Berlin dargestellt, die sie gemeinsam mit P. L. Jenatz (Geschäftsführer und Sekretär in Bettinas Verlag) in Briefen an die Söhne schilderte.

Im ersten Brief dieser Serie (an Friedmund, 3. 3. 1848) charakterisiert Jenatz detailliert die »Stimung in den verschiedenen Klassen« und beginnt mit

»*Die Proletarier oder die arbeitende Klasse.*
Diese hoffen jetzt am allermeisten [...]. Die Noth und Erbitterung dieser Klasse ist so groß, daß es, mehreren Aeußerungen zufolge, die mir zu Ohren gekommen sind, keine 14 Tage mehr dauern kann, ohne daß eine Aenderung erfolgt sei.« (Becker 1993, S. 1 f.)

Bettina schließt an:

»Der Boden ist wie Zunder jedermann sieht und fühlt die Gefahr. Nur scheint es durchaus nicht möglich, daß dort sich Licht verbreite über diese Verhältniße, wo die größte Dunkelheit herrscht und wo man das Prinzip als ein revolutionaires verpönt, die Wahrheit zu sagen. [...] Die Tante Savigny [...] möchte in ihrer Angst gern alles auf den nächsten Besten schieben, [...] sie geht so weit daß sie den Keim dieser Schauervollen Zeit ins Königsbuch legen will!« (ebd., S. 5 f.)

Im Brief vom 8./9. 3. wird deutlich, wie nah bei Bettinas Wohnung (in den Zelten) die Ereignisse stattfinden. Jenatz schreibt:

»Und daß die Zelten bei einer Bewegung ihr Theil mittragen werden, können Sie sich doch leicht denken. Gestern Abend war in dem der Wohnung Ihrer Mutter zunächst angrenzenden Zelte große Volksversammlung unter Vorsitz von Dr. Oppenheim. Er stellte dem Volke beredsam dar, welche Reformen in der jetzigen Zeit am angemessensten wären [...]. Heute Abend ist hier bei den Zelten *große* Volksversammlung, man erwartet mehrere Tausend Menschen zu derselben. Eine Adresse an den König wird debattirt.« (ebd., S. 10)

Am 10. 3. berichtet Bettina in einem Brief an Siegmund von dieser Versammlung:

»Gestern ist die Große Versammlung glücklich abgelaufen dicht neben uns, unter den Zelten. Es waren sehr viele Aufhetzer unter die Leute zerstreut. Und nach allem zu urtheilen war es von der Polizei selbst darauf angelegt eine Emeute [einen Aufruhr] herbei zu führen diese dann aufs nachdrücklichste zu dämpfen und so den Übermuth des Volkes zu ersticken.« (ebd., S. 19)

Bettina, die zunächst davon ausging, daß sich der Ausbruch von Gewalt noch verhindern ließe, berichtet dann in einem weiteren Brief an Siegmund (vermutlich 15./16. 3.), daß sich die Bürger angesichts blutiger Provokationen mehr und mehr mit dem Volk (an anderer Stelle heißt es: »Handwerker«) solidarisieren:

»Heute Abend wurde geschossen, 12 Personen (alle Bürger) sind getroffen aber zufällig nur, meistens in ihrem Geschäft auf der Straße sich befindend oder nach Hause eilend welche sich garnichts von diesen Kriegerischen Thaten vermutheten und von der augenbliklichen Soldatenwuth niedergehauen wurde. Daher ist die Wuth unbeschreiblich, wie wir eben erfahren werfen sich die Bürger auf die Seite des Volkes. und man sagt daß auch die Soldaten durch diese Ereignße sehr wankelmüthig geworden seien. sie meinen das Volk habe vielleicht *gar recht*!« (ebd., S. 22)

Weitere Briefe Bettinas (vom 19. und 20.) schildern die Provokationen auf dem Schloßplatz:

»als dies geschehen war, da war auch alles verloren, die Bürger machten gleich ihre Binden ab und riefen ›*Mit dem Volk*‹ [...] am 19ten Morgens Heute die ganze Nacht bis gegen 4 Uhr hat man sich mit den Bürgern herum geschossen heute Nacht sind Proklamationen gedruckt wo der König den Bürgern alles nachgeben will und sie seine Lieben Berliner nennt, das Volk hat alle diese Proclamationen mit den Zähnen zerrissen; sie wollen alle *Den Tod des Königs!* [...] Doch war alles Militair von der ganzen Umgegend in die Stadt gezogen 36000 Mann; das Volk unbewaffnet hat Loeven Muth! [...] 5000 Arbeiter der Eisengießerei haben sich einander in den Arm gehängt sind auf die Kanonen loß, [...] jezt heute hat der König wollen nachgeben das Volk will nicht. [...] Dies hat ungeheure Thaten gethan und nichts wird dem Glanz seines Ruhmes und seiner Milde und Gutmüthigkeit verdunkeln den es in dieser Nacht ohne Waffen erworben. – Also: auf dem Schloßplatz versammelte sich das Volk verlangt die gestern Gefangnen die im Schloß in den Kellern stacken der König mußte sie herausgeben. [...] Das Volk schrie der König solle heraus kommen und die Leichen ansehen es hörte nicht auf zu schreien bis er heraus kam.« (ebd., S. 33-37)

Die politischen Auseinandersetzungen ziehen sich dann bis in den September, und Bettina ergreift auf der diplomatischen Ebene eine bemerkenswerte Initiative (vgl. Püschel 1994). In zwei Briefen an den König (K/M 5, S. 347-358) versucht sie, eine Wiedereinsetzung des seit Jahren politisch kaltgestellten liberalen Theodor von Schön zu erreichen: »Schön kam [...] nach sechs Jahren Enthaltsamkeit von der aktiven Politik als Alterspräsident der Nationalversammlung, die im Mai 1848 eröffnet wurde, nach Berlin und hat ihre ersten drei Sitzungen geleitet« (Püschel 1994, S. 329). Auf »geheimnisvoll-künstlichen Wegen« (ebd., S. 342) läßt sie dem König zweimal eine Botschaft zukommen, um eine Regierung unter Schöns Leitung zu erreichen. Bettina argumentiert in ihrem Brief vom 10. September 1848:

»Stelle der König einen bewährten Freund, einen Mann an die Spitze, der allgemeine Ehrfurcht genießt, der in *Steins* Grundsätzen aufgewachsen, das seltne Glück hat, noch heute dasselbe erstreben zu dürfen, wie er als das politische Ideal seiner Jugend erfaßt hatte [...]. Unter *Schöns* Präsidium (ohne Portefeuille) würden sich manche widerstrebende Elemente, die dem Volke lieb sind, und die des Königs Vertrauen genießen, durch seine Autorität vereinigen lassen, und ein *so* gestaltetes entschieden liberales Ministerium allein wäre imstande, die isolierte Kraft der Nationalen Versammlung zu brechen, um dieselbe den organisierenden Gewalten der Regierung wieder unterzuordnen. Der Widerstreit zwischen Krone und Volk wäre dann viel natürlicher gelöst [...] ich weiß, daß meine hier aus Liebe zum König gegebenen Vorschläge einen großen Anklang im Volke finden werden.« (K/M 5, S. 350 f.)

Der König antwortet nicht. »Als Schön und Rosenkranz über Frau von Arnim Briefe wechselten, hatte der König Pfuel zum Regierungschef berufen. Dieser Mann hatte unter den Berlinern keinen guten Ruf, weil er Militärgouverneur der Stadt war, als die Schüsse auf dem Schloßplatz fielen, in den Gesellschaftskreisen der Residenz galt er jedoch als liberal.« (Püschel 1994, S. 346)

Die Intervention Bettinas belegt, daß sie nicht nur die Methoden der politischen Publizistik beherrschte und das Mittel der Provokation bei ihren Eingaben und Prozessen gezielt einzusetzen verstand, sondern auch die diskreten Fäden der Geheimdiplomatie ziehen konnte und bereit war, in einer politisch prekären Situation einen Kandidaten der Mitte zu stützen. Denn Theodor von Schön stand zwischen den Konservativen und der radikalen Linken. Er gehörte zu den Lesern von Bettinas *Königsbuch* und trat energisch für konstitutionelle Monarchie ein, war jedoch alles andere als ein Revolutionär. Varnhagen beschreibt ihn als ein »Mittelding« von »Aristokrat« und »Doktrinär« (Tb 2, S. 296). Als langjähriger Präsident von Ost- und Westpreußen, der zu den Anhängern der Steinschen Reformer gehörte, hatte er mit diplomatischem Geschick die Verwaltung in einem großen Teil Preußens geleitet, als noch der konservative Friedrich Wilhelm III. an der Macht war. Nachdem er sich

bei dem Regierungswechsel etwas zu deutlich für eine liberale Öff-
nung ausgesprochen hatte, war er – ohnehin an der Altersgrenze –
ins politische Abseits geraten und pensioniert worden. Als ver-
mittelnde Persönlichkeit mit reicher politischer Erfahrung und
Bereitschaft zur Zusammenarbeit mit den Liberalen wäre er zweifellos ein geeigneter Kompromißkandidat gewesen. Vorschlag und
Engagement Bettinas zeugen daher von einem politischen Reifungs-
prozeß. Bettina ist bereit, die Utopien und provokatorischen
Aktionen hintanzustellen, um eine diplomatische Lösung zu erreichen.

    Die Beziehung Bettinas zu Friedrich Wilhelm IV. hatten sich je-
doch bereits so verschlechtert, daß der König auf ihre Vorschläge
nicht einging. Am 18. April 1846 bat sie – von Hortense Cornu
(1812-1875), der französischen Übersetzerin des *Goethebuchs* alar-
miert – vergeblich um Begnadigung des polnischen Revolutionärs
Louis von Mirosławski, der am 12. Dezember 1844 verhaftet worden war. Am 2. Dezember 1847 war er in Moabit zum Tode verurteilt, die Strafe dann jedoch in lebenslange Zuchthausstrafe umge-
wandelt worden. Auf einen Brief Bettinas von Weihnachten 1847
antwortete der König äußerst schroff:

»Ich hoffe um ihretwillen, gnädige Frau, daß dies Blatt von Niemand gesehen werde [...]. Dies Blatt und anderes beweisen mir, daß Sie, wie es dem
Weibe wohl ansteht, sich fern von der Tragödie des großen Processes gehalten haben. [...] Gott weiß, daß ich Ihnen diese Unwissenheit nicht zum
Verbrechen mache. [...] daß Sie meine pflichttreuen Diener [...] beschimp-
fen, daß Sie die Frau des Vorstehers des Polnischen Revolutionärs [...] daß
Sie den Mann, der an dem Unglück so vieler 100 Familien schuld ist, Läm-
mer nennen, [...] ist Ihrer nicht würdig. [...] Wehe aber dem König, der
treue Pflichterfüllung der Lästerung Preis gibt. Dies thue ich nicht.« (Kat.,
S. 170)

Mirosławski wurde während der Revolution 1848 befreit und beteiligte sich an weiteren Aufständen in Polen, Sizilien und Baden (vgl.
Kat., S. 170 f.).

    Der polnischen Frage gilt auch eine in Paris 1848 anonym veröf-
fentlichte Denkschrift Bettinas, zu der sie möglicherweise dadurch
ermutigt wurde, daß sie 1848 von einer positiven Resonanz ihrer
Mirosławsky-Initiative erfuhr: »So eben erfahre ich«, schrieb sie am
5. März 1848 an ihren Sohn Friedmund,

»daß der König grade kurz nach Em[p]fang meines Briefes über die Polen
an Humbold[t] der damals in Paris war schrieb: ›er werde kein Polenblut
mehr fließen machen und werde keinen mehr hinrichten lassen.‹ also wär
mein Schreiben doch nicht ohne Wirkung geblieben! hätte er nur damals
gleich recht glorreichst ohne Umwege der Sache ein Ende gemacht, wie viel
würde es ihm nicht in der Gesinnung der Menge geholfen haben. – Aber so

hat man den Proceß der Polen vertagt. bis zum October!« (Becker 1993, S. 9)

Bettina bezieht sich hier vermutlich auf ihren langen Brief an den König vom Dezember 1847 (Püschel 1965, S. 318-336), in dem sie sich energisch für die Begnadigung der bereits Verurteilten einsetzt.

Die *Polenbroschüre* richtet sich primär an »die aufgelöste Preußische National-Versammlung« (Titelblatt; Ursula Püschel bezog diesen Titel zunächst auf die Frankfurter Nationalversammlung, revidierte diese These jedoch; vgl. 1965, S. 252). Bettina unterzeichnete das Vorwort (»Paris, 15. Dezember 1848«) mit dem Pseudonym ihrer französischen Freundin Hortense Cornu: »Seb. Albin« und versieht das Werk mit der Widmung »Der Frau Bettina von Arnim gewidmet« – eine Maßnahme zum Schutz vor den verschärften Zensurbestimmungen (Kat., S. 173). Unter dem Deckmantel der Anonymität stellt Bettina ihre Vorstellungen von einer völkerübergreifenden gesellschaftlichen Erneuerung dar. Scharf wird zunächst die Unterdrückung der Polen durch Preußen kritisiert, ein Thema, das schon bei dem Hambacher Fest von 1831 eine große Rolle spielte. Die kritischen Kräfte in Deutschland solidarisierten sich mit den polnischen Freiheitskämpfern und führten auf ihren Demonstrationen stets polnische Fahnen mit. Die preußischen Könige waren an den Teilungen Polens und der Niederschlagung polnischer Aufstände maßgeblich beteiligt, revolutionäre Polen wurden in Deutschland vor Gericht gestellt, weil sie gegen den preußischen Verwaltungsapparat vorgegangen waren. So kann Bettina mit Recht feststellen:

»[...] wißt ihr, was ihr tut, wenn ihr einer Nation flucht und geschehen laßt, wovor den Menschen greult? – Tot sei diese Nation und deswegen schleppt man sie vor den Richterstuhl, weil sie diesem Tyrannenausspruch sich nicht fügt? – Es wird ihr zum Verbrechen an ihren Raubrittern, daß sie noch Lebenszeichen von sich gibt! [...] Und verfehlt nicht, was die öffentliche Stimme behauptet zu bemerken, daß der Verrat an Polen Hand in Hand gehe mit der Absicht, das Volk wieder in die alte Sklaverei zu zwängen. [...] Herrschsüchtige Leidenschaft, die, um sich zu sättigen, nur ein Volk in nichts auflösen will! Das Volk sträubt sich – das ist sein Verbrechen! [...] Die Völker haben einen Geist, der sie leitet, und eine Seele, die sie verschwistert durch elektrische Berührung (Freiheitstrieb) mit der ganzen Menschheit! [...] Beide Völker, statt der Mordwege, auf denen sie einander verbluten, könnte der Weg der Eintracht zum Paradiese führen; [...].« (K/M 3, S. 416, 418 f., 420, 422)

Ansprechpartner ist auch in dieser Publikation (neben der preußischen Nationalversammlung) der preußische König, den Bettina erneut in eine positive Rolle hineinzudrängen sucht, indem sie ihm eine »königlich[e], »heldenreich[e]« Aufgabe definiert:

»Aber *der* König, der sich nicht abwendet von einem verwaisten Volk, der, wenn die Orkane verstummt sind, mit abgelegtem Stolz sich niederbeugt zu dem zerrütteten Land und ihm wieder Leben und reine Gestalt gibt, dem wird ein begeistert Echo des Herrlichen ertönen aus der Zeit, die ihm gehört, weil sie sein Werk, in dem neuerstandenen Geschlecht wieder hervorblüht! –
Polen wieder erstehen lassen! – Wie königlich! Wie heldenreich! [...] Zur Freiheit sie zusammenscharen, *das* ist eines Königs; – nicht sie teilen und zermalmen [...]! – Dieser ist ein König, ein demokratischer König! – Er schärft nicht das Schwert seinem Volk, aber die Pflugschar [...]. Und das wär zu viel dem Volk getan, meint Ihr?« (K/M 3, S. 421 f.)

Sehr deutlich spielt Bettina auf die isolierte Position des preußischen Königs in der Revolution von 1848 an (»Vom Volk hat der König keinen Begriff, keinen menschlichen Anteil an seiner Entwicklung«) und empfiehlt Friedrich Wilhelm IV., den »Wille[n] der Gerechtigkeit« in den »Volksstürmen« zu erkennen, um dann den Frieden herbeizuführen:

»Keine erfrorne Einsamkeit des Thrones mehr! Einsamkeit, im Frieden mit sich durchlebt, um Heil zu verbreiten, ist schön. Aber wo die Volksstürme brausen, da ist es menschlich groß, um den Frieden bei ihnen werben. Es ist ein Wille der Gerechtigkeit in diesen Volksstürmen. – *Ihr Wille geschehe!* Ist dies erlösende Zauberwort aller Sturmeswolken zu schwer für die landesväterliche Macht, dem Volkswillen sich zu fügen? Ach könnte der Zug der Liebe zu dieser Menschenklasse ihn gewinnen, die man die Niedere nennt, die aber gewiß vor Gott ihre Geltung hat, in ihrer Beschränktheit, ihrem [...] harmlosen Dulden – Dulden – Ausharren – ja Ausharren mit ihrem Fürsten und für ihn!« (K/M 3, S. 424 f.)

Solche Passagen in der Argumentation Bettinas zeigen, daß sie mit ihrem politischen Programm – spätestens seit der Zuspitzung der politischen Situation 1848 – zwischen allen Stühlen saß. Denn um ein »Ausharren« *mit* und *für* den Fürsten ging es den radikalen Linken keinesfalls. Die Junghegelianer »lehnten seit etwa Anfang 1843 die Forderung eines konstitutionellen Königstums ab« (Härtl 1992b, S. 233). Das Kommunistische Manifest wurde 1848 publiziert, und Marx ging davon aus, daß nur der gewaltsame Umsturz die von Bettina als ›harmlos‹ dargestellte Menschenklasse an die Macht bringen konnte und ein Monarch keinen Platz mehr in den neuen Strukturen finden konnte. Die Konservativen dagegen mußten den Appell Bettinas, sich dem Willen des Volkes zu beugen, als Aufruf zur Kapitulation vor den Revolutionären verstehen. Schon das Eintreten für eine Konstitution und völlige Pressefreiheit galt ja diesen Kreisen als ›revolutionär‹.

Bettinas Programm ist und bleibt das der konstitutionellen Monarchie, wobei sie ihrem ›demokratischen‹ König als Idenfikationsfigur des Volkes große Aufgaben zuweist. Im Bewußtsein des Volkes soll der König eine Art Vaterfigur darstellen. Er soll den Willen seiner Landeskinder erkennen und nach Möglichkeit auch steuern und erfüllen. Dadurch entsteht ein Vertrauens- und Treueverhältnis, das ein friedliches Zusammenleben ohne Zwang und Tyrannei ermöglicht. Eine Entwicklung der öffentlichen Meinung und Erziehung des Volkes zu politischem Denken schließt dieses politische Programm (das sich in dieser Hinsicht mit den linken Programmen deckt) ebenso ein wie die Eingriffe des Königs zugunsten der verarmten Bevölkerungsschichten. Von einer schrankenlosen Entfaltung der vox populi in einer Demokratie ohne königliche Autorität hielt Bettina nichts, das wird schon im *Königsbuch* deutlich.

Noch einmal versucht Bettina am 9. und 26. Juli 1849 (zunächst gemeinsam mit Johanna Kinkel), mit Briefen unmittelbar Einfluß auf den König zu nehmen und setzt sich für den Revolutionär Gottfried Kinkel (1815-1882) ein, dem die Todesstrafe drohte (Kat., S. 160-167). Der König antwortet (am 31. 7. 1849) wieder scharf abweisend und betont, daß er keinen Minister zur »Gegenzeichnung« bei einem Gnadenerlaß finden würde (vgl. Kat, S. 165 f. und Geiger 1902, S. 171-173). Im September wurde Kinkel zu lebenslangem Zuchthaus verurteilt, im November 1850 jedoch aus der Spandauer Zitadelle befreit.

Die publizistische Auseinandersetzung mit dem König nimmt Bettina erst 1852 mit dem *Dämonenbuch* wieder auf. Die geringe Resonanz auf dieses Werk, das selbst Varnhagen nicht mehr beeindruckte, zeigt, daß sie mit ihrem Programm einer gewaltfreien Herrschaft durch Aura und Autorität eines weitblickenden Königs bei der zunehmenden Polarisierung der politischen Gruppen (und der tatsächlichen politischen Unfähigkeit des regierenden Monarchen) keine Möglichkeiten politischer Einflußnahme mehr hatte. Varnhagen befürchtete schon 1844, daß es »zwischen ihr und dem Könige zum offnen Bruch kommen« wird, »das bisherige zarte Verhältniß hat schon aufgehört« (Tb 2, S. 416) und notiert dann am 12. Sept. 1848:

»Ich sage ihr, wir kämen mir beide vor, wie die Figuren in einem Trauerspiel, das Friedrich Wilhelm der Vierte hieße, der Dichter zeige in uns die dem König persönlich zugethane Gesinnung, die ihm dargebotene Geisteshülfe, aber wie durch unübersteigliche Kluft von ihm geschieden, es hilft ihm nichts! Dicht daneben sind die Auftritte, in denen er den schlechtesten Einflüssen preisgegeben erscheint, den verderblichsten Rathschlägen folgt.« (Tb 5, S. 26 f.)

Bis zum Tode Bettinas änderte sich an dieser Situation nichts mehr, obwohl Bettina mehrfach versuchte, mit Friedrich Wilhelm IV. in schriftlichen Kontakt zu kommen. Immer wieder liest sie Briefe an den König oder Humboldt dem befreundeten Varnhagen vor, der sie berät und ihr bescheinigt, daß diese Briefe »geschickt [...] etwas schroff, noch mehr aber empfindsam« abgefaßt sind (5. Dez. 1853; Tb 10, S. 365). Sie spricht zum Beispiel »für [...] Cornelius, für den Mahler Rattie, und zuletzt für Hoffmann von Fallersleben« (ebd., S. 365 f.), für den sie sich auch beim Großherzog von Weimar einsetzt (ebd., S. 376). Wenn sie sich für Revolutionäre (wie Kinkel) und Attentäter (wie Tschech) einsetzt, wird sie von der Idee geleitet, der König könne durch eine spektakuläre Begnadigung »plötzlich die ganze Liebe des Volkes wiedergewinnen« (Tb 7, S. 191). Varnhagen lehnt diese Idee scharf ab (ebd.), kann allerdings die psychologische Begründung Bettinas im Falle des Königsattentäters Tschech kaum begreifen. Bettina geht davon aus, daß es eine psychologische Beziehung zwischen Täter und Opfer gab (Tb 2, S. 374) und trifft insofern den Nagel auf den Kopf, als der Attentäter keine weitreichenden politischen Ziele verfolgte, sondern sich persönlich gekränkt und mißachtet fühlte. Tschech, der trotz seines Kampfes gegen Korruption und Armut als Bürgermeister von Storkow entlassen wurde, war es nicht gelungen, mit dem König in Kontakt zu kommen. Alle seine Bemühungen hatten die unteren Instanzen vereitelt (Kat., S. 152 f.). Bettina fühlte sich deshalb innerlich mit Tschech verwandt und sah in dieser Affäre einen Beleg dafür, daß der König daran gehindert wurde, mit seinem Volk in Kontakt zu kommen. Als es 1850 erneut zu einem ähnlichen Attentat kommt (Tb 7, S. 191), sieht sie sich in ihrer Auffassung bestätigt.

Bettinas Vorstellungen entsprechen insofern der heutigen Geschichtsschreibung, als es zweifellos der fatale Einfluß einer mächtigen Kamarilla auf einen schwachen, zögerlichen König war, der eine innere Erneuerung des restaurativen Preußen verhinderte. Trotz einiger ›romantischer‹ Ideen hatte sie mit ihrer Analyse der politischen Situation und der sozialen Mißstände nur allzu recht; politische Lösungsmöglichkeiten, die im Preußen der vierziger und fünfziger Jahre ›konsensfähig‹ waren (wie wir heute sagen), konnte sie jedoch nicht entwickeln, und so sank ihr Einfluß immer mehr.

Selbst ihre engsten Verwandten und Vertrauten nahmen nun Distanz, zumal ihre geistigen Fähigkeiten und ihr Erinnerungsvermögen unter mehreren Schlaganfällen litten. Varnhagen notiert:

»Bettina von Arnim will [aus Bonn] nach Berlin kommen, die Töchter fürchten, sie möchte hier wieder in die alten Verdrießlichkeiten gerathen

und davon ganz niedergeworfen werden – ihre früheren Unfälle scheinen wirklich kleine Schlagflüsse gewesen zu sein. [...] [Herman] Grimm behauptet, alles was Bettina vortrage sei falsch, lauter Einbildung und Unrichtigkeit [...].« (29. 3. 1855; Tb 12, S. 21)
»Abends kam nach längerer Zeit auch Frau Bettina von Arnim wieder zu mir. [...] Sie bedient sich der gröbsten Ausdrücke, beleidigt und mißachtet alles, ist dabei voller List und kleiner Tücken. Ein abscheulicher Umgang!« (15. 3. 1856; Tb 12, S. 410 f.)

In den folgenden Jahren scheint sich Bettina jedoch etwas erholt zu haben, und es kommt noch einmal zu einer Phase fruchtbarer Zusammenarbeit mit Varnhagen. Bettina übergibt ihm Materialien, die er ordnet und in seine umfangreiche Autographensammlung integriert. Erst zwei Jahre später notiert er nach einem Besuch: »heute früh sagte Bettina: ›Ich sterbe, ich fühl', daß ich sterbe!‹» (30. 8. 1858; Tb 14, S. 364). Der Tod trat am 20. Januar 1859 ein. Auf dem kleinen Friedhof von Schloß Wiepersdorf wurde sie neben ihrem Mann beigesetzt. Bei der Gestaltung der Grabplatte setzten sich offenbar die konservativ gesonnenen Familienmitglieder durch, denn während Achim von Arnim als »Dichter« bezeichnet wird, heißt es auf ihrem Stein (mit falschem Geburtsdatum) lediglich: »Bettina Freifrau von Arnim [...] vermaelt mit Ludwig Achim von Arnim«. Eine späte ›Wiedergutmachung‹ erfolgte durch die Entscheidung der Deutschen Bundesbank, ihr Porträt (nach dem postumen Ölbild des Malers Achim von Arnim-Bärwalde) auf dem DM 5.-Geldschein abzubilden.

2. Gespräche mit Daemonen.
Des Königsbuchs zweiter Band (1852)

Das *Dämonenbuch* nimmt nicht nur im Untertitel auf das *Königsbuch* Bezug, es knüpft auch mit der Gesprächsform und Thematik an das erfolgreichste politische Buch Bettinas an und setzt die Auseinandersetzung mit dem preußischen König fort. Die Widmung gilt nun einem anderen Monarchen: »Abdul-Meschid-Khan Kaiser der Osmanen« (K/M 3, S. 257) – dem türkischen Sultan, von dem sie Hilfe für einige notleidende Türkenfamilien in Berlin erhoffte –, doch nimmt die zweiseitige Vorrede bereits unmittelbar auf Friedrich Wilhelm IV. Bezug und rekapituliert nicht nur die Eckdaten der Entstehungsgeschichte des Buches, sondern skizziert auch die gravierende Wandlung im Verhältnis Bettinas zum preußischen König:

126

»Es ist schon manches Jahr her, da stand ich vor einem König voll huldrei-
chem Willen zu mir [1845]. Sein guter Dämon stand neben mir und
schloß meine Lippen vor törichten Schmeichelreden [...]. Und nach längerer Zeit – es war im Jahr [1849], wo alle Huldigungen dem großen Dichter
[Goethe] galten, der hundert Jahre früher dem deutschen Volk geboren war
– da sammelte auch ich verklungne Laute seinem Gedächtnis. – Zu derselben Zeit gelangte dieselbe Königsstimme zu mir, sie hat aber nicht mehr so
freundlich geklungen. – Damals stand wieder sein guter Dämon neben mir;
der nahm die Feder mir aus der Hand. [...] Nun vernahm ich sein Gespräch mit dem König – das mußte ich nach seinem Willen hier aufzeich-
nen. [...] Und jetzt [1852] – nach geraumer Zeit hörte ich wieder des Königs Stimme, die redete zu mir: früher sei ich eine Macht gewesen, deren
Teilnahme ihm schmeichelte. Aber heute? – Ob es da gut sei, daß wir uns
wiedersehen? – das sollte ich selbst entscheiden.« (K/M 3, S. 259. Die letzten Sätze entnimmt Bettina einem Brief des Königs, den Varnhagen am 18.
Febr. 1852 zitiert; vgl Tb 9, S. 95 f.)

Nach Angaben Varnhagens formulierte Bettina die Vorrede erst im
Frühjahr 1852. Unter dem 14. April notiert er nach dem Vorlesen:
»Anmuthig, doch eben auch sehr schmeichlerisch. Sie wollte das
Buch nicht mehr ›Gespräche mit Dämonen‹, sondern ›die Wolken-
kammer‹ nennen; ich rieth die Beibehaltung des ersten Titels an«
(Tb 9, S. 163). Auch die Idee, das Buch »dem Kaiser Abdul-Med-
schid zuzueignen, dem Geiste des Islam« entstand erst zum Schluß
(6. Mai 1852, ebd. S. 196), und die Übermittlung eines besonders
gestalteten Widmungsexemplars in die Türkei erfolgte frühestens im
Dezember 1856 (Tb 13, S. 244).
  Erste Entwürfe zur Fortsetzung des *Königsbuchs* scheinen jedoch
bereits 1843 entstanden zu sein (Kat., S. 177; K/M 3, S. 487), und
zwei Jahre später berichtet Rudolf Baier in seinem Tagebuch (unter
dem 27. 2. 1845) von ihrer Arbeit an den Papieren »zum 2ten Theil
des Königsbuches«, am 9. Juli liest sie ihm die erste Fassung der De-
dikation vor (Gassen 1937, S. 31 und 35). Nach der Revolution, als
Bettina die Hauptteile auszuarbeiten begann, geriet das Projekt
offenbar in eine Krise, denn Varnhagen berichtet am 10. Mai 1850:
»Bettina war unzufrieden mit ihrem neusten Band und gestand, sie
sei dem Stoffe nicht gewachsen, eigentlich politische Gedanken
könne sie nicht verfolgen oder verarbeiten« (Tb 7, S. 170). Zu diesem Zeitpunkt kannte Varnhagen bereits sechs Druckbogen (ebd.,
S.157). Ein Jahr später sind bereits (weitere?) 14 Bogen gedruckt:

»Bettina [...] brachte mir die vierzehn gedruckten Bogen ihres neuen Buchs,
ich soll sie lesen, und ihr dann mein Urtheil sagen, das soll entscheiden, ob
sie das Buch fertig schreibt, oder gänzlich aufgiebt.« (17. Mai 1851; Tb 8,
S. 176)

Varnhagen, der bereits nach der Lektüre der ersten Bogen notiert hatte: »schöne Gedankenblitze, aber leider kein Gedankengang« (Tb 7, S. 157), blieb skeptisch und kommt am 18. Mai 1851 zu folgendem Urteil:

»Bettina's fünfzehn Druckbogen setzen mich in große Verlegenheit; [...]. Im Ganzen ist Bettina darin [...]. Nur ist sie diesmal absichtlicher, als früher, und in dem realsten Gegenstande, der Politik, auf phantastische Gebilde beschränkt. [...] mich ermüdet die fortdauernde Prophetensprache, die als solche zu langgedehnt, und für die Dehnung zu wenig logisch ist.« (Tb 8, S. 177)

Bereits am 19. Mai trägt er ihr seine Bedenken vor und ist überrascht, daß sie seine Anregungen zu Änderungen bereitwillig aufnimmt (Tb 8, S. 179), etwa ein Jahr später (am 18. April 1852) liest sie ihm »die drei letzten Bogen ihres Dämonenbuches mit Gewalt vor, und wollte meinen Rath«. Der Text des Buches entwickelte sich demnach in enger Kooperation mit Varnhagen aus den Gesprächen, und auch die Idee, nachträgliche Streichungen als »Lücken eigener Zensur« zu kennzeichnen, die im Text durch lange Striche markiert sind, entstand in seinem Hause. Der Satz des Buches war bereits fast abgeschlossen, als Bettina (ohne Einfluß irgendwelcher Behörden) diese Streichungen vornahm (15. Jan. 1851; Tb 9, S. 21). Eine ersatzlose Tilgung größerer Passagen hätte komplizierte und aufwendige Verschiebungen des Umbruchs bewirkt. Sofern aber die gestrichenen Passagen durch andere Typen (hier – – –) ersetzt werden, kann der Seitenumbruch beibehalten werden. Zensureingriffe gab es nach 1848 nicht mehr, und Bettinas Befürchtungen zu einem neuen Pressegesetz (13. Mai 1851, Tb 8, S. 171) waren unbegründet. Möglicherweise wollte sie die Phantasie des Lesers anregen und variierte Heines satirischen Umgang mit der geistlosen Zensur (vgl. Hirsch 1992, S. 121 f.).

Nach zwei Abschnitten, die mit »4. April 1808« und »28. August 1808« [Goethes Geburtstag] datiert sind und ältere Texte und Erinnerungen verarbeiten, beginnt ein Gespräch mit einem Primas, das an die Diskussionen mit dem Pfarrer im *Königsbuch* erinnert. Mit der Kritik an der Kirche und der Definition einer allgemeinen Religion des Geistes werden Motive aus dem *Günderode-* und dem *Königsbuch* wieder aufgenommen, jedoch ist die Judenthematik im Diskurs des *Dämonenbuchs* ins Zentrum gerückt. *Zum Andenken an die Frankfurter Judengasse* lautet der Untertitel dieses Abschnitts (Haupttitel *Die Klosterbeere*), der mit Reminiszenzen an die Frankfurter Judengasse und den Aufenthalt in der Klosterschule in Fritzlar beginnt und dann in das Gespräch überleitet, bei dem Äußerungen des preußischen Königs einbezogen werden:

»Dem Primas hab ich's erzählt von unsern Reden über die Juden; und daß du [der König] gesagt hast, der Schutz der Unterdrückten sei ein Kleinod in des Helden Krone, aber da seien keine Helden der Vernunft, denen die Weisheit des Nathan sich warm ans Herz lege. Er [der Primas] meint, ihn treffe dieser Tadel nicht, des *Nathan* Weisheit leuchte ihm ein, und das Elend der Juden sei ihm nicht gleichgültig.« (K/M 3, S. 267)

In Preußen war der latente Antisemitismus in den vierziger Jahren wieder virulent geworden, und Bettina war durch ihre Kontakte mit Humboldt und Varnhagen darüber im einzelnen orientiert:

»Wie sehr Alexander von Humboldt für gläubige Juden, aber auch für die Emanzipation eintrat, läßt sein Verhalten in den vierziger Jahren unter Friedrich Wilhelm IV. erkennen. Gerade unter diesem Könige [...] traten Bestrebungen offen zu Tage, die die Emanzipation rückgängig machen wollten. Der König aber duldete Humboldts Kampf gegen den Plan eines Judengesetzes 1842 ebenso wie gegen die Sklaverei. [...] Humboldt widersprach scharf dem Entwurf für ein Judengesetz vom 23. Juli 1847, das die Freiheiten des Ediktes vom 11. März 1812 in bezug auf die akademischen Lehrfreiheiten für Juden zurücknahm. Juden sollten nach den neuen Bestimmungen nur für Medizin und sprachwissenschaftliche Fächer zugelassen werden; jüdische Lehrer sollten nur an jüdischen Schulen unterrichten. Alexander von Humboldt hat, wann immer er konnte, solchen Auffassungen Widerstand geleistet. Die von der Regierung 1842 und 1847 geplante Judengesetzgebung hat ihn bedrückt, und es ist kein Zufall, daß der ständige Verkehr mit Varnhagen von Ense gerade in diese Zeit fällt.« (Bußmann 1992, S. 376-378)

Von Varnhagen wußte Bettina auch, daß Friedrich Wilhelm IV. darüber »ergrimmt« war, »daß ein getaufter Jude sich erfrecht (Simson), an der Spitze einer Deputation zu sein, die ihm die Kaiserkrone anbietet« (Notiz vom 6. April 1849; Tb 6, S. 116). Daß seine Ablehnung vom 3. April 1849 (Bußmann 1992, S. 314-317) so schroff ausfiel, führt Varnhagen auf die antisemitische Haltung des Königs zurück.

Bettina greift mit ihrer Diskussion am Anfang des *Dämonenbuchs* demnach ein aktuelles Thema auf und stellt die Judenfrage, die sie bereits im *Frühlingskranz*, im *Günderodebuch* und im *Königsbuch* angeschnitten hatte, nun ins Zentrum des Gesprächs. Obwohl manche ihrer Darstellungen von zeitgenössischen Klischees nicht frei sind (vgl. Hock 1995), versteht sie es doch, ihr Plädoyer für eine unbeschränkte Anerkennung und Integration der Juden engagiert und überzeugend vorzutragen. Mit Nachdruck weist sie darauf hin, daß es besonderer Anstrengungen bedarf, um diese Frage zu lösen. Mit Anspielung auf den Entwurf des Judengesetzes vom 23. Juli 1847 heißt es:

»[...] die Juden emporzubringen nach so langem Darben, da müssen sie auch vorsichtig und zärtlich behandelt werden wie die ausländischen Pflanzen und genährt mit dem, was die Seele groß macht, und muß ihnen keine Laufbahn verschlossen bleiben [...] ich würde ihre Kinder zur Wissenschaft anleiten, [...] würde ihnen die Bildung geben, die ihre Ansprüche an Geselligkeit geltend macht [...].« (K/M 3, S. 269)

Eine Missionierung der Juden lehnt Bettina ab; sie empfiehlt vielmehr den Christen, von den Juden zu lernen:

»Das Feld der Freiheit ist die Basis aller. [...] Die Juden würden, trotz ihrem Festhalten an dem Glauben ihrer Väter, einen viel freieren Überblick über Anfang und Ende gewinnen, eben weil ihre Bedrückung ihnen ihr Anrecht an die Freiheit um so fühlbarer macht. – So würde der Christ durch des Juden freie Bildung Fülle freier Anschauung gewinnen, eine Entwicklung würde die andere steigern und endlich durch den goldnen Frieden sich ins goldne Zeitalter verwandeln, wo Jude und Christ gemeinsam fühlen, Gott sei unter ihnen!« (K/M 3, S. 270)

Scharf ist die Kritik an dem Verhalten der Christen:

»Die gesamte Christenheit drängt die Juden in die Hölle. Um jedes weltlichen Vorteils willen läßt sie, über alle heiligen Theorien hinweg, sich reißen zum Meuchelmord an ihren Brüdern! – sie zerrt den gefesselten Juden an der Kette, sie nennt ihn boshaft, wenn ihm der Schaum vor den Mund tritt, und tückisch, weil er in den Sack nicht springen will, den sie ihm vorhält. [...] Dieser Hohn gegen den ältesten Menschenstamm, der ist der Aussatz der Christen.« (K/M 3, S. 274)

Angesichts solcher Stellungnahmen ist der Vorwurf Rahels, Bettina sei bei einem gemeinsamen Spaziergang 1810 in »ihren Frankfurter Judenhaß« zurückgefallen (Kat., S. 238), kaum von Gewicht, und mit Bezug auf diese Zeit vom »Gutsbesitzerton« der Bettina zu sprechen (Hirsch 1992, S. 126), ist anachronistisch. Bettina ist sich der Judenproblematik immer mehr bewußt geworden, sie scheint vorübergehend im Winter 1810/11 der vorherrschenden antijüdischen Stimmung in Berlin zu erliegen, die sich in den Statuten der ›Christlich-deutschen Tischgesellschaft‹ manifestiert (Kat., S. 238; Hirsch 1992, S. 125), erkennt jedoch, als sie politisch zu denken beginnt, die Mechanismen der Diskriminierung von Minderheiten. Sie fühle sich dazu berufen, erläutert sie 1839 Savigny, »aller Geschicke auf mich zu nehmen [...] erstens der *Grimm* ihr Schicksal [...]. Dann zweitens die Juden, welchen ich ein für allemal ein romantisches Herdfeuer gewidmet habe; [...]. Drittens das junge Deutschland [...]« (Schultz, S. 252). Das heißt, sie sieht den Antisemitismus als politische Frage der Zeit, betrachtet die Juden – wie die Vertreter des Jungen Deutschland und die entlassenen Brüder

130

Grimm – als Menschen, die zu Unrecht von der Gesellschaft und den Regierenden benachteiligt, verfolgt oder verachtet werden. Mit ihrem Engagement für diese Minderheiten und der Entlarvung der Diskriminierungen ist sie ihrer Zeit weit voraus, und weder der Nachweis bestimmer Klischees bei der Darstellung von Juden (Hock 1995) noch die Belege für eine temporäre Verstimmung im Verhältnis zu Rahel (Hirsch 1992) können diese herausragende Leistung Bettinas schmälern.

In der fiktiven Diskussion des *Dämonenbuchs* gelingt es Bettina, den Primas zu überzeugen, und neben einem energischen Votum für das Naturrecht (»Einzige Straße der Menschheitsverklärung«; K/M 3, S. 284) hören wir aus dem Munde des geistlichen Würdenträgers eine geradezu revolutionäre Kritik an den staatlichen Instanzen:

»[...] die an den Juden Ärgernis nehmenden Christen sind um nichts besser als die um des Gewinstes willen sich aller Schmach unterziehenden Juden, und die Herren der Welt, diese nervenlosen, empfindsamen Idioten, unheilbar, mondsüchtig, schwermütig und ganz unsinnig, hassen und verfolgen jedes menschliche Prinzip, sie treten auf gegen die erhabensten, kühnsten Entwicklungen aller Seelenkräfte und halten sich durch den Reiz der Freiheit, den sie beleben sollten im Volk, weit mehr gefährdet als durch ihre sklavische Leidenschaften.« (K/M 3, S. 283)

In der Phantasie entwickelt Bettina dann den Plan, ihre Ideen als unsichtbarer Dämon dem schlafenden König (»gefesselt von Trug und Gewalt«) ins Ohr zu flüstern (K/M 3, S. 287), und leitet damit über zu einem Dialog Dämon – schlafender König. Dämon ist hier im Sinne der antiken Mythologie ein hilfreicher Halbgott, nicht der bösartige Geist, der umgangssprachlich heute als ›Dämon‹ bezeichnet wird. Bettina vertritt als Dämon die gute Stimme, das politische Gewissen des Königs und versucht, ihn zur Wahrheit zu führen. »Man braucht indeß die Dämonen nicht über unserer Sphäre zu suchen«, schreibt sie in diesem Sinne 1849 an Carriere, »sie stehen mit Uns in Verwandtschaft und leben unter uns als unsere Freunde!« (zit. nach Schmitz 1989, S. 152). In einem Briefentwurf an den Kronprinzen von Württemberg ergänzt sie:

»Eine hohe Idee fassen, sie nicht als extravagant abweisen, oder als Chimäre läugnen das ist die Vermittlung sich mit dem Dämon in Raport setzen und durch ihn und mit ihm zu verwirklichen was oft nur ahnungsweise den Geist streift. Auch ich fühl mich dämonisch befähigt, und was Andre für Wahnwitz halten das liegt als klare Wahrheit, als einzige göttliche Offenbarung vor mir.« (Püschel 1965, S. 88)

Leitende Idee bei der Einführung eines »schlafenden Königs« ist nicht nur die Kritik am preußischen Monarchen, der die Entwicklungen der neuen Zeit und seine historischen Chancen nach Bettinas Meinung ›verschläft‹ (vgl. ihr böses Wort vom »schlafenden träumerischen Madensack« im Brief an Hemsen [20. Febr. 1852; Meyer-Hepner 1953, S. 62]), sondern auch die in der romantischen Natur-Philosophie und -Medizin gewonnene Erkenntnis, daß ein Schlafender (oder ein Wachträumender in ›magnetischem‹ [hypnotischen] Schlaf) Wahrheiten aufnehmen und artikulieren kann, die er im wachen Zustand nicht erkennt (›verdrängt‹, wie wir seit Freud sagen).

Der Dialog reflektiert die politische Situation in Preußen nach der 1848er Revolution, die trotz aller (z. T. erfolgreichen) Bemühungen, parlamentarische Instanzen einzuführen, von restaurativen und reaktionären Tendenzen geprägt ist. »Indes du hier schlummerst, jauchzen verwegen schrecklich Verblendete über dem Riß im bebenden Grund vom rauchenden Blut, das mit Leichen deines Volkes ihn füllt«, formuliert Bettina mit Anspielung auf diese Entwicklung (K/M 3, S. 288). Energisch plädiert sie gegen die Rache, die von den restaurativen Kräften an den Aufständischen geübt wird und wertet dabei die Ereignisse des Jahres 1848 weit positiver als Preußens König, der anläßlich seines Eides auf die Verfassung äußerte: »Das Werk, dem ich heute Meine Bestätigung aufdrücken will, ist entstanden in einem Jahre [1848], welches die Treue werdender Geschlechter wohl mit Tränen, aber vergebens wünschen wird, aus unserer Geschichte hinauszubringen« (Bußmann 1992, S. 271). Die Verfassungsfrage war zwar durch die am 5. Dezember 1848 oktroyierte Verfassung, die Friedrich Wilhelm IV. widerstrebend am 6. Februar 1850 vor den beiden vereinigten preußischen Kammern mit Eid (und einer selbstformulierten kritischen Rede) bestätigt hatte, zunächst geklärt (ebd., S. 264-271), doch blieben die Widersprüche: »Der Kontrast zwischen dem liberalen Inhalt der Verfassung und dem Gottesgnadentum konnte kaum größer sein« (ebd., S. 271). Bettina spricht von den »Gebrechen« der »kleinlichen Gesetzespolitik« (K/M 3, S. 291) und erklärt sich damit gegen den Parlamentarismus. Zugleich stärkt sie die Position des Königs, dem sie allerdings die Aufnahme revolutionärer Ideen auferlegt. Nicht den neugeschaffenen demokratischen Institutionen in Berlin und Frankfurt und den Details der Gesetzgebung gilt ihre Aufmerksamkeit, sondern der Frage, welche kritischen Ansätze der liberalen Bewegung Preußens König ›verinnerlichen‹ sollte, der nach wie vor an seiner »gotteingeborne[n] Herrscherwürde« (K/M 3, S. 320 f.) festhält. Nicht an die Abschaffung des Monarchismus denkt sie, sondern an das alte Modell eines Königs, der sich weder auf papierne Konstitutionen noch auf sein Gottesgnadentum stützt, sondern eine emotionale Einheit mit seinem Volk bildet. Nicht anders sind die folgenden Formulierungen zu verstehen:

»Er [der König] soll *revolutionär* werden.« (K/M 3, S. 289)
»›[...] Könntest du den Geist der Revolution in dich aufnehmen, dann
wärst du auch der Genius des Volkes, der sich selber einsetzt und Gesetze
ausströmt, die Geist befruchten!‹
Schlafender König: ›Kannst du mich revolutionär machen, so sei es dir er-
laubt.‹« (K/M 3, S. 291)
»*Schlafender König:* ›Soll das Volk seine eigne Regierung bilden und seinen
König erziehen?‹
Dämon: ›Der Wahrheitsfunken springen dir ins Antlitz. [...] Und Rechen-
schaft verlangt es, wie du seinen Geist und Mut lehrst Schöpfer werden an
sich selber.‹
Schlafender König: ›So wäre meine Krone der Volkskraft Allumfassung und
Einheit beider, des Volks und des Königs!‹« (K/M 3, S. 304)
»König ist Ideal der Volksgesamtheit, das zeigt, was das Volk vermag, ge-
stützt von einem Mann, und was ein Mann vermag, getragen vom Volk.«
(K/M 3, S. 321)

Die gleiche – bereits aus dem *Königsbuch* bekannte – Vorstellung
von einem ›Volkskönig‹ legt Bettina in ihrem *Dämonenbuch* einem
Vertreter des vierten Standes in den Mund. Basis dieses Königstums
sind ein Gefühl der Gemeinsamkeit und – auf Seiten des »Proletari-
ers« – Ergebenheit, Treue und Verehrung, jedoch ist die Einsicht des
Rechts und die »gleichübende Menschlichkeit« eine wesentliche
Voraussetzung für diese geradezu mystische Einheit von Volk und
Herrscher, dessen Gefahrenmomente Bettina nicht reflektiert:

»*Proletarier:* Das Volk sehnt sich nach Großem und hoffte es zu finden in
dir. In der Auferstehung des Rechts in deiner Brust, in deiner gleichüben-
den Menschlichkeit an Freund und Feind sollte die Volksfreiheit sich be-
gründen. Deutsche Volkswürde, deutsche Freiheit und Treue sollten nicht
mehr in leerem Schall aufgehen. Auf unsern souveränen Platz der Völker-
einheit wollten wir uns schwingen, dann war es dir möglich, mit starkem
Arm und beruhigend die Erde zu fassen und uns zu führen, wohin du
willst, wenn du gewährst, daß wir uns *dein* fühlen.« (K/M 3, S. 388)

Während die Berufung auf das Naturrecht und die Kritik an der
Kamarilla den Auffassungen der Liberalen und Frühsozialisten entsprachen, reaktiviert Bettina hier zugleich die traditionellen Auffassungen von einem auf Treue und Glauben gebauten Verhältnis von Monarch und Volk. Die Erfahrung einer schwankenden Volksmeinung
und die Beobachtung der komplizierten parlamentarischen Prozeduren
hatten sie offenbar dazu bewogen, alle Vorstellungen von einer radikalen
Neuerung aufzugeben und die traditionellen Vorstellungen eines
›Volkskönigs‹ erneut zu artikulieren. Zweifellos geriet sie mit diesen
Theorien, die weder den Anhängern von Karl Marx, noch den restaurativen Kräften Preußens gefallen konnten, ins politische Abseits.

Im letzten Teil erweitert sich die Gesprächsrunde. Der König hört »Gesang in hallenden Wolken, von der Sonne durchblitzt«, und es lassen sich »Magyargeister« vernehmen (K/M 3, S. 381). Dann folgen ein Genius, ein Volksgeist, das Volk, der Polengeist und weitere Vertreter verschiedener Nationen und Stämme (Magyare [Ungarn], Gallier, Lombarden, Germanen) mit Stellungnahmen. Bettina war durch Korrespondenzen und persönliche Kontakte über die Entwicklung in Europa bestens informiert. Insbesondere zu Freiheitskämpfern und kritisch eingestellten Intellektuellen unterhielt sie Beziehungen: Sie kannte den Deutschungarn und Petöfi-Übersetzer Karl Maria Kertbeny (Benkert) sowie die radikale Demokratin Julia Molinska-Woykowska und den Freiheitskämpfer Miros awski aus Polen. Der russische Anarchist Bakunin hielt sich 1848 unter falschem Namen in Berlin auf und besuchte sie oft (vgl. Tb 5, S. 120). In sporadischem Briefkontakt stand sie mit George Sand und Hortense Cornu (vgl. Hirsch 1992, S. 99), und der französische Gesandte Emanuel Arago, der an den Ereignissen des Jahres 1848 in Berlin regen Anteil nahm, war bis zu seiner Abberufung (1849) ein häufiger Gast Bettinas.

Nachrichten und Gerüchte über die Aufstände im Ausland spielten bei der Berliner Revolution von 1848 eine große Rolle – davon zeugen unter anderem die Briefe, die Bettina an ihre Söhne schrieb (vgl. Becker 1993) und eine Notiz Varnhagens:

»Mittags besuchte mich Bettina von Arnim. Wie besprachen die Sache des Königs; [...] Wie unselbständig unsre deutsche Sache ist, sehen wir wieder recht klar. Unsre Freiheitsbewegung folgte dem Vorgang der Franzosen, mit deren Stillstande steht auch bei uns alles still; [...] Der Verrath der französischen Sache war gleich der der Polen, mit der Furcht vor der französischen Republik erlosch die Achtung der Fürsten für die eigenen Völker.« (9. Dez. 1848, Tb 5, S. 334)

Aus der Einsicht in diese europäische Verflechtung entsteht dann die Idee einer europäischen Lösung, die Bettina im Schlußteil des *Dämonenbuchs* entwickelt. Unter dem 17. Februar 1852 heißt es entsprechend bei Varnhagen:

»Bettina von Arnim kam als ich noch zu Bette lag. [...] Kaum war sie fort, so stand ich auf, schrieb meine Bemerkungen über die allgemeine Lage der Dinge nieder, über die Vergeblichkeit alles vereinzelten Bemühens, sofern es nicht im Geiste des allgemeinen Strebens ist; von Preußen, von Deutschland, von Italien etc. kann nicht die Rede sein, nur von Europa.« (Tb 9, S. 71 f.)

Bettina teilt jedoch – vermutlich im Gegensatz zu Varnhagen – den Fürsten und insbesondere dem preußischen Monarchen auch in der neuen europäischen Ordnung eine zentrale Rolle zu. Ihre These: »Fürsten und Völker bilden und erkennen sich ineinander« (K/M 3, S. 364) entspringt einem Wunschdenken, mit dem sie auch den schlafenden König zu motivieren sucht: »Alle die großen Fragen von Europas Entfaltungsprozeß würden freudig unter deinem Herrscherstab aufwallen. Eine göttliche Erziehung des Menschengeschlechts« (K/M 3, S. 357). Schmitz versteht diese Abgehobenheit des *Dämonenbuchs* von der politischen Realität als »Anspruch der frühen Romantik, *durch Poesie die Utopie zu verwirklichen*« (Schmitz 1989, S. 143). Die Verklärung des Herrschers, wie sie Bettina artikuliert (»Dem Herrscher, der den Volkscharakter in sich verklärt, dem jubelt das Volk«; K/M 3, S. 387), ist jedoch durchaus ein politisches Programm und kann nicht allein als poetische und mythische Verklärung gedeutet werden. Bettina verstand ihre Einflüsterungen als reale politische Ratschläge für den regierenden König Preußens. Indem sie die emotionale Einheit von Volk und Herrscher (auch im europäischen Rahmen) verklärt, entwickelt sie ein Programm, das einem rational fundierten Parlamentarismus entgegengerichtet ist. Diktaturen wissen sich diesen Effekt einer Identifikation von Volk und Herrscher bis heute zunutze zu machen. Als Grundlage eines realen Staates sind die Visionen Bettinas deshalb nicht ungefährlich und widersprechen der Gesellschafts- und Sozialkritik, die sie in den vierziger Jahren formuliert hatte.

Das Schlußwort des Buches spricht der »Geist des Islam« und weitet damit die Perspektive auf die außereuropäischen Länder aus. Heinz Härtl hat Friedrich Rückerts »Verwandlungen des Abu Seid von Serug, oder die Makamen des Hariri, in freier Nachbildung« (2. Ausgabe von 1837) als Quelle ausgemacht:

»Diesem Werk, das [...] in der Arnim-Bibliothek erhalten geblieben ist, entnahm Bettina höchstwahrscheinlich die gewagte Schlußgeschichte des Dämonenbuches [...]. In der ›Schlußapotheose‹ des Buches, in der Stimmen der Völker auf den König einreden, bekommt die des Islam mit der indirekten Aufforderung, sich zum Nutzen der Allgemeinheit aufzuopfern, ja auszulöschen, das letzte Wort. Ein erstaunlicher ›Royalismus, der selbst revolutionair geworden‹, wie es in einer zeitgenössischen Besprechung heißt.« (Härtl 1994, S. 222 f.)

Dieser »Royalismus« führt jedoch nicht zu einer Wiederannäherung an den preußischen König. Ihm übermittelt Bettina am 3. August 1852 ein Exemplar mit den Worten:

»Dies Buch wird darlegen, nicht daß ich Könige hasse, aber daß ich einen unter ihnen lieben durfte den, wie es darin geschrieben steht, sein guter Daemon zur Größe hinanleiten wollte die unsterblich über die anderen

Fürsten ihn erhob. [...] aus der Quelle der Treue ist er [der Born] geflossen und glorreich würde es *den* König vor den Völkern machen der seine Sanction ihm nicht versagte.« (Geiger 1902, S. 190 f.)

Von einem Urteil oder einer Antwort Friedrich Wilhelms ist nichts bekannt (Geiger, S. 197; Schmitz behauptet, der König habe den Begleitbrief erst 1861 geöffnet; Schmitz 1989, S. 145). Ludwig I. von Bayern schickte Bettina am 5. Oktober 1854 ein Exemplar. Das Buch sei

»allen Monarchen zugedacht, für den König von Preußen geschrieben, aber von ihm nicht gewürdigt worden, die Monarchen zwingen einen sie zu belügen, die Wahrheit würde ihnen wie Unverschämtheit klingen die in diesem Buch doch nur gesagt ist aus Ehrfurcht vor dem Sitz auf dem sie thronen sollte.« (Kat., S. 32)

Der König, der ihr in einem Schreiben aus Aschaffenburg am 7. Oktober 1854 dankte und sich intern über die Anrede »Königliche Majestät! oder auch Lieber Ludwig von Baiern!« beschwerte (vgl. Kat., S. 32), hatte bereits 1848 abgedankt.

Negativ war das Votum Humboldts (vgl. Tb 9, S. 300), und Varnhagen weiß von »einige[n] Hofleuten« zu berichten, die »in mißliebigem Sinn« von dem Buch sprachen und behaupteten, Bettina »habe in diesem Buche den König gefoppt« (1. Sept. 1852; Tb 9, S. 353). Sein eigenes Urteil ist ebenfalls nicht positiv:

»Uebrigens ist das Buch das verworrenste, gestaltloseste, verstimmendste, das Bettina geschrieben hat. Sie hat die Widersprüche aus denen es besteht, nicht zu bezwingen vermocht. Es sollte ein Königsbuch sein, aber auch ein Volksbuch, was dem einen taugt, taugt dem andern nicht.« (18. April 1852; Tb 9, S. 171)

Zwar sind die weiteren zeitgenössischen Rezensionen nicht durchgehend negativ (vgl. K/M 3, S. 491-500), doch selbst der befreundete Moriz Carriere mußte konstatieren: »wenig Klarheit der Gedanken, zu viele Allgemeinheiten [...]. Die Schrift ging wirkungslos vorüber« (K/M 3, S. 499), und Varnhagen notiert am 23. Oktober 1856: »bis jetzt ist kein einziges Exemplar des Buches verkauft worden« (Tb 13, S. 197).

VII. Bettina als Komponistin und bildende Künstlerin

Die Ausbildung in Musik und Zeichnen, die Bettina als junges Mädchen erhielt, entsprach im Wesentlichen der anderer ›höherer Töchter‹, deren Eltern sich Privatlehrer leisten konnten. In Frankfurt und Offenbach war es der Bratschist Philipp Carl Hoffmann (1769-1842), der ihr Kompositionsunterricht erteilte. In München gab ihr der Hofkapellmeister Peter von Winter (1754-1825) Unterricht in Gesang, Klavier und Komposition. Aufgrund dieser Ausbildung war sie in der Lage, Lieder zu komponieren und diese auch selbst mit Klavierbegleitung vorzutragen. Im Rahmen kammermusikalischer Veranstaltungen im privaten Kreis konnte sie – mit einer Stimme von außergewöhnlichem Umfang begabt – mit diesen Liedern hervortreten. Ludwig von Gerlach notierte am 29. September 1816 in seinem Tagebuch: »Seelenvoller, leidenschaftlicher Vortrag« (zit. nach Kat., S. 178).

An den großen Liedkomponisten ihrer Zeit (Schubert, Schumann, Brahms) können Bettinas Kompositionen jedoch nicht gemessen werden:

»Von den zahlreichen Kompositionen Bettines – es handelt sich ausnahmslos um Liedvertonungen –, die in den zeitgenössischen Briefen erwähnt werden, sind jedoch nur wenige überliefert. Bettine erkannte bei aller Begeisterung ihre Grenzen und war sich bewußt, daß ihre Lieder einem kritischen fachlichen Urteil nicht standhalten würden.« (Renate Moering, in: Kat., S. 178)
»Eine wirkliche Persönlichkeit tritt [...] auch in den ansprechendsten Weisen nicht hervor, vielmehr ist im Gesamtbilde wie in den Einzelheiten das Vorbild Felix Mendelssohn-Bartholdys unverkennbar.« (Friedlaender, in: Oehlke 4, S. 255)

Fast allen überlieferten Liedern liegen Texte zeitgenössischer Dichter (meist aus Bettinas Verwandten- und Bekanntenkreis) zugrunde: Texte von Clemens Brentano und Achim von Arnim finden sich neben Goethe-Texten, Griechenlandlyrik ihrer Freundin Amalie von Helvig und Hölderlin-Versen. Einzelne Lieder sind den Publikationen Arnims (der *Gräfin Dolores* von 1810 und der *Novellensammlung* von 1812) als Notenbeilagen beigefügt, eine Reihe von Liedern veröffentlichte Bettina in einem Heft 1842, das sie dem Berliner Kapellmeister Spontini widmete, der aus politischen Gründen am 25. August 1841 (wegen Majestätsbeleidigung; vgl. Spitta 1892, S.

340-342) seinen Posten in Berlin verloren hatte. »Gehässig ist es, einen Mann, dessen leidenschaftlicher Aristokratismus und schwärmerische Liebe für den König weltbekannt ist, eines ungeeigneten Ausdrucks wegen der Majestätsbeleidigung zu beschuldigen«, formulierte Bettina in einem langen Brief an den Geheimen Commerzienrat Moritz Robert-tornow (ebd., S. 345) und forderte den Adressaten später auf, ihren umfangreichen Brief zu den Akten zu geben und damit dem König zugänglich zu machen.

In ihrer Publikation zugunsten des unpopulären (in einer Veranstaltung vom Publikum ›ausgebuhten‹) Kapellmeisters nahm sie Vertonungen von Texten aus Arnims Schauspiel *Die Gleichen* (1819), aus seinem frühen Roman *Ariel's Offenbarungen* (1804) und seiner Novellensammlung *Der Wintergarten* auf. Ferner sind ein unpubliziertes Gedicht Arnims sowie zwei Goethe-Texte (das Gedicht *Herbstgefühl* und Verse aus der Gartenszene von *Faust I*) mit Melodien versehen. Die zeitgenössische Rezension dieser kleinen Sammlung in der *Allgemeinen Musikalischen Zeitung* (vgl. Kat., S. 197) ist wohlwollend, attestiert Bettina jedoch zugleich eine »gewisse dilettantische Naivetät« (ebd.) und vermutet bei der Klavierbegleitung die »ordnende Hand eines Musikerfahrenen«. An Kontakten mit professionellen Musikern fehlte es Bettina nicht, und neben Franz Liszt (1811-1886), den sie im Januar 1842 kennenlernte, war es der Geiger Joseph Joachim (1831-1907), der sie häufig besuchte. Ein bekanntes Aquarell von Carl Johann Arnold, das 1854 oder 1856 entstand (vgl. Kat., S. 188 und Oehlke 4, S. 260), zeigt ihn beim Quartettspiel in Bettinas Salon. Robert Schumann und Johannes Brahms widmeten »der hohen Dichterin Bettina« (Schumann: *Gesänge der Frühe*, 1853) Kompositionen, Joachim und Liszt den Töchtern Gisela und Armgart. In Kontakt mit Beethoven kam Bettina 1810 durch die Schwägerin Antonia Brentano, geb. Birkenstock, die von der Beethovenforschung zeitweise für die ›unsterbliche Geliebte‹ Beethovens gehalten wurde. Im Juli 1812 vermittelte Bettina eine Begegnung von Goethe und Beethoven (vgl. Kat., S. 186). Wer jedoch die »ordnende Hand« der Spontini-Sammlung war (die nach Friedlaender, Oehlke 4, S. 255 f., nur im ersten Lied erkennbar ist), konnte die Forschung noch nicht klären. Im Nachlaß Joachims fanden sich einige Lieder (vgl. ebd., S. 256), doch hat Bettina Joachim erst 1852 durch Liszt kennengelernt (Kat., S. 187).

Neben den veröffentlichten Liedern gibt es eine Reihe von Kompositionsskizzen, die zum Teil in der Heineman Foundation (innerhalb der Pierpont Library in New York) aufbewahrt werden. Einige sind in Bettinas Handschrift, einige in Abschriften überliefert (vgl. Moering 1992 und Willison 1989). Sie bestätigen, daß Bettina in der Lage war, schlichte volksliedartige Melodien im Sinne der Zweiten Berliner Liederschule zu erfinden, bei der Ausführung der Begleitung jedoch Probleme hatte und ihr »Unvermögen, den Tonsatz zu erlernen, zu einer bewußten künstlerischen Freiheit« stilisierte (vgl. Moering 1992, S. 69, und Kat., S. 179). Der Brief vom 20. Juni 1842, mit dem sie Liszt ihre Publikation am 20. Juni 1842 übersandte, läßt ein gerüttelt Maß an Selbstüberschätzung erkennen: »Ob sie [die eigenen Kompositionen] den Menschen heutzutage zusagen werden, das weiß ich nicht; aber sie werden Wege zeigen, damit die Musik nicht [...] zum stehenden Sumpfe werde« (zit. nach Friedlaender, Oehlke 4, S. 258 f.).

Was bisher an Bettina-Kompositionen an den Tag gekommen ist, kann diesem Anspruch nicht gerecht werden, doch entfalten ihre melodischen Skizzen – in den korrigierenden Bearbeitungen von Joachim und Friedlaender (vgl. Oehlke 4, S. 261-306) – eine eigenwillige Schönheit und zeigen, daß Bettinas musikalische Begabung die Gelegenheitskompositionen ›höherer Töchter‹ doch übertraf.

Zeichenunterricht erhielt Bettina vermutlich schon auf der Klosterschule in Fritzlar. Ob sie in Offenbach und Frankfurt systematischen Unterricht erhielt, wissen wir nicht. Bettine stellt sich selbst als Autodidaktin dar. »Energisch weist sie [...] jede Hilfe, jede Beeinflussung von außen zurück, argwöhnend, dies könnte ihren natürlichen Genius verletzen« (Maisak, Kat., S. 203). Aus der Kasseler Zeit (1806/07) ist belegt, daß der Galerie-Inspektor Ernst Friedrich Robert sie in der Ölmalerei unterrichtete, ein Hobby, das sie später in der Ehezeit wieder aufnahm. Die intensive Freundschaft mit dem Maler und Radierer Ludwig Emil Grimm (1790-1863) ist durch die *Lebenserinnerungen* des Grimm-Bruders und die zahlreichen Skizzen und Radierungen belegt, die Grimm von Bettina im Laufe ihres Lebens anfertigte. Nach Maisak blieb sein »künstlerischer Einfluß auf sie [...] gering« (Kat., S. 204), während sich mit Carl Friedrich von Rumohr (1785-1843), den sie in München kennengelernt hatte, in der Berliner Zeit eine enge Zusammenarbeit entwickelte, von der Bettina profitierte. Bei den Vignetten, mit denen sie einige ihrer Briefe an Pückler schmückte (vgl. Kat., S. 205), ist nicht zweifelsfrei geklärt, ob Bettina sie im Stil Rumohrs anfertigte, oder dieser selbst (Kat., S. 205-207). »In Berlin schloß sich Bettine insbesondere Karl Friedrich Schinkel an. [...] Sie war regelmäßiger Gast in Schinkels Atelier und in seiner Wohnung in der Dorotheenstadt [...]. Bettine setzte sich intensiv mit Schinkels Werken auseinander; sie zeichnete nach ihnen und äußerte sich auch theoretisch dazu« (Kat., S. 208). Auch die erhaltenen Entwürfe zum Oktoberfest zeigen Einflüsse Schinkels (Kat., S. 214). Ohne erkennbare Wirkung auf Bettinas

Stil blieb dagegen ihr Kontakt zu Carl Blechen. Bettina, die bereits 1832 sein Bild *Nachmittag auf Capri* erworben hatte, veranstaltete eine Lotterie, um dem erkrankten Maler einen Italienaufenthalt zu finanzieren (Kat., S. 207 f.). Die Reise kam trotz des Lotterieerfolgs nicht zustande. Blechen starb 1840 »in geistiger Umnachtung« (ebd.).

Bei dem Entwurf des Goethemonuments handelt es sich um das ehrgeizigste Projekt Bettinas im Bereich der bildenden Kunst. Der erste Plan entstand bereits zu Goethes Lebzeiten und geht auf Sulpiz Boisserées Anregung zurück, zum 70. Geburtstag des Dichters 1819 in Frankfurt ein Denkmal zu errichten:

»1823 sah Bettina in Berlin ein Modell Rauchs, das Goethe als Sitzfigur in der Tradition der antiken Philosophenbilder zeigt. [...] Die klassische Schlichtheit im Verein mit den porträthaft-realistischen Zügen mißfiel ihr gründlich; sie verspottete das Werk als ›alten Kerl im Schlafrock‹ und beschloß, einen eigenen Entwurf dagegenzusetzen. [...] Bettines Goethe-Denkmal haftet durchaus etwas von einem Götterbild, einem verehrungswürdigen Idol an. [...] Der Dichtergott thront über dem lorbeerumrankten (Frankfurter) Adler.« (Kat., S. 214 f.)

Mit der »kindlichen Psyche«, die »zwischen seinen Knien, einen Fuß auf den seinen gesetzt« steht, spielt Bettina auf ihre eigene Wunschvorstellungen an: Sie inspiriert den großen Dichter, gewinnt, wie sie an Goethe schreibt, dabei einen »höheren Standpunkt«, während sie »das Geheimniß seiner Seele durch die Leyer ausspricht« (K/M 5, S. 118). In den Reliefs der Thronlehne sind die vorhergehenden Stufen von Bettinas ›Goethe-Liebe‹ dargestellt. Nach der Beschreibung im *Goethebuch*:

»Auf der einen Seite der Thronlehne ist Mignon als Engel gekleidet mit der Überschrift: ›So laßt mich scheinen, bis ich werde‹, jenseits *Bettina*, wie sie, zierliche kindliche Mänade, auf dem Köpfchen steht, mit der Inschrift: ›Wende die Füßchen zum Himmel nur ohne Sorge! Wir strecken Arme betend empor, aber nicht schuldlos wie Du.‹« (K/M 2, S. 405)

Der Kopfstand zeigt den Augenblick, wo sie sich – nach der Formulierung des zugrundeliegenden Originalbriefs (K/M 5, S. 118 f.) – »überwerfen« (zugleich im Sinne von ›aufgeben‹, ›prostituieren‹) will. Bettina bezieht sich auf Goethes *Venezianische Epigramme*, 38 und 39: »Kehre nicht, liebliches Kind, die Beinchen hinauf zu dem Himmel; / Jupiter sieht dich, der Schalk, und Ganymed ist besorgt« und »Wende die Füßchen zum Himmel nur ohne Sorge! Wir strekken / Arme betend empor; aber nicht schuldlos wie du«. Der unmittelbare Bezug auf Bettina dann in 47:

»›Welch ein Wahnsinn ergriff dich Müßigen? Hältst du nicht inne? Wird dies Mädchen ein Buch? Stimme was Klügeres an!‹

Wartet, ich singe die Könige bald, die Großen der Erde,
Wenn ich ihr Handwerk einst besser begreife wie jetzt.
Doch Bettinen sing ich indes; denn Gaukler und Dichter
Sind gar nahe verwandt, suchen und finden sich gern.«

Im Januar 1824 schickte sie ihre Entwurfszeichnung an Goethe, der
sie »das wunderlichste Ding von der Welt« nannte, »eine Art Beifall
nicht versagen, ein gewisses Lächeln nicht unterlassen« konnte (zit.
nach Kat., S. 215 und Bäumer 1986, S. 117), jedoch Rauchs Entwurf favorisierte (Kat., S. 215). Im Juli des gleichen Jahres brachte
sie ein Gips-Modell nach Weimar, das als einziges von mehreren Exemplaren den Zweiten Weltkrieg überstanden hat. In Weimar befindet sich auch eine monumentale Ausführung der Figurengruppe
(ohne den geplanten großen Sockel), den der Rauch-Schüler Karl
Steinhäuser (1813-1879) nach Bettinas Entwürfen begann. Er besei-
tigte allerdings die vermeintliche ›Respektlosigkeit‹, indem er die
von Bettina als »höheren Standpunkt« gedachte Position der Betti-
na-Psyche auf Goethes Fuß korrigierte, und verzichtete auch auf die
Darstellungen der Thronlehne. Von den Ideen des Bettina-Entwurfs
gehen damit wesentliche Aspekte verloren (vgl. S. 66 f.). Es wundert
deshalb nicht, daß Bettina von dieser Ausführung entsetzt war und
in einen ›Wutanfall‹ ausbrach, als sie das Denkmal in Augenschein
nahm: »solch ein Monstrum und solch einen Knirps soll ich erdacht
haben?!« (Bericht von Adelheid von Schorn; zit. nach Kat., S. 215).
Der Weimarer Großherzog Karl Alexander erwarb das Marmordenk-
mal 1853; gegen Bombeneinwirkung durch Verschalung geschützt
überdauerte es den Zweiten Weltkrieg im Innenhof des Weimarer
Landesmuseums und wird nach Restaurierungsarbeiten wieder zugänglich sein.

Offenbar entsprach der Stich, den Carl Funke nach Bettinas
Zeichnungen angefertigt hatte, mehr ihren Vorstellungen, denn sie
veröffentliche ihn 1835 als Frontispiz ihres *Goethebuchs*, das im Untertitel »seinem Denkmal« gewidmet ist. Eine Finanzierung des in
Frankfurt abgelehnten Denkmals konnte sie jedoch weder mit der
Publikation der deutschen Fassung noch mit der Übersetzung ins
Englische erreichen. Auch die Bemühungen, den preußischen König
für eine Realisierung des Projektes in Berlin zu gewinnen, von denen Varnhagens Tagebuch ausführlich berichtet, scheiterten. An ihrem Plan hielt sie jedoch bis zu ihrem Tode fest. »In ihren letzten
Lebensjahren arbeitete und änderte sie fortwährend an ihrem Entwurf« (Sch/St 2, S. 847). Von der großen Ausführung mit Sockel,
der auf den Aquarellen ihres Berliner Salons zu sehen ist, haben sich
keine Modelle erhalten. In der Sammlung des Freien Deutschen
Hochstifts wird nur das Gipsrelief »Verherrlichung der Dichtkunst«

(von Albert Wolff; vgl. Kat., S. 216 und 224) aufbewahrt, und das Gipsmodell in der Stiftung Weimarer Klassik entspricht der frühen Fassung (ohne Sockel).

Der Finanzierung des Goethedenkmals sollte – nach einem Brief Bettinas vom August 1832 (vgl. Maisak 1992, S. 63) – auch der Vertrieb eines Stiches dienen, der unter dem Namen ›Oktoberfest‹ in die Forschung einging. Bis heute konnte nicht geklärt werden, ob die geplante Reproduktion von Bettinas Skizzen für den bayrischen König tatsächlich zustandekam. Überliefert ist nur ein gestochenes Detail, das Clemens Brentano in einem Brief seiner Freundin, der Malerin Emilie Linder 1835 übermittelte (ebd., S. 48). Erst 1989 konnte Petra Maisak die im Freien Deutschen Hochstift überlieferten Skizzen aus dem Nachlaß von Bettinas Tocher Maximiliane als Vorzeichnungen des ›Oktoberfests‹ identifizieren. Ähnlich wie der Plan des Goethemonuments resultiert dieses Projekt Bettinas aus der Unzufriedenheit mit einem Modell, das sie auf einer Ausstellung gesehen hatte. Ihr mißfiel Christian Daniel Rauchs Entwurf zu einem Denkmal Maximilian I. Josephs (ein »Klumpen Erz«; »Kasten, auf dem ein Kobold sitzt« schreibt sie an Goethe), das 1826 in Berlin gezeigt und später ausgeführt wurde. Ihre »friesartige, arabeske Figurenkomposition« (Maisak 1990, S. 184) nimmt inhaltlich einzelne Elemente aus den Sockelreliefs von Rauch auf, orientiert sich jedoch zugleich an Schinkels Entwürfen zu den Fresken des Berliner Alten Museums, die Bettina bereits im Entwurf kennengelernt hatte und in einer Publikation Pücklers im einzelnen besprochen hatte (vgl. Sch/St 2, S. 810-818 sowie Maisak 1990, S. 211-215). Bettinas »ikonographisches Programm [thematisiert] ein auf König Ludwig I. von Bayern bezogenes Kulturstaatideal« (Maisak 1990, S. 185), wobei Szenen aus dem mit einem Pferderennen verbundenen Münchener Oktoberfest einbezogen sind. In den überlieferten Skizzen führt Bettina die Szenen in Umrißzeichnungen (nach Flaxman) aus, und entwickelt ›lebende Bilder‹, die Hedwig von Olfers 1830 so beschreibt:

»Eine Fülle von Gestalten, von Motiven, eine Grazie in jeder Stellung, [...] eine Bewegung in jedem Mantel, selbst das Flattern der Fahnen und das Dichterische in der ganzen Erfindung [...]. Es stellt das Oktoberfest vor in Bayern, wie die Ernte, die Jagd, den Fischfang usw. dem Könige huldigen. Die Figuren sind meist nackt, wenigstens verhüllen sie die Gewänder fast gar nicht.« (zit. nach Maisak 1990, S. 194)

Am 9. Mai 1829 schickte Bettina ihren ersten Entwurf mit Erläuterungen an Goethe. 1830 überreichte sie König Ludwig, den sie bereits als Kronprinzen seit der Jugend kannte, in Bad Brückenau ihr

Huldigungsbild. Sein Lob erwiderte sie mit dem Hinweis: »ich habe ihre Gedichte gelesen und dann gezeichnet«. Die Verbindungen zu den 1829 erschienenen Gedichten des Königs (Maisak 1990, S. 202-207) betreffen jedoch nur das allgemeine Bildungsgut und die antiken Reminiszenzen, die sowohl Bettinas Bildkomposition wie die Lyrik des Königs prägen.

VIII. Bettinas Märchenentwürfe

Bettina kannte Jacob und Wilhelm Grimm seit ihrer Marburger Zeit und kann als »Muse und Adressatin des alsbald weltberühmten Unternehmens« der *Kinder- und Hausmärchen* gelten (Rölleke, in: Kat., S. 225). In allen Auflagen zwischen 1812 und 1843 formulierten die Brüder Grimm persönlich gehaltene gedruckte Widmungen, zunächst (1812-1816) »An die Frau Elisabeth von Arnim für den kleinen Johannes Freimund«, später mit Hinweis auf »die unversiegbare Jugend Ihres Herzens« (1837) und auf die Hilfen bei der Wiedereinstellung und Wohnungssuche in Berlin (1840/1843; alle Vorworte in der Reclam-Edition der Sammlung). Während Bettina zur *Wunderhorn*-Sammlung von Arnim und Brentano immerhin 20 Lieder beigetragen hatte (Kat., S. 225; FBA 9,3, S. 979 f.), lieferte sie für die Brüder Grimm keine Märchen. Rölleke weist überzeugend nach, daß es wohl Arnim war, der eine Weiterleitung der Märchen verhinderte, und daß später auch differierende Auffassungen zur Gattung Märchen eine Rolle spielten (Kat., S. 225). Während die Brüder Grimm an der Fiktion festhielten, sie publizierten mehr oder weniger gereinigte, ›ursprüngliche Märchen‹ aus dem Volke (kollektiven Ursprungs), waren Arnim und Brentano der Meinung, sie wären als Dichter dazu berechtigt und verpflichtet, mit schöpferischer Phantasie aus dem tradierten Material neue, zeitgemäße Kunstmärchen zu entwickeln. Bettina verfuhr im Sinne dieser ›Schule‹, sie ließ sich zwar auf Anregung von Arnim von einer Frankfurter Frau Lenhardin (der Kinderamme Savignys) einige Märchen erzählen, behauptete dann jedoch auf Nachfrage Arnims zutreffend: »Das Märchen ist von mir« (Kat., S. 226-228).

Obwohl es die Brüder Grimm waren, die Arnim mehrfach auf die Frau Lenhardin hinwiesen, reichte dieser Bettinas Texte aus dieser Quelle nicht an die Brüder weiter und veröffentlichte statt dessen selbst einen dieser Texte in überarbeiteter und erweiterter Form in seiner Zeitschrift *Zeitung für Einsiedler* (1808) (vgl. Kat., S. 226 f.). Die anderen blieben unveröffentlicht, entsprechen auch nicht den geläufigen Vorstellungen von einem deutschen Märchen, die sich immer mehr an dem Modell der Brüder Grimm orientierten. Eine »freundliche Satire auf die Einsiedlermode« nennt Rölleke (Kat., S. 227) den in der *Zeitung für Einsiedler* verarbeiteten Text, den Arnim in einen Aufsatz mit dem Titel *Scherzendes Gemisch von der Nachah-*

mung des Heiligen integrierte. Auch die zu den Armenpapieren gehörige Geschichte vom Heckepfennig (vgl. Kap. *Armenbuch*) trägt zwar märchenhafte Elemente, paßt jedoch kaum zur Konzeption der Brüder Grimm. Als Kunstmärchen des Vormärz entwickelt es mit seinem sozialkritischen Anspruch eigene Strukturen, die einem eng gefaßten Märchenbegriff sicher nicht entsprechen.

Die Märchen aus dem Umfeld des ›Kaffeter‹-Kreises kommen den konventionellen (von Grimms Sammlung bestimmten) Vorstellungen von Kindermärchen eher entgegen, zumal der dänische Dichter Andersen mehrfach in diesem biedermeierlichen Salon von Bettinas Töchtern zu Gast war. Trotz politischer Differenzen zu den meisten Teilnehmern des (konservativ bzw. apolitisch geprägten) ›Kaffeter‹-Zirkels, der von den Schwestern Bardua und Bettinas konservativen Töchtern Armgart und Maximiliane (Maxe) getragen wurde (vgl. Werner 1929 und 1937), nahm Bettina an den künstlerischen (z. T. kunstgewerblichen) Produktionen dieses regelmäßig bis etwa 1848 tagenden Salon-Zirkels gelegentlich teil, und unter den Beiträgen zur ›Kaffeter‹-Zeitung gibt es Märchen, bei denen sie mitwirkte.

Wer die einzelnen Texte verfaßt hat, dürfte erst klar werden, wenn die seit dem Zweiten Weltkrieg verschollene Zeitung – ein handgeschriebenes Unikat, das Werner noch einsehen konnte – wieder auftaucht und alle Briefwechsel von Bettinas Töchtern ausgewertet sind. Bis dahin kann aus Abschriften und einigen im Nachlaß Armgarts erhaltenen Entwürfen (heute im Hochstift) nur vermutet werden, daß Bettina Anteil an den Märchenproduktionen hatte und offensichtlich gemeinsam mit Gisela an den (z. T. biedermeierlich illustrierten) Texten arbeitete. Es ist jedoch schwer zu entscheiden, ob Bettina die Entwürfe der erst 16jährigen Tochter nur abgeschrieben oder auch überarbeitet oder gar selbst geschrieben hat. Das gilt für das *Gritta-Märchen* und *Mondkönigs Tochter* (Kat., S. 94 f.). Von letzterem Märchen existiert ein Text in der Handschrift Bettinas, den Gisela jedoch korrigiert hat. *Aus den Papieren eines Spatzen* (entstanden 1845) wird allein Gisela zugeschrieben. Renate Moering (Kat., S. 96 f.) stellt eine Verbindung zu E. T. A. Hoffmann her, die naheliegt, weil hier – ähnlich wie in Hoffmanns *Kater Murr* – ein Tier seine Memoiren schreibt (vgl. Titelbild, Kat., S. 97).

IX. Leben als Werk – Werk als Leben.
Zur Einordnung der Schriften Bettina von Arnims

Bettina von Arnims in vieler Hinsicht unorthodoxes und komplex verschachteltes Werk läßt sich in die Begriffssysteme der Literaturwissenschaft nur schwer einordnen. Ihre Werke werden meist als »Briefromane« bezeichnet; als Autorin wird sie in aller Regel der literarischen Periode der Romantik zugerechnet. Dafür spricht vieles; vieles spricht aber auch dagegen.

Die eindimensionale Einordnung ihres Gesamtwerks in die literarhistorische Tradition des Briefromans, dessen namhafte Repräsentanten (Richardson, Rousseau, Sophie von La Roche, Goethe, Tieck, Hölderlin) Bettina bekannt waren, ist im Kern unbefriedigend und würdigt weder den unterschiedlichen Grad der Komplexität des Einzelwerks noch das poetische Verfahren der Autorin. So wird der Gattungsbegriff »Briefroman« (alternativ dazu finden sich die Bezeichnungen »Brief[erinnerungs]buch«, »Briefwerk«) durch Bettinas kunstvolle Technik des Mischens verschiedener Textsorten wie echten und fingierten Briefen, Briefpassagen oder Tagebuchexzerpten, kurzen Aufsätzen, Liedern, Träumen, Sentenzen, Zitaten aus Werken anderer Autoren, Anekdoten, Reiseberichten und anderem eindeutig überfrachtet, wenn nicht sogar gesprengt. Die Tatsache, daß das *Königsbuch* und das *Dämonenbuch* auf die Tradition der sokratischen Gespräche Bezug nehmen, hat in der neueren amerikanischen Bettina-Forschung dazu geführt, den Begriff des »Konversations- oder Dialogromans« (»conversational or dialogue novel«) einzuführen (vgl. Waldstein 1982 und darauf aufbauend Goozé 1984). Dadurch wird im Zusammenhang mit den sozialpolitischen Schriften Bettinas der Kontext der Salongespräche, die hier zweifellos von Einfluß waren, verstärkt in den Blickwinkel gerückt und mit der dialogischen Erzählstruktur dieser beiden Werke verknüpft. In den Hintergrund gerückt wird dabei der Aspekt, daß zu den Grundlagen des *Königs-* und *Dämonenbuches* auch Bettinas Briefwechsel mit Friedrich Wilhelm IV., Karl von Württemberg und Kertbeny gehören. So hat unter anderem Püschel nachweisen können, daß Passagen aus Briefen Bettinas an den König in den Text des *Königsbuchs* montiert wurden (Püschel 1989). Darüber hinaus weisen auch diese beiden Werke einen ausgesprochenen Mischcharakter auf – man denke nur an die diversen Einlagen wie etwa die *Erfahrungen eines jungen Schweizers im Vogtlande* in der Form der Sozialreportage (*Kö-*

nigsbuch) oder an *Die Klosterbeere* im Stil der Jugendreminiszenz (*Dämonenbuch*). Die Anwendung der Termini Dialog- oder Konversationsroman auf das Gesamtwerk unter der Voraussetzung, daß Briefwechsel im Sinne von Christian Fürchtegott Gellerts *Gedanken von einem guten deutschen Briefe* als eine fixierte Form des Dialogs und des ›natürlichen‹ Gesprächs angesehen werden können, wäre auch nicht überzeugend, da sich dadurch nur ähnliche Probleme der begrifflichen Eindimensionalität einstellten, wie sie schon am Beispiel des Briefromans erläutert wurden.

Form und Stil der Werke Bettinas werden auch in der jüngeren Sekundärliteratur wieder verstärkt in den Kontext frühromantischer Poetologiekonzepte gestellt, wie sie einerseits von Friedrich Schlegel und Novalis im Jenaer, andererseits von Clemens Brentano und Achim von Arnim im Heidelberger Romantikerkreis entworfen wurden. Wyss und Dischner haben dem vorgearbeitet; Waldstein 1988, Härtl 2, Schultz 1985, 1987 u. 1995, Liebertz-Grün 1989 u. a. haben diesen Aspekt weiter verfolgt.

So kann beispielsweise der Mischcharakter der Werke Bettinas direkt aus Friedrich Schlegels Postulat, daß er sich ein »romantisches Buch [...] kaum anders denken [könne], als gemischt aus Erzählung, Gesang, und andern Formen« abgeleitet werden. Ihre romantisierende (idealisierende) Form der Persönlichkeitszeichnung ist mit Novalis' Forderung nach einer Identifizierung des »niedere[n] Selbst« mit seinem »bessern Selbst« zu verknüpfen, wodurch eine »qualitative Potenzierung« des Lebens erreicht werden sollte (Schlegel, S. 515; Novalis, S. 384). Härtl, der die plausible These vertritt, daß das Poesieverständnis der Heidelberger Romantik insgesamt von größerem Einfluß auf Bettina war (Härtl 2, S. 909), verweist (wie auch Schultz 1985) auf die von ihr lebenslang betriebene Poetisierung des Lebens, die bei Novalis und Friedrich Schlegel (*Athenäums*-Fragment 112) gefordert wird, dann jedoch von Clemens' und Achims Ideal einer »engere[n] Bindung zwischen Dichtung und Leben, [idealem] Volk und Nation« (Härtl 2, S. 909) modifiziert wird. Schultz begründet 1995 die Form des *Königsbuchs* aus dem Versuch, eine ›Volksform‹ des Salongesprächs einzuführen, in dem (parallel zum ›Volkslied‹, zum ›Volksmärchen‹ und zur ›Volkssage‹) schlichte und volkstümliche Äußerungen (z. B. der populären Frau Rath Goethe) dominieren, die dem mündlichen Umgangston des ›Volkes‹ – der mundartlich gefärbten Alltagssprache – angepaßt sind.

Bettinas Werk ist nicht nur durch seine poetologische und ästhetische Konzeption der Jenaer und Heidelberger Romantik verpflichtet, sondern auch durch Übernahme einer Reihe von Philosophemen, die in z. T. origineller Weise verbunden und aktualisiert werden (vgl. Schormann 1993). Die Bezüge zu Schlegel, Novalis, Fichte, Tieck, Baader, Schelling und anderen werden in der Sekundärliteratur oft erwähnt, jedoch meist nicht ausführlich belegt und interpretiert. Schleiermachers Einfluß auf Bettina ist dagegen detailliert von Schormann 1993 herausgearbeitet worden.

Aus den vielfältigen poetologischen und philosophischen Bezügen zum ›Zeitgeist‹ um 1800 wird deutlich, daß Bettina ihre entscheidenden Impulse und Anregungen der Romantik verdankt, jedoch kann nicht übersehen werden, daß sich die inhaltlich und formal unorthodoxen Qualitäten ihrer Werke unter anderem auch auf deren epochenübergreifenden Charakter gründen. Die Autorin Bettina von Arnim steht literatur- und ideengeschichtlich als Vermittlerin zwischen den Positionen des metaphysisch orientierten Idealismus, der sich in der Aufklärung vorbereitete und als dessen letzte Phase die Romantik betrachtet werden kann, und den Anfängen eines ideologiekritischen Materialismus, der sich auf literarischem Gebiet durch die Doppelbewegung von Biedermeier und Jungem Deutschland und die zunehmende Hinwendung zum Realismus einleitete. Härtl hat 1987 darauf hingewiesen, daß Bettina

»mit der Überzeugung, daß es notwendig sei, jeden einzelnen aus seiner Unmündigkeit zu befreien [...] in einer Tradition [steht], die von den Großen der Aufklärung bis zu deren Aufhebung im *Kommunistischen Manifest* reicht, in dem es heißt, daß ›die freie Entwicklung eines jeden die Bedingung für die freie Entwicklung aller ist‹«. (Härtl 1987b, S. 33)

Gerade aus der Tatsache, daß sich Bettina nie bedingungslos nur für ein politisches oder literarisches ›Lager‹ vereinnahmen ließ, erklärt sich das zeitenüberdauernde Interesse an dieser Autorin zu einem guten Teil. Durch widerspenstiges Beharren auf Individualität und Subjektivität – auf »Lebenseigenmacht« und innere »Unantastbarkeit«, um mit ihren Worten zu sprechen – hat sie das Privileg erworben, in jeder Beziehung als »schwer zu berechnende Einzelkämpferin« eingeschätzt zu werden, die sich »in keines der gängigen Schemata einordnen läßt« (Schultz, Kat., S. 109 u. 111).

Die epochenüberspannenden thematischen und formalen Einflüsse und Überschneidungen in Bettinas Werk müssen substantiell stringenter erforscht werden. Wyss hat mit ihren Überlegungen zur »Stellung« Bettinas »zwischem Romantik und Jungem Deutschland« (so der Titel ihrer Arbeit von 1935) zwar früh begonnen, aber bei weitem nicht alle Querverbindungen aufarbeiten können. So ist Bettinas Konzept der »Schwebereligion« nicht nur der Romantik verpflichtet und als Gegenentwurf zu deren nihilistischen Tendenzen zu verstehen, sondern gleichzeitig auch von dem in jungdeutschen und junghegelianischen Kreisen geführten Diskurs um eine Erneuerung der Religionsauffassung stark beeinflußt worden (vgl. Schormann 1992 sowie Schmitz' u. Härtls Kommentare zum *Günderodebuch*). Auch Bettinas Beteiligung am tagespolitischen Journalismus ihrer Zeit, die in den 1840er Jahren ganz im Sinne der von den Jungdeutschen intendierten Aufrüttelung und Beeinflussung der Öffentlichkeit stand, bedarf einer eingehenderen Erforschung und Wertung. Die Bezüge ihres Werkes zum 18. Jahrhundert, erkennbar am Einfluß der aufklärerisch-empfindsamen Schriften Sophie von La Roches und ihres Mannes Georg Michael, sind ebenfalls noch nicht hinreichend erforscht. Christa Bürger hat 1987 (*Bettina von Arnim: Ein Lesebuch*) erneut auf die Bedeutung der aufklärerischen Erziehungsthematik für Bettina verwiesen, die jedoch notwendig mit der frühromantischen Idee der Bildung durch ›Liebe‹ und ›Verstehen‹ in abwägende Verbindung gesetzt werden müßte. Für die Periode des Sturm und Drang hat Schmitz Bettinas Affinität zur Kunst- und Musikauffassung Heinses und zum Geniekult herausgestellt, wie er etwa in Friedrich Maximilian Klingers Schriften, mit denen Bettina vertraut war, aber auch im von ihr hoch geschätzten *Prometheus*-Gedicht des jungen Goethe zum Ausdruck kommt (vgl. Sch/St 1, S. 904 ff. u. 936). Die Vorstellung vom ›Gott im Menschen‹, die sich von Klinger über Goethe und Hölderlin – «Der Mensch ist [...] ein Gott, sobald er Mensch ist. Und ist er ein Gott, so ist er schön», heißt es im *Hyperion* – bis hin zu David Friedrich Strauß, einem Verehrer Bettinas, verfolgen läßt, ist für das Verständnis ihrer Schriften ohnehin von zentraler Bedeutung. Schon nach der Veröffentlichung ihres *Goethebuchs* sahen viele Zeitgenossen in Bettina eine Repräsentantin und bedeutende Vermittlerin des damals gerade von David Friedrich Strauß propagierten ›Kultus des Genius‹; eine Auffassung, der von dem Religionsphilosophen Georg Friedrich Daumer mit seinem Buch *Bettina* (1837) vorgearbeitet worden war und die von dem Junghegelianer Moriz Carriere in den 1840er Jahren befestigt wurde (vgl. AM, S. 247 f. u. Sch/St 1, S. 946 ff.).

Im Überblick zeichnet sich ab, daß sich Bettina in ihrem Werk einerseits gegen die zeitgenössischen Formen eines von ihr als ›philiströs‹ gebrandmarkten Traditionalismus und Konservativismus auf künstlerischem, sozialpolitischem und (religions-)philosophischem Gebiet gewandt hat. Andererseits hat sie diejenigen ideengeschichtlichen Konzepte des 18. und 19. Jahrhunderts aufgegriffen, die einen subversiv-progressiven, zukunftsorientierten und individualistischen Charakter hatten, und damit eine Verbindungslinie von der aufmüpfigen Jugendgeneration der Stürmer und Dränger über den

Kreis der rebellierenden Frühromantiker bis hin zur kritischen Generation der Jungdeutschen und Junghegelianer geknüpft.

Ähnlich wie Jean Paul, Hölderlin und Kleist, mit denen sie einiges verbindet, gehört Bettina von Arnim im Grunde einer literaturperiodischen Zwischenkategorie an. Ihre Nähe zu dem ähnlich wie Karoline von Günderrode früh durch Selbstmord endenden Außenseiter Heinrich von Kleist (1777-1811), der den Selbstentfremdungs- und Verfügbarkeitstendenzen seiner zunehmend merkantilistisch orientierten Zeit die poetisch vertretene Position eines vom Instinkt und vom Gefühl geleiteten, unreflektierten Handelns gegenüberzustellen versuchte, ist von Christa Wolf erkannt und in ihrer Erzählung einer fiktiven Begegnung zum Ausdruck gebracht worden (vgl. Christa Wolf, *Kein Ort. Nirgends*). Für Hölderlin (1770-1843) und Jean Paul (1763-1825), die Bettina wie auch Kleist um Jahre bzw. Jahrzehnte überlebte, und deren Schriften sie hoch schätzte, wurde sie zur lebenslangen Fürsprecherin. (Zur Hölderlin-Rezeption Bettinas vgl. Kap. II.2.) Gerade ihre Vorliebe für Jean Paul, mit dem sie die didaktisch belehrende Neigung und den bilderreichen, phantasievollen und weitschweifigen Sprachstil ebenso teilt wie den hintergründigen Humor und ein tieferes Verständnis für die Existenz von Sonderlingen, ist bis jetzt kaum beachtet worden und verdiente größere Aufmerksamkeit.

In jüngster Zeit ist verstärkt daran gearbeitet worden, das Werk Bettina von Arnims entweder in eine alternative oder in die etablierte Form des Literaturkanons einzubinden. Anzeichen für letzteres ist etwa die Tatsache, daß Bettinas *Erzählung vom Heckebeutel* neuerdings unter die *Meistererzählungen der Romantik* (dtv 2147, München 1985) eingereiht wird. Einzelne poetologische, formstilistische und sprachanalytische Untersuchungen zum Problembereich der ›Weiblichkeit in der Schrift‹ liegen inzwischen vor. Lersch (1984) stützt sich in ihrer nach geschlechtsspezifischen Kriterien unterscheidenden Sprachanalyse des *Königsbuchs* auf Erkenntnisse der Soziolinguistik. Frederiksen und Shafi setzen speziell das *Günderodebuch* in Bezug zu den poststrukturalistischen Theorien einer ›écriture féminine‹. Bürger (1990) besteht auf der untrennbaren Vermischung von Kunst und Leben in der Werkproduktion von Frauen des 19. Jahrhunderts, die ohne nähere Analyse der Einzelwerke pauschal dazu führt, alle überlieferten Texte Bettinas als legitimen autobiographischen Ausdruck ›weiblicher Selbstvergewisserung‹ im Kontext einer ›anderen Ästhetik und Subjektivität‹ zu betrachten. Während Bürger (1990) die schrankenlose Ausweitung des Werkbegriffes durch die Setzung einer ›mittleren Ebene‹ der Kunstproduktion absichert, versucht Liebertz-Grün (1989) im Gegensatz zu diesem plausiblen Ansatz Bettina von Arnim zu einem ›weiblichen Goethe‹ zu stilisieren und durch den Nachweis rhetorischer Stilmittel recht unkritisch mit der Weltliteratur in Verbindung zu setzen. Das *Goethe-, Günderode-* und *Königsbuch* und der *Frühlingskranz* werden von Liebertz-Grün zu »klassische[n] poetische[n] Texte[n]« erhoben (Liebertz-Grün 1989, S. 140). Sie sieht Bettina als »gelehrte Poetin, die [...] mit den Textsorten, Techniken und Topoi der literarischen Tradition souverän zu spielen weiß« (ebd., S. 135). Zudem hebt sie den »autobiographischen Charakter« (ebd.) dieser vier Werke hervor. Auch Goodman betonte 1986 den fruchtbaren Aspekt des autobiographischen Schreibens im Dienste eines Selbstfindungsprozesses, bezieht sich dabei aber ebenfalls nur auf eine Auswahl der Werke Bettinas (*Frühlingskranz, Günderode-* und *Goethebuch*).

Daß Bettinas Schriften autobiographischen Charakter haben, war schon immer unumstritten, ohne daß jedoch das Werk in seiner Gesamtheit bis jetzt konsequent unter dem Gattungsbegriff Autobiographie erschlossen worden wäre. Sowohl die Existenz der pietistisch-empfindsamen Brief- und Konfessionsliteratur, die durch ihre Ausrichtung auf die innere Gefühlswelt vor allem den Frauen einen Zugang zum Literaturbetrieb ermöglichten, und die prononcierte Vorliebe der Romantiker für auto/biographische Literaturformen als auch ihre Mitarbeit an Goethes Lebensbeschreibung *Dichtung und Wahrheit* haben Bettinas eigene Werkproduktion entscheidend geprägt. Zur Zeit ihres Erziehungsaufenthalts im geselligen Haus der Großmutter lernte Bettina die Anfänge einer weiblichen Auto/Biographik durch die Schriften Sophie von La Roches kennen – Sophie hatte unter anderem schon 1791 die autobiographischen Aufzeichnungen der als ›gelehrt‹ geltenden Frederika Baldinger veröffentlicht. Zugleich wurde sie von ihrem Bruder Clemens zur Niederschrift ihrer Lebenserfahrungen ermuntert. Clemens glaubte mit Novalis daran, daß man »um das Leben und sich selbst kennenzulernen, einen Roman immer nebenher schreiben [sollte]«, und er teilte Friedrich Schlegels Ansicht, daß »das beste in den besten Romanen [...] nichts anders als ein mehr oder minder verhülltes Selbstbekenntnis des Verfassers [ist]« (Novalis, S. 384; Schlegel, S. 517). Unter diesem Einfluß gewöhnte sich Bettina früh an, den halb privaten, halb öffentlichen Brief als geeignetes literarisches Medium für die Kunst der poetisch-autobiographischen Selbstdarstellung und -stilisierung zu betrachten. Das führt aus literaturkritischer Perspektive zwingend zu einer Erweiterung des auf sie angewandten Werkbegriffs, wie ihn Müller (K/M 5, S. 526), Goozé (1984), Bürger (1990) und Bunzel (1987) im Sinne des erweiterten Literaturbegriffs der Frühromantik vorgeschlagen haben. Es muß davon ausgegangen werden, daß Bettinas (un/veröffentlichte) Briefe in dem Maße künstlerisch anspruchsvoll konzipiert sind, wie ihre Werke authentischen oder dokumentarischen Charakter haben. Gerade an den beiden Briefbüchern, deren Quellen fast vollständig vorliegen, läßt sich diese literarische Ambiguität aufzeigen. So sind einerseits oft die poetisch beeindruckendsten Passagen des *Goethebuchs* nicht nachträglich hinzugefügt worden, sondern finden sich schon im authentischen Briefwechsel mit Goethe, während Bettina andererseits mitunter prosaische Briefzusätze, die sie für die Publikation des *Ilius* leicht und ohne Verlust hätte streichen können, bewußt in das Werk übernommen hat. Im Gegensatz zu diesen beiden Briefbüchern kann eine eindeutige und klare Trennung zwischen Fiktion und Realität in Bezug auf *beide* Produkte (Briefe und Werk) meist nicht geleistet werden und ist auch gar nicht – wie seit Anfang der 1980er Jahre immer wieder (zuletzt bei Liebertz-Grün 1989) vorgeschlagen wird – methodisch zwingend notwendig, solange die Gesamtheit ihrer Schriften unter dem literaturtheoretischen Aspekt der Autobiographie erschlossen wird.

Bettina hat ihr Leben durchgängig schreibend begleitet und kommentiert. Das geschah meist in ihren Briefen – die frühesten Originale, die sich erhalten haben, stammen aus ihrer Zeit in Fritzlar –, erstreckte sich aber auch schon in jungen Jahren auf poetische Versuche. Im Ausgabenbuch ihrer Mutter Maximiliane haben sich beispielsweise drei Gedichtentwürfe Bettinas gefunden (vgl. AM, S. 10 f.; Sch/St 1, S. 761). Der poetische Charakter der Briefe Bettinas ist von Clemens, Goethe und anderen Zeitgenossen – bevor von ihr als ›Autorin‹ je die Rede war – früh erkannt und gewürdigt worden. Bettina unterhielt bis ins hohe Alter eine ausgedehnte Korrespondenz, die sie in ausgewählten Teilen für ihre Werke benutzt hat. Manche ihrer Briefe, die nicht in ihr Werk eingeflossen sind, müssen – wie bei Rahel Varnhagen – als literarische Kunstwerke von hohem Rang angesehen werden. Bettina plante auch, weitere Teile ihrer Korrespondenz zu veröffentlichen, wozu sie von mehreren Briefpartnern nachdrücklich aufgefordert worden war.

Im Alter von 68 Jahren, zu einem Zeitpunkt, von dem sie ihr Leben mit genügendem Abstand überblicken konnte, begann Bettina mit der Gesamtausgabe ihrer Werke. Die Anordnung, die sie wählte, entsprach nicht der Folge der Erstveröffentlichung ihrer Werke sondern dem Verlauf ihres Lebens, das stets die Basis und den Grundstoff ihrer schriftstellerischen Produktion bildete. Bettina hat mit dieser Werkausgabe letzter Hand gleichzeitig auch ihr Leben aus autobiographischer Retrospektive geordnet und mit Wenigem – ihre *Sämtlichen Schriften* umfassen nur sechs Titel, von denen lange

Zeit nur drei beachtet wurden – viel erreicht: nämlich ihre Veranke-
rung in der Literatur- und Kulturgeschichte des 19. Jahrhunderts.
Um ihren autobiographischen Selbstbezug besser verstehen zu können, lohnt es sich, einen vergleichenden Blick auf die Entstehungsgeschichte ihrer Schriften und die methodischen Anfänge ihrer
Selbstdarstellung zu werfen.

Die knapp 50-jährige Bettina hat im zuerst entstandenen dritten
Teil des *Goethebuchs*, dem *Tagebuch zu Goethes Briefwechsel mit einem Kinde*, erstmalig aus der Retrospektive und mit auktorialer Distanz einen zusammenhängenden Teil ihres Lebens autobiographisch
geschildert. Bei diesem ersten Versuch lehnt sich Bettina noch eng
an die klassisch-poetische, von Goethe in *Dichtung und Wahrheit*
praktizierte Verfahrensweise der Selbstdarstellung und -stilisierung
an, deren idealistische Konzepte der Teleologie und Entelechie sie
für ihre eigene Lebensdarstellung übernimmt. In diesem Sinne hat
sie ihre erste Begegnung mit Goethe (1807) als prägenden und
identitätsbildenden Höhepunkt dargestellt, von dem aus ihr davor-
liegender ›jugendlicher‹ Entwicklungsgang nachträglich unter der teleologischen ›Vorbereitung‹ auf Goethe gedeutet wird. Ihre Her-
kunft und die Frankfurter Kinderjahre bleiben dabei unerwähnt, da
sie zum Telos dieses einmal gewählten autobiographischen Konzeptes nicht hätten beitragen können. Dazu übernimmt Bettina auch
Goethes Vorstellung von organischer Entelechie in der Idee eines
sich stufenweise aufbauenden menschlichen Individuationsprozesses,
den sie jedoch für ihre Selbstdarstellung notwendigerweise stark mo-
difizieren mußte.

Während Goethes Ausbildung, seine Stellung am Weimarer Hof
und seine Position als ›Literaturpapst‹ es zuließen, seine Lebensent-
wicklung als stetig voranschreitende, aufsteigende Linie zu interpretieren – bezeichnenderweise beendet er *Dichtung und Wahrheit* mit
seinem Eintritt in die Öffentlichkeitssphäre des Weimarer Hofes
und der dadurch erfolgreich gewonnenen beruflichen Identität als
Staatsbeamter und Fürstenberater –, stellte sich dies für die auf die
Privatsphäre verwiesene Bettina von Arnim eher umgekehrt dar. Ihre
diskontinuierliche und bruchstückhafte Erziehung, ihr beschränkter
und eingeengter sozialer Wirkungskreis im Kloster und im Hause
der Großmutter ließen sich nur mit Mühe und einem gerüttelt Maß
an poetischer Phantasie als aufsteigende entelechische Entwicklung
darstellen. Soweit die von ihr übernommenen idealistischen Konzepte ihrer realen gesellschaftlichen Situation als Frau nicht entsprachen, sah sich Bettina genötigt, die Nachteile ihrer weiblichen
Sozialisation und die Widrigkeiten ihrer frühen Lebensjahre in der
autobiographischen Selbstdarstellung zu verschweigen oder aber in

der Utopie zu harmonisieren. Deshalb stellt sie das Gerüst ihrer Persönlichkeitsentwicklung auf die beiden Grundpfeiler früh empfundener Freiheits- und Selbstbestimmungsbestrebungen einerseits und angeborener göttlicher Charaktereigenschaften andererseits und stilisiert sich damit von Anfang an zum besonderen, aus der Masse herausgehobenem Menschenkind, das in enger Verbindung mit einer übernatürlichen, höheren Ordnung steht. Der Preis für diese imaginierte Singularität – der Leidensdruck der sozialen Vereinzelung – wird zwar erwähnt, aber in der autobiographischen Umformung als Resultat ihrer Einzigartigkeit interpretiert, die ihr die Ausbildung eines gesteigerten Selbstwertgefühls ermöglichte. Durch diese Form einer streckenweise forcierten, lückenhaften und mitunter mühsam zurechtgebogenen Selbstdarstellung sollte Bettinas Lesern nachdrücklich vermittelt werden, daß Goethe ihre außergewöhnliche künstlerische Begabung nicht nur erkannt sondern auch gewürdigt und sie damit aus der namenlosen Menge unbedeutender Menschen herausgehoben hatte (vgl. Bäumer 1986, Kap. VI.3).

Die autobiographische Schilderung ihrer Verbindung mit Goethe wird von Bettina nicht nach der ersten, im *Tagebuch* geschilderten Begegnungsszene abgebrochen, sondern – gestützt auf den realen Briefwechsel im ersten und zweiten Teil des *Goethebuchs* – bis in eine für die Autorin unmittelbar zurückliegende Gegenwart weitererzählt. Dabei gerät sie unumgänglich in einen eigendynamisch sich entfaltenden Angleichungszwang, der eine Umformung von Teilen der vorliegenden Briefe erforderte, um das im *Tagebuch* begonnene Konstrukt einer überaus wohlwollenden Anteilnahme Goethes an ihrer Person – ohne das ihr idealistisch zurechtgezimmertes Lebensgerüst eingestürzt wäre – weiter aufrecht erhalten zu können. Bettina sah sich jedoch in der Lage, diesen Vollzugszwang durch den geschickten Einsatz von romantischer Phantasie und Ironie zu mildern, indem sie dem mit Hilfe dieser literarischen Mittel nun imaginären »Goethe« gerade ein Interesse für diejenigen Bereiche wie etwa der Musik Beethovens unterlegte, für die er in der Realität kein oder nur geringes Verständnis gezeigt hatte. Damit erreichte sie, daß auch in ihrer, wie in »jeder Autobiographie [...] ein Stück Utopie [lebt]« (Neumann 1970, S. 62), und zugleich eine Aufwertung ihrer Position ›gegenüber von Goethe‹. Im Grunde funktionalisiert Bettina den originalen Briefwechsel als dialogisch strukturierte, auf Gedankenaustausch abzielende Partnerautobiographie, um ihrer Vorstellung von der besseren Erkenntnis des Selbst im Gegenüber poetisch Ausdruck zu verleihen.

Der Brief- oder Gesprächspartner ist für Bettina, die dafür wiederholt das Bild des Spiegels oder des Echos findet, ein integraler

Teil des Ichs, mit dem sie sich im dialektischen Prozeß der Rede und Gegenrede fortlaufend entzweit und wieder vereinigt. Ihr poetisches Verfahren, dem Gegenüber eigene Gedanken in den Mund zu legen bzw. die Gedanken anderer zu paraphrasieren, erklärt sich als Ausdruck einer solchen antizipierten partnerschaftlichen Einheit, die auf dem Respekt vor der Individualität des Gegenübers beruht. Bettina bedient sich dabei der Technik des Perspektivenwechsels, die als Form des multiperspektivischen Erzählens geschickt von ihr gehandhabt wird. Autobiographisch betrachtet führt dieser fluktuierende Prozeß der Grenzverwischung zwischen zwei oder sogar mehreren Persönlichkeiten jedoch nicht zu der in der ›klassischen‹ Autobiographik gewünschten Herausarbeitung des abgeschlossenen, in sich ruhenden Charakters, sondern gerade zu dessen Gegenteil. In der Partnerautobiographie kommt es zu einer gewünschten Dezentralisierung der Vorstellung vom Ich und zu einer vorangetriebenen Aufhebung der Distanz zwischen dem ›Ego‹ und dem ›Alter Ego‹. Dadurch wird der Schwerpunkt für den Leser auf den nie endgültig abgeschlossenen Prozeß der Persönlichkeitsreifung gelegt und erschöpft sich nicht in einer mehr oder weniger gewaltsamen Zurschaustellung des ›festen Charakters‹ als Endprodukt bürgerlicher Bildungsbestrebungen.

Die eigentliche literarhistorische Leistung Bettina von Arnims in bezug auf das Genre der poetischen ›Selbstdarstellung‹ liegt demnach in ihrer experimentellen und innovativen Überwindung der Normen einer an den patriarchalischen Begriffen von beruflicher Leistung und gesellschaftlicher Stellung orientierten traditionell männlich-bürgerlichen Autobiographik, derem starren, ihrer Situation als Frau unangemessenen Konzept der teleologisch-entelechischen Identitätsbildung sie durch den entgegengesetzten Prozeß der fluktuierenden Identitätsdestabilisierung bzw. -relativierung gegenzusteuern verstand. Zur Kategorisierung ihres Gesamtwerks schlage ich (K. B.) deshalb den Terminus der ›kontinuierlichen Partnerautobiographie‹ vor, der Bettinas unorthodoxer Schreibpraxis durch das Prinzip des kontinuierlich vermehrten, systematisch entwickelten und auf die Folgewerke verteilten Dialogs mit einem oder mehreren Partnern angemessen Rechnung trägt. Durch die Verteilung ihrer Lebensgeschichte auf das Gesamtwerk wird der Leser aufgefordert, sich die Fragmente ihrer scheinbar rein willkürlich zerteilten Autobiographie wie bei einem Puzzle, das sich nur in seiner Gesamtheit erschließt, im Prozeß wiederholten Lesens und Überdenkens selbst zusammenzufügen. Zugleich wird durch diesen literarischen Kunstgriff der in der Regel diskontinuierliche Verlauf weiblicher Ichfindung adäquat verdeutlicht. Inhaltlich sich ähnelnde autobiographische

Textpassagen in den verschiedenen Werken Bettinas unterschieden sich dadurch, daß sie durch den Filter verschiedener Zeit- und Bewußtseinsstufen gegangen sind, so daß die darin dargestellte lebensgeschichtliche ›Wahrheit‹ in immer neuen Facetten aufscheint.

Cixous hat konstatiert, daß ein »weiblicher textueller Körper« immer »ohne Schluß« ist und nie »zu Ende geht«. Dieses Fließende, Ausufernde, Überströmende eines weiblichen Textes, der immer wieder neu beginnt und durch den Kategorien wie »Generation, Alter, Zeit gesprengt werden«, wird von Cixous als eine »Art offenes Gedächtnis, das ohne Unterlaß zuläßt«, charakterisiert (Cixous 1977, S. 40 ff.). So greift auch Bettina das, was sich im *Goethebuch* nur als eingeschobene biographische Skizze der Günderrode präsentierte, auf höherer Ebene noch einmal auf und entwickelt aus diesem Stoff ihr auto/biographisches zweites Buch *Die Günderode*. Die Suche nach einer innovativen, ihr gemäßen lebensgeschichtlichen Schreibpraxis, die im *Goethebuch* nur indirekt zum Ausdruck kommt, wird im *Günderodebuch* zum zentralen poetischen Thema erhoben. Die Autorin Bettina von Arnim setzt sich in ihrem zweiten Werk kritisch und auf prinzipieller Ebene mit den klassisch-idealistischen Poetologiekonzepten ihrer Zeit und deren Anerkennung durch die Dichterfiguren »Günderode« und »Hölderlin« auseinander. Der selbstzerstörerischen, zum ›Tod‹ und zum ›Irr/sinn‹ führenden Unterwerfung unter starre Normen und tradierte Kunstgesetze stellt sie – vermittelt durch die messianische Bettinefigur – den Glauben an die Notwendigkeit einer poetischen Eigengesetzlichkeit gegenüber, die sich auf die romantischen Werte der schrankenlosen Emotionalität, der subjektiven Wahrhaftigkeit und des geselligen Gedankenaustauschs gründet. Das ostentativ den ›irrenden‹ und ›suchenden‹ Studenten gewidmete *Günderodebuch* muß als das bedeutendste autobiographische Werk Bettinas gewertet werden, denn in diesem ›romantischem Buch‹ wird, um mit Schlegel zu sprechen, der »Ertrag [ihrer] Erfahrung, die Quintessenz [ihrer] Eigentümlichkeit« (Schlegel, S. 517) am schlüssigsten vermittelt.

Mit einem Wechsel von der Brief- zur direkteren Kommunikationsform des Gesprächs baute Bettina im *Königsbuch* ihr Experiment mit unorthodoxen Formen der Selbstdarstellung weiter aus. Ebenso wie schon in den vorangehenden Werken mischen sich auch hier verschiedene zeitliche Ebenen des autobiographischen Selbstbezugs. Darstellungsgegenstand ist einerseits die »Frau Rath«, die im Frankfurter Leben der jungen Bettina von Bedeutung war, und andererseits doppelbödig dahinter versteckt die gereifte Bettina in der Rolle der Salongastgeberin zur Glanzzeit ihres vielbesuchten, ›offenen‹

Berliner Hauses. Bettina verdoppelt sich in diesem Werk selbst: Sie ist sowohl die junge Zuhörerin »Bettine«, die zu den Füßen der »Frau Rath« sitzt und sich zu deren Erzählungen im Stillen ihre ›Glossen‹ macht, als auch die wortgewaltige, redselige und schlagfertige »Frau Rath« selbst, die mit ihren umstürzlerischen Ideen nicht hinter dem Berg hält. Durch ihre zwar verhüllte, Mitte der 1840er Jahre aber leicht zu entschlüsselnde Selbstdarstellung in der Maske der alten, weisen Frau – der Mutter der Vorbildfigur Goethe – gelang es ihr zudem, sich zur vorausschauenden, die Zeichen ihrer Zeit erkennenden Prophetin des Vormärz zu stilisieren.

Bettinas im Laufe ihres Lebens zunehmende Geltungs- und Wirkungsabsicht äußert sich autobiographisch als Versuch der nachträglichen Historisierung ihrer Lebensverhältnisse, was als eine erneute Anlehnung an das klassisch-bürgerliche Autobiographiekonzept Goethescher Prägung gewertet werden kann. Goethe hat die grundsätzliche Bedeutung der Zeitgeschichte für die autobiographische Darstellung des Individuums betont und die Ausbildung seiner Persönlichkeit in *Dichtung und Wahrheit* von Anfang an bewußt sowohl mit dem Mikrokosmos der Frankfurter Gesellschaftsordnung als auch mit dem Makrokosmos des übergeordneten ›Weltgeschehens‹ verknüpft. Während in den ersten zwei Werken Bettinas eine solche Verknüpfung von übergeordneter Zeit- mit privater Lebensgeschichte noch eine untergeordnete Rolle spielt – erwähnenswert wäre etwa der Bezug auf den Tiroler Aufstand im *Goethebuch* und der Hinweis auf »Bettines« Freundschaft mit den beiden, der Französischen Revolution nahestehenden historischen Persönlichkeiten »St. Clair« und »Vogt« im *Günderodebuch* –, gewinnt dieser Aspekt im *Königsbuch* schon erheblich an Bedeutung. Bettina versuchte in der Maske der Frau Rath mit ihrer dezidierten sozialpolitischen und religionsphilosophischen Kritik an den Gesellschaftsverhältnissen in Preußen sowohl ihren Ansprechpartner Friedrich Wilhelm IV. als auch eine größere Öffentlichkeit zu erreichen, was ihr mit diesem Werk auch gelang. Dadurch daß die »weise« Frau »Rat(h)« (!) im Gespräch mit »Bürgermeister« und »Pfarrer« immer wieder dazu auffordert, ihre Ansichten zu hinterfragen und ihre Positionen kritisch zu beleuchten, gelingt es der Autorin Bettina von Arnim, eine festumrissene Charakterzeichnung der historischen Persönlichkeit der Mutter Goethes zu vermeiden. Insofern ist Bettina ihren unorthodoxen Prinzipien einer dezentralisierten und destabilisierten auto/biographischen Darstellung treu geblieben, was im folgenden auch noch auf den *Frühlingskranz* und den *Ilius*, am wenigsten aber auf das *Dämonenbuch* zutrifft.

Ein Blick auf diese drei letzten Werke beweist, daß es ihr gerade bei diesen Veröffentlichungen – auf Kosten des poetischen Gehalts und zu Lasten ihres innovativen autobiographischen Formexperiments – immer stärker darum ging, sich als bedeutende, epochenübergreifende Persönlichkeit der Zeitgeschichte darzustellen und ihre in den vorangehenden Werken und ihrem Salon publik gemachten Ansichten zu fixieren – eine Entwicklung, die im *Dämonenbuch* ihren forcierten Höhepunkt fand. So ist es vor allem der *Frühlingskranz*, in dem Bettina ihre Vorstellungen von der Französischen Revolution systematisch entwickelte und sich dabei zur fahneschwingenden Revolutionsvorkämpferin stilisierte. Es ist speziell der *Ilius*, in dem Bettina noch einmal nachdrücklich auf den Einflußbereich ihres Salons und ihre Rolle als Mentorin von Jungakademikern hinweist, wobei im Kontext dieses Buches nicht zufällig ihre Beziehungen zu großen Autoritäten ihrer Zeit wie Goethe, Beethoven, Schleiermacher – also ihre persönliche Anerkennung durch den herausragenden Dichter, Musiker und Religionsphilosophen ihrer Zeit – noch einmal ausführlich zur Sprache gebracht werden. Und es ist abschließend das *Dämonenbuch*, in dem sich Bettinas lange gehegter Wunsch, die ›Welt zu regieren‹ im utopischen Entwurf einer Staaten- und Religionsgemeinschaft am deutlichsten ausspricht, wobei sie sich in nun schon mythisch zu nennender Selbstverklärung zur ›Vorkämpferin‹ für die Judenemanzipation, zur politischen ›Beraterin‹ des preußischen Königs und mithin zum ›dämonischen‹ Schutzgeist der Welt überhöht.

Bei der Herausgabe des *Ilius* und des *Dämonenbuchs* spielt zudem auch eine hintergründige psychologische Komponente der progressiven Form ihrer autobiographischen Selbstfindung eine Rolle. Bettinas Wahl der Partnerautobiographie verlangte die Setzung eines insgesamt verständnisvollen und kooperativen Partners, um überzeugend wirken zu können. In Clemens, Karoline von Günderrode, Goethes Mutter und Philipp Nathusius besaß Bettina in der Realität zeitweilig solche Partner, in denen sie sich facettiert spiegeln konnte. In ihrem Umgang mit den Autoritätsfiguren Goethe und Friedrich Wilhelm IV. hatten sich Konsens und Nähe jedoch nur selten und punktuell, Partnerschaftlichkeit dagegen überhaupt nicht erreichen lassen. Eine harmonisierende, an ihren Wunschvorstellungen orientierte Darstellung ihres Verhältnisses zum König – ähnlich wie sie das zu Goethe im *Goethebuch* arrangiert hatte – kam aus Gründen der gesellschaftlichen Stellung jenes noch lebenden ›Dialogpartners‹ nicht in Frage und wäre ihr sofort als Fälschung, unentschuldbare Anmaßung und wahrscheinlich auch als strafbare Majestätsbeleidigung ausgelegt worden. Das Festhalten an der Form der Partnerautobiographie hatte somit auch seine Nachteile, die im Fall des *Dämonenbuchs* deutlich zu Tage traten.

Bettinas Option für das Konzept einer kontinuierlichen Form autobiographischer Erzählung legt den Gedanken nahe, daß sie unter der nie abgeschlossenen, beziehungsweise mißlungenen Identitätsbildung wesentlicher erinnerter Lebensphasen psychologisch gelitten hat. Die literarische Zurschaustellung des *Ilius*, in dem sich Bettinas frühes, problematisches Verhältnis zu Goethe (in umgekehrter Form) in der Beziehung zu Nathusius spiegelt, ermöglichte ihr, die schmerzhaft erfahrene Zurückweisung durch die Vaterfigur Goethe aufzuarbeiten. Dieses Mal ist es Bettina/Ambrosia, die ihrem ›Schüler‹ den Laufpaß gibt, sich danach in Schweigen hüllt und weiteren Kontakten verschließt. Aus dem abhängigen ›Kind‹ Goethes wird – über den Umweg der Identifikation mit der Frau Rath – eine matriarchalische, einflußreiche Mutterfigur, zu der wiederum andere Kinder/Jünger aufblicken können und müssen.

Analog dazu kann auch das *Dämonenbuch* psychologisch in Bezug zum *Königsbuch* gesetzt werden. Bettina möchte trotz geringer Aussicht auf Erfolg den schlafenden Friedrich Wilhelm IV., der sich ihr in der Realität schon längst entfremdet hatte, als Verkörperung seines ›besseren Selbst‹ noch einmal dazu ›zwingen‹, ihr ›öffentlich‹ Gehör zu schenken. Als sie erkennen mußte, daß sie dieses Ziel nicht erreichen konnte und mit ihren Schriften keine öffentliche Wirkung mehr erzielte, hörte sie auf zu publizieren. Einerseits war es Bettina (noch) nicht möglich, beim Schreiben von sich selbst abzusehen; andererseits war es ihr nicht (mehr) möglich, Texte zu verfassen, in die sie sich selbst mit ›hineinschreiben‹ konnte – sie hatte den Stoff ihres Lebens literarisch aufgebraucht und ausgeschöpft. Während wir aus verschiedenen Bemerkungen Bettinas gegenüber Pückler, Döring und anderen wissen, daß sie das Schreiben ihrer Erstlingswerke als äußerst ›lustbetont‹ empfunden hat, läßt sich aus ihren Äußerungen gegenüber Varnhagen für das *Dämonenbuch* nachweisen, daß ihr die Arbeit nur schwer von der Hand ging und ihr die Komposition große Schwierigkeiten bereitete.

Bettina war auch mit der Absicht einer Heraushebung und historischen Fixierung ihrer Persönlichkeit in ihren letzten drei Werken (*Frühlingskranz, Ilius, Dämonenbuch*) nicht unmittelbar erfolgreich; nicht zuletzt, weil weder ihre Zeitgenossen noch die Kritiker der Folgezeit sich dazu verstehen konnten, einer Frau eine solche Position unbestritten zu überlassen. Aus einer von Goethe, Beethoven und Schleiermacher zeitweilig geschätzten und in ihrer vielfältigen Begabung erkannten Frau wurde die ›große Liebende‹. Aus der von vielen Jungakademikern verehrten und bewunderten Salongastgeberin, die im öffentlichen Leben Berlins zeitweilig eine einflußreiche Rolle spielte, wurde die exaltierte, unter den Wechseljahren leidende, unzufriedene Witwe, die sich in ihrem Umgang mit jungen Männern ›preisgab‹. Aus der Autorin, die auch in Zeiten intellektueller Unterdrückung und Bespitzelung zu den revolutionierenden Idealen der Frühromantik stand und etwa im *Frühlingskranz* daraus keinen Hehl machte, wurde die ›kleine Schwester‹ des zum Katholizismus rekonvertierten, sich von seiner Vergangenheit distanzierenden Clemens Brentano. Politisches oder gar philosophisches Verständnis wurde ihr ohnehin abgesprochen; ihr soziales Engagement aus ihrer ›fraulich‹ mitempfindenden Grundeinstellung abgeleitet. Die Interpretation der Gesamtschriften Bettina von Arnims unter dem Aspekt der kontinuierlichen Partnerautobiographie mit zunehmend pädagogischer, sich bis zum Messianismus steigernder Tendenz könnte jedoch gerade das Verständnis für diese drei letzten, wenig beachteten und oft abschätzig beurteilten Werke Bettinas fördern.

X. Zum Stand der Forschung

1. Die Wandlung des Bettina-Bilds

Nach Jahren der Stagnation nahm die Bettina von Arnim-Forschung
– angeregt durch ihren 200. Geburtstag – Mitte der 1980er Jahre
auf internationaler Ebene großen Aufschwung: zwei Studienausgaben und zahlreiche Forschungsprojekte wurden begonnen; das
Interesse an der lange Zeit von der Literaturwissenschaft vernachlässigten Autorin wuchs auch außerhalb Deutschlands.

Nur zögernd beginnt sich das in der germanistischen Tradition
fixierte Bettina-Bild, das seine Perspektiven aus der einseitigen Be-
trachtung einzelner Werke gewann, zu differenzieren. So existieren
zum *Goethebuch* und *Günderodebuch* relativ viele, zum *Frühlingskranz* und *Königsbuch* einige, und zum *Ilius* und dem *Dämonenbuch*
fast gar keine Untersuchungen. Ähnlich ist auch die Biographie der
jungen Bettina bis jetzt gründlicher erforscht worden als die Zeit ihrer Ehe und die anschließenden Berliner Jahre, in denen sie als
Autorin, Salongastgeberin und Persönlichkeit des öffentlichen Lebens
hervortrat. Über die Zeit nach der 1848er Revolution, als der Zenit
ihres politischen Einflusses längst hinter ihr lag, ist bisher am wenigsten bekannt.

Das rein biographisch ausgerichtete Interesse an der kultur- und
sozialgeschichtlich bedeutsamen Persönlichkeit der Autorin, deren
Lebensgeschichte eng mit den Namen einflußreicher und bekannter
Zeitgenossen verknüpft war, hat bis in die jüngste Zeit das literatur-
und kunsttheoretische Interesse an der zugleich literarisch, musikalisch
und bildnerisch begabten Bettina von Arnim stark überschattet.
Einer immer noch relativ geringen Anzahl von wissenschaftsmethodisch
fundierten und gründlich recherchierten Untersuchungen steht eine
Überfülle von rein biographisch ausgerichteten, fehlerhaften
Darstellungen gegenüber, deren Inkorrektheiten und Vorurteile
tradiert wurden und nur schwer auszurotten sind. Vor allem die
ältere Sekundärliteratur zeichnet sich durch eine unübersichtliche
Fülle kleinster, oft repetitiver und darüberhinaus meist stark subjektiv
gefärbter Einzelleistungen aus. Die (Un-)Sitte, Bettina von Arnim in
breit angelegten Arbeiten über Goethe, die Brüder Grimm, Beethoven,
Schleiermacher und anderen zugunsten der verklärenden Darstellung eben dieser kulturgeschichtlichen ›Größen‹ leichthin und

vorurteilsbelastet gleich mit abzuhandeln, hat zudem zu einer nachhaltigen Verzerrung und Verfälschung des Bettinabildes geführt. Die ambivalenten, dem bekannten Schema der Verteufelung/Vergötterung von Weiblichkeit folgenden Bezeichnungen wie etwa ›schwärmende Mänade‹, und ›Weibskobold‹ einerseits, ›Pythia‹ und ›Priesterin‹ andererseits, die von den frühen Forschern und Rezensenten in Umlauf gesetzt wurden, prägten jahrzehntelang das Bettina-Bild. Von wenigen Ausnahmen abgesehen – herauszuheben wären hier die Arbeiten von Geiger, Frels und Mallon, die der Autorin schon im ersten Drittel des 19. Jahrhunderts auch ein sozialpolitisches Interesse zubilligten – ist Bettina in der älteren Forschung vor allem auf die halb schöngeistige, halb pathologische Rolle des ›Kindes‹, das Goethe ›liebte‹, festgelegt worden, was sich in der beharrlichen Konzentration auf ihr *Goethebuch* bei gleichzeitiger Vernachlässigung des restlichen Werks niederschlug. Erst in den 1950er Jahren ist durch eine neue Generation von Forschern der ehemaligen DDR (Meyer-Hepner, Püschel, Hahn), die sich auf die Erschließung der in Wiepersdorf verbliebenen Restbestände des Nachlasses stützen konnten (heute im GSA Weimar), der Grundstein zu einer umfassenderen Erforschung der ›politischen‹ Bettina von Arnim gelegt worden, was seinen Höhepunkt in der Herausgabe der *Polenbroschüre* (1954) und des *Magistratsprozesses* (1960) fand. Anläßlich des 100. Todestages der Autorin konnte Meyer-Hepner 1959 jedoch noch mit Berechtigung schreiben, man könnte meinen, »daß es eine westdeutsche und eine ostdeutsche Bettina gegeben hat! Die ostdeutsche ist eine Kämpferin für das Recht [...] in westlichen Blättern erscheint Bettina als ›romantisches Kind‹« (Meyer-Hepner 1959, S. 152). Diese Polarisierung veränderte sich innerhalb der nächsten zwanzig Jahre nachhaltig. Vor allem seit Beginn der 1970er Jahre kam es im Rahmen der ›Wiederentdeckung‹ der lange als bürgerlich-dekadent abgewerteten Romantik in der ehemaligen DDR einerseits und des Umstrukturierungsprozesses der Germanistik im Zusammenhang mit der Studentenbewegung in der Bundesrepublik andererseits zu einer gegenseitigen Annäherung und Vermischung der Positionen. Seit Ende der 70er Jahre sind zudem verstärkt feministische Interpretationsansätze in der Forschung vertreten, die die Frage aufgeworfen haben, ob und inwieweit es gerechtfertigt ist, Bettina als ›Vorkämpferin‹ der Frauenemanzipation anzusehen. Bettina hat geschlechtsspezifische Nach-, mitunter aber auch Vorteile zweifellos selbst erfahren und dadurch, daß viele Autorinnen der Nachfolgezeit sich auf sie berufen haben, indirekt auch eine Vorbildrolle übernommen. An den sich Ende der 1840er Jahre formierenden frauenemanzipatorischen Aktivitäten und Gruppenbildungen hatte sie jedoch keinen Anteil, und es fehlen auch die Belege dafür, daß sie sich jemals um die gesellschaftliche Situation der Frau besonders gekümmert hätte (vgl. Waldstein 1982, S. 68).

Als Meilenstein in einem Prozess der Sichtung und Aufarbeitung von Dokumenten muß die vom Frankfurter Freien Deutschen Hochstift zum 200. Geburtstag der Autorin arrangierte Wanderausstellung (Frankfurt/Main, Düsseldorf, Trier, Berlin, Wuppertal) gewertet werden, deren Materialien in einem umfangreichen Katalog dokumentiert und interpretiert wurden. Gerade der 200. Geburtstag Bettinas mit zahlreichen Festaktivitäten und Gedenkveröffentlichungen in der Bundesrepublik und der ehemaligen DDR belegt das erstaunlich rege und breite Interesse an dieser Autorin (zur Populärrezeption vgl. Bäumer 1983, S. 1-22). Darüber hinaus wurde 1985 auch eine Bettina-von-Arnim-Gesellschaft gegründet, die es sich zum Ziel gesetzt hat, die wissenschaftliche Arbeit über diese Autorin durch die Herausgabe sowohl eines *Internationalen Jahrbuchs* als auch einer Bettina von Arnim – Studienbandreihe und die unregelmäßige Vergabe eines Forschungspreises zu fördern. Die Beiträge zu den ersten beiden internationalen Bettina-Symposien, die 1988 in Bad Homburg und 1989 in München stattfanden, sind von der Bettina von Arnim-Gesellschaft veröffentlicht worden und bieten eine gute Einführung in den derzeitigen Stand der Forschung.

Ein von Clara von Arnim und Hartwig Schultz nach der Wende gegründeter *Freundeskreis Schloß Wiepersdorf* richtete ein *Bettina und Achim von Arnim-Museum* in Wiepersdorf ein und veranstaltet in zweijährigem Turnus wissenschaftliche Kolloquien zu Achim und Bettina von Arnim, deren Ergebnisse in einer Schriftenreihe (*Wiepersd. Koll.*) erscheinen.

2. Bibliographien und Biograpien

Der Stand der Bibliographie zu Bettina von Arnim ist desolat. Otto Mallon, einer der frühen Bettina-Forscher, hatte 1931 erstmals *Bibliographische Bemerkungen zu Bettina von Arnims sämtlichen Werken* veröffentlicht, denen 1933 seine *Bettina-Bibliographie* folgte. Abgesehen von Krättlis *Literaturbericht zu Clemens und Bettine Brentano* (1970) ist seitdem keine weitere bibliographische Arbeit speziell zu Bettina veröffentlicht worden. Eine nach modernen wissenschaftlichen Maßstäben zusammengestellte Bibliographie ist zur Zeit in Vorbereitung. Walter Schmitz und Sibylle von Steinsdorff haben in ihrem Vortrag *Bettinen-Bilder: Zu Aufbau und Sinn einer ›Bettine von*

Arnim‹-Bibliographie auf dem Münchner Bettina-Symposium (1989) konkrete Vorschläge zur Strukturierung dieses von ihnen unternommenen Projekts unterbreitet.

Bettina von Arnims erste Biographen wie ihr ehemaliger Salongast Moriz Carriere oder ihr Schwiegersohn Herman Grimm konnten sich in ihren Darstellungen noch auf die Erfahrungen im persönlichen Umgang mit ihr stützen. Dieser Umstand hat das Aufkommen von Fehl- oder doch zumindest fragwürdigen Urteilen nicht verhindern können. So behauptet Grimm beispielsweise, daß Bettina »nie, bis auf die allerletzten Lebensjahre, auch nur leidend, nicht einmal besser oder schlechter aufgelegt, was doch sonst das allgemeine Los ist« (Grimm 1881, S. XII). Sowohl der umfangreiche Ehebriefwechsel als auch die Tagebuchaufzeichnungen Rudolf Baiers und Varnhagens von Ense vermitteln hier jedoch ein anderes Bild – das einer oft leidenden, ungeduldigen und starken Stimmungsschwankungen unterworfenen Frau. Die mitunter undurchdringliche Vermischung von dokumentarisch belegbaren biographischen Fakten, Bettinas eigener autobiographisch fiktionalisierter Selbstdarstellung und den zahlreichen zeitgenössisch-biographischen Reminiszenzen, die aufgrund ihrer Subjektivität oft mit Vorsicht behandelt werden müssen, hat bis in die neuesten Arbeiten der Bettina-Biographik hinein eine breite Spur von spekulativen Fehldarstellungen hinterlassen. Zwar konnte inzwischen ein gut Teil dieser ›Mythen‹ widerlegt werden; die Problematik des Erkennens und Auseinanderhaltens einer späteren, von Bettina absichtsvoll ins Werk hineingetragenen Selbstdarstellung mit den Fakten ihres Lebens besteht jedoch weiterhin als ein grundlegendes methodisches Problem der Biographik. Vor diesem Hintergrund wird im folgenden bewußt auf die Diskussion der frühen biographischen Arbeiten zu Bettina (Alberti, Strobl, Milch, H. v. Arnim u. a.) zugunsten einer ausführlicheren Besprechung der Arbeiten der letzten Jahre verzichtet.

Ingeborg Drewitz' 1969 erstmalig erschienene und in mehrere Sprachen (Italienisch, Polnisch, Französisch, Rumänisch) (teil)übersetzte Bettina-Biographie hat den Weg für eine erneute Beschäftigung mit der Autorin entscheidend geebnet. Drewitz ist es, gestützt auf Archiv-Recherchen und eine gründlichen Sichtung der ihr damals zugänglichen Sekundärliteratur, erstmalig stimmig gelungen, die Trilogie der äußerst unterschiedlichen Lebensabschnitte Bettinas in einer einfühlsam abwägenden Gesamtanalyse zu erfassen und vor dem Hintergrund des zeitgeschichtlichen Geschehens zu interpretieren. Einige Mängel ihrer Arbeit können jedoch nicht übersehen werden. So waren aufschlußreiche Archivmaterialien wie beispielsweise der in Krakau aufbewahrte Briefwechsel Bettinas mit den Brüdern Grimm zur Zeit der Abfassung dieser Biographie noch nicht zugänglich. Darüber hinaus geben auch manche der psychologischen Einzelbewertungen Drewitz' inzwischen Anlaß zu Bedenken. Mit dem Satz »die Fritzlarer Jahre waren glücklich« (Drewitz 1969, S. 14) hat die Biographin die ›Legende‹ von der glücklichen Kindheit und »klaren Heiterkeit« der Klosterjahre Bettinas in Umlauf gebracht, die inzwischen fragwürdig geworden ist. Auch die Tatsache, daß Drewitz gewisse Verhaltensweisen Bettinas, wie z. B. ihren »eifernden« und »fast hexenhaften« Unterstützungsversuch für den Maler Blechen oder ihre »bis an die Grenzen der Peinlichkeit erotischen Passagen« in ihren Briefen an Döring oder Nathusius pauschal mit der Phrase von der »Hysterie der Wechseljahre« (ebd., S. 177) zu erklären versucht, ist im Lichte neuerer Forschung wenig überzeugend. Drewitz' äußerst erfolg- und einflußreiche, mehrmals neuaufgelegte Biographie empfiehlt sich dennoch immer noch als orientierende Lektüre, zumal die biographischen Werke der Folgezeit dieses Buch nur in Einzelaspekten, nicht jedoch in der Gesamtinterpretation, in den Schatten stellen konnten.

1977 erschien Gisela Dischners »weibliche Sozialbiographie«, die sich, durch Exzerpte aus den Werken und Briefen Bettinas angereichert, eher als biographisch montierte Anthologie präsentierte. Dischner verweist in direkter Abgrenzung von ihrer Vorgängerin Drewitz, die sich darum bemüht hatte, auch offensichtliche Schwächen und Unsicherheiten der Autorin herauszuarbeiten, vorrangig auf die Elemente der Stärke und Unabhängigkeit in Bettinas Persönlichkeit. Die sozialpolitischen Aktivitäten und ›emanzipatorischen‹ Ansätze Bettinas werden hier aus oft einseitiger und parteiischer Perspektive beleuchtet, so beispielsweise wenn Dischner zu erkennen meint, daß sich Bettina »nie als Werkzeug für das Genie des Mannes [fühlte]« (Dischner 1977, S. 12). Kritisiert werden muß auch der im Gegensatz zur Drewitz-Biographie äußerst dürftige wissenschaftliche Anhang dieser Arbeit, die in ihren faktischen Angaben recht unzuverlässig ist. Im erneuten Hinweis darauf, daß Bettina von Arnim in ihrem Denken sowohl der Aufklärung als auch der Frühromantik stark verpflichtet ist, liegt jedoch ein Verdienst Dischners. Hier wurden Denkanstöße vermittelt, die unter anderem von Christa Bürger 1990 wieder aufgegriffen wurden und bis jetzt noch nicht ausdiskutiert sind.

Einen entschiedenen Rückschritt in der biographischen Forschung stellt demgegenüber Gertrud Manders 1982 erschienene, forciert psychologisierende Arbeit dar. Ziel des Werkes ist es, durch eine Analyse der »abnormen seelischen Strukturen« Bettinas, die von Mander reichlich oberflächlich und dilettantisch durchgeführt wird, ein »komplexes Psychogramm« der Autorin zu erstellen. Manders Auftragsarbeit für die von der Stiftung Preußischer Kulturbesitz ins Leben gerufene Reihe *Preußische Köpfe* läßt erstaunlicherweise die sozialpolitischen Interessen Bettinas völlig außer acht, versucht dafür jedoch dem bis zum Überdruß verbreiteten Mythos vom ›pathologischen Kind‹ neuen Auftrieb zu verschaffen. Dabei wird unbeschwert von neuen Forschungserkenntnissen und ohne überzeugende literaturkritische Beweisführung gleich auch noch Bettina von Arnims Werk pauschal als ›Dilettantismus‹ abqualifiziert.

Auf solider Basis steht dagegen Heinz Härtls 1985 erschienene Sammlung von »Daten und Zitaten zu Leben und Werk« Bettinas (Chronik), die auf wertende Interpretation des Materials bewußt verzichtet. Die vom Schloß Wiepersdorf publizierte und vertriebene Broschüre ist als Einführung zur Biographie sehr nützlich.

Während Dischner, Mander und Härtl biographische Arbeiten geringen Umfangs publizierten, legte Fritz Böttger 1986 erstmalig seit Drewitz wieder eine ausführliche Biographie Bettinas vor. Böttger plaziert in seinem Vorwort Bettina von Arnims Leben geschickt zwischen die beiden historischen Pole der französischen 1789er und der deutschen 1848er-Revolution, ohne dieses zeitgeschichtliche Thema des gesellschaftlich und persönlich korrelierenden Auf- und Umbruchs jedoch genügend auszudeuten. Der Mythos der ›glücklichen Kindheit‹ wird von Drewitz übernommen, von Dischner das Bild der ›starken‹ und ›unüberwindbaren‹, mitunter – wie Böttger ergänzt – im Verhältnis mit ihren ›Jüngern‹ auch unbeugsamen und rücksichtslos sich durchsetzenden Frau. In dieser starren Einseitigkeit der Persönlichkeitszeichnung, die sich nicht durchgehend aufrecht erhalten läßt, liegt ein Hauptmangel dieser Biographie. Auch der theoretische Begriff und die Bedeutung der Liebe für Bettina ebenso wie ihre konkreten ›Liebesverhältnisse‹ können vor diesem Hintergrund nicht überzeugend diskutiert werden. Insgesamt bleibt Böttgers Arbeit in Darstellung und Interpretation unausgewogen, und die leicht herablassende ›Würdigung‹ der Leistungen von Drewitz im Vorwort steht diesem Werk nicht gut zu Gesicht.

Die nur ein Jahr später (1987) erschienene Rowohlt-Bildmonographie von Helmut Hirsch nähert sich der Autorin auf sensiblere und originellere Art und Weise, ohne sie in ein vorgefertigtes Interpretationsmuster zu pressen. Ähnlich wie Böttger ist Hirsch besonders an sozialhistorischen Aspekten und Fragestellungen in Bettinas Leben interessiert, und die Kapitel, in denen er diese Thematik behandelt, gehören zu den anregendsten seiner essayistisch gehaltenen Untersuchung. Hirsch gelingt es trotz des stark gerafften Konzepts seiner Arbeit, viel Wissenswertes aus eigener und der neuesten inter-

nationalen Bettina-Forschung zusammenzutragen. (Einige Detail-
fehler der ersten Auflage sind in der zweiten korrigiert.) Zusammen-
fassend muß jedoch konstatiert werden, daß sämtliche bis jetzt geschriebenen Biographien – eine Feststellung, die den biographischen
Teil der vorliegenden Arbeit miteinschließt – als vorläufige, sich in
ihren Schwächen und Stärken gegenseitig ergänzende Hilfsmittel
oder als revidierungsbedürftige Übergangswerke betrachtet werden
müssen. Die ›definitive‹ Biographie Bettina von Arnims kann vor
der abschließenden Herausgabe der unveröffentlichten Archivmaterialien und vor Abschluß der Grundlagenforschung kaum
geschrieben werden. Sie bleibt bis auf weiteres ein Desiderat der
Forschung.

3. Nachlaß

Nach Bettina von Arnims Tod am 20. Januar 1859 ging ihr Nachlaß
in den Besitz ihrer Kinder über. Die royalistisch gesinnten und mit
Aristokraten verheirateten ältesten Töchter (Maximiliane seit 1853
mit Eduard Graf von Oriola; Armgart seit 1860 mit Albert Graf von
Flemming) und der zweitälteste Sohn Siegmund hatten schon zu
Lebzeiten Bettinas viele ihrer schriftstellerischen und sozialpolitischen Aktivitäten offen kritisiert oder mißbilligt. Bereits nach der
Veröffentlichung des *Goethebuchs* hatte sich der konservative und
karierrebewußte Siegmund zu der Behauptung verstiegen, er »sehe
mit Sehnsucht der Zeit« entgegen, wo er »Tausende von Exem-
pla[ren] kreuzweise benutzen werde« (Härtl 1, S. 695). Als Diplo-
mat in preußischen Diensten und Jugendfreund Bismarcks war er es
vor allem auch, der bis zu seinem Tode im Jahre 1890 rigoros jede
Einsicht in Bettinas Briefe, Manuskripte und unveröffentlichte Materialien zu verhindern wußte. Seine Nichte, Irene Forbes-Mosse, eine
Tochter Armgarts, berichtet, daß Siegmund nach Bettinas Tod »den
ganzen Inhalt ihres Schreibtischs und zweier Schränke in Kisten pack-
te und nach Wiepersdorf schaffen ließ. Dort standen sie bis zu seinem
Lebensende in seinen Privatzimmern eingeschlossen, und solange er
lebte hat niemand daran zu rühren gewagt. Später dann, im Winter
1889, kam Lujo Brentano [Sohn Christians] zum Besuch seines Vet-
ters Achim von Arnim Bärwalde [Sohn Freimunds], damaligen Be-
sitzers von Wiepersdorf. Zusammen haben sie die langen Winterab-
ende damit zugebracht, den Inhalt der Kisten zu studieren. [...] das
Interessanteste war doch eine unermeßliche Korrespondenz von Personen aller Art mit meiner Großmutter Bettina« (Forbes-Mosse 1928).

Unter der Anleitung des Goetheforschers und Literaturhistorikers Herman Grimm, seit 1859 verheiratet mit Bettinas jüngster Tochter Gisela, wurde dann in den folgenden Jahren dem Germanisten Reinhold Steig erlaubt, ausgewählte Teile des Nachlasses zu bearbeiten und zu veröffentlichen. Auch Grimm war jedoch nicht daran gelegen, der Öffentlichkeit rückhaltlos Aufschluß über die weitgestreuten politischen Aktivitäten und Verbindungen seiner Schwiegermutter zu geben.

Diese Geheimniskrämerei um Bettinas progressives sozialpolitisches Engagement hat die Forschung lange Zeit einseitig beeinflußt und war ein gewichtiger Grund dafür, Bettina als Person und Autorin lange Zeit erheblich zu unterschätzen und in ihrem Wirkungsanspruch zu reduzieren. Der konservativ eingestellte Steig legte im ersten Jahrzehnt des 20. Jahrhunderts anderen Forschern mit Bedacht Steine in den Weg und verhinderte auch, daß »jüdische Forscher« Zugang gewannen (vgl. Stöcker 1929a, S. 99; Meyer-Hepner 1954, S. 603). Im Bestreben, sich zur maßgeblichen Autorität der Bettina- und Arnim-Forschung zu stilisieren, hat Steig auch den ihm politisch suspekten ersten Nachlaßverwalter und Freund Bettinas, Karl August Varnhagen von Ense, mit ungerechtfertigter Kritik überzogen. Bettina, die vor allem in ihren letzten Lebensjahren engen Umgang mit Varnhagen pflegte, hatte noch vor ihrem Tode dafür gesorgt, daß größere Teile ihrer persönlichen Papiere in dessen Besitz übergingen. Einerseits geschah dies im Zusammenhang mit ihrer gemeinsamen editorischen Arbeit an Nachlaßpapieren von Achim von Arnim und Clemens Brentano. Andererseits hatte Bettina die berechtigte Befürchtung, daß ihrer Familie nicht voll zu trauen war (vgl. Tb 13, S. 174 f.).

Was im Wiepersdorfer Nachlaß von Achim und Bettina von Arnim blieb, wurde 1929 aus finanziellen Gründen von der Arnimschen Familie beim Berliner Auktionshaus Henrici versteigert. Seither sind diese im Katalog der Versteigerungsfirma erfaßten Manuskripte ›in alle Winde zerstreut‹, wie Gertrud Meyer-Hepner 1954 treffend formulierte. Auch Helene Stöcker, die seinerzeit die Berliner Versteigerung interessiert verfolgte, hatte in einem kurzen, aber geharnischten Artikel in der *Literarischen Welt* öffentlich Kritik geübt und von Verschleuderung »kostbare[n], unersetzliche[n] Material[s]« gesprochen. Stöcker beklagte vor allem, daß nur »unbedeutende« Dokumente durch »amtliche Stellen« erworben wurden, während die wertvollsten Materialien in den Besitz von Antiquaren und Privatpersonen übergingen (Stöcker 1929b).

So wurde der Briefwechsel mit Goethe, das eigentliche Herzstück der Auktion, erwartungsgemäß schon bei der ersten der insgesamt drei durchgeführten Versteigerungstermine »für 58 000 M.« verkauft, wie auch die Briefwechsel mit Pückler-Muskau und den Grimms sofort ihre Abnehmer fanden (ebd.). Die beiden letzteren Manuskriptkonvolute wurden vor einigen Jahren in der Biblioteka Jagiellońska in Krakau unter den Papieren der ehemaligen Preußischen Staatsbibliothek Berlin wieder aufgefunden; ein Teil der Pückler-Materialien liegt im Freien Deutschen Hochstift (Frankfurter Goethe-Museum), das auch die Armenbuchmaterialien bei der Henrici-Auktion erworben hatte. Der von dem amerikanischen Ehepaar Dany und Hetty Heineman ersteigerte Goethebriefwechsel liegt heute zusammen mit einigen anderen, vor allem musikalischen Materialien Bettinas in der New Yorker Pierpont Morgan Library.

Größere Bestände an Handschriften gingen jedoch im Zweiten Weltkrieg verloren. Die Originalbriefwechsel mit Clemens Brentano (Grundlage des *Frühlingskranz*') und mit Karoline von Günderrode (Grundlage des *Günderodebuchs*) sind verloren. Auch die Briefe an den Schweizer Juristen Philipp Hößli (die jedoch in Abschriften mittlerweile auftauchten) und den Major im preußischen Generalstab Carl von Wildermeth gelten als verschollen.

Kleinere Handschriftenbestände befinden sich heute in der Berliner Staatsbibliothek, in den Staatsarchiven von Potsdam und Merseburg, im Düsseldorfer Goethe-Museum, die umfangreichsten Sammlungen von Bettina-Manuskripten im Freien Deutschen Hochstift (Frankfurter Goethe-Museum) und im Goethe- und Schiller-Archiv in Weimar (mit den Wiepersdorfer Restbeständen, die nicht versteigert werden konnten und dann in der DDR-Zeit nach Weimar gelangten).

Die Erschließung und Herausgabe einiger noch unveröffentlichter Bettina-Materialien ist geplant. So wird Bettinas Briefwechsel mit Friedrich Wilhem IV. von Ursula Püschel ediert; Bernhard und Enid Gajek bereiten die Publikation des Pückler-Briefwechsels nach den Handschriften vor. Der Briefwechsel mit Hößli erscheint im Insel-Verlag.

4. Gesamt- und Studienausgaben

Bettina von Arnims Werk, das sie selbst 1853 erstmalig in 11 Bänden im Eigenverlag erscheinen ließ, ist relativ schmal. Das *Armenbuch* und der gemeinsam mit der Tochter Gisela verfaßte Märchenroman *Das Leben der Hochgräfin Gritta von Rattenzuhausbeiuns* fehlen in dieser ersten Sammelausgabe ebenso wie Bettinas sogenannte ›kleinere Schriften‹, ihre frühen Gedichte und Märchen, ihre politischen Schriften wie beispielsweise die Polenbroschüre und die *Petöfi-Ode*, ihre musikalischen Kompositionen und die Dokumente ihres bildnerischen Schaffens. Einige ihrer kleineren literarischen Arbeiten wird Bettina vermutlich lediglich als Neben- oder Zufallsprodukt ihrer schriftstellerischen Tätigkeit betrachtet und somit nicht für veröffentlichungswürdig gehalten haben. Im Fall der unter angenommenem Namen herausgegebenen *Polenbroschüre* und ihrer anonym veröffentlichten Zeitungsartikel mußte ihr aus politischen Gründen daran gelegen sein, ihre Autorschaft weiterhin geheim zu halten.

In der knapp 70 Jahre später von Waldemar Oehlke herausgegebenen, textkritisch jedoch unzuverlässigen Bettina-Edition in sieben Bänden (1920-1922) mit der nicht zutreffenden Titelbezeichnung *Sämtliche Werke* wurde der Umfang der veröffentlichten Werkmaterialien wesentlich erweitert. So hatte Oehlke beispielsweise zwei noch ungedruckte Gedichte Bettinas entdeckt (»Die Sonne stand wohl auf...« und »Es lag ein junger König...«) und sah sich auch in der Lage, einige Briefe aus der Ehezeit erstmalig zu veröffentlichen. Dazu wurden von Max Friedlaender einige der Musikkompositionen Bettinas aufbereitet (= bearbeitet) und kommentiert.

Die knapp 40 Jahre später edierte und überblicksweise kommentierte Werk- und Briefausgabe (1959-1963) in fünf Bänden von Gustav Konrad unter Mitarbeit von Joachim Müller, der den fünften Band mit Briefen herausgab, ist dagegen textkritisch zuverlässiger und bietet – wegen der Edition zusätzlicher Briefdokumente – mehr als die vorangehende Oehlke-Ausgabe. Offensichtliche Mängel dieser Ausgabe sind jedoch das Fehlen von Einzelstellenerläuterungen und die gewichtigen, editionstechnischen Unzulänglichkeiten des fünften Briefbandes. So verzichtete Müller wiederholt darauf, auf Handschriften und leicht zugängliche Erstdrucke von Brieftexten zurückzugehen, und rückte zudem Exzerpte aus einigen datierten, adressierten und in diesem Band vollständig publizierten Briefen Bettinas einige Seiten danach verstümmelt als »Briefentwurf ohne Datum und Anschrift« zum zweiten Mal ein (vgl. K/M 5, S. 428 f. mit S. 478 f. oder S. 401 f. mit S. 480 f.).

Die beiden 1986 begonnenen Studienausgaben (Härtl und Sch/St) basieren in Text und Kommentar auf dem letzten Stand der Forschung, verzichten jedoch auf wesentliche Teile von Bettinas Werk.

5. Anthologien und Lesebücher

Mallon hat schon 1933 in seiner Bibliographie darauf hingewiesen, daß »kleinere oder größere Auszüge« aus den Werken Bettinas »in den meisten verbreiteten ›Briefen deutscher Frauen‹, ›Deutschen Liebesbriefen‹, ›Frauen des 19. Jahrhunderts‹ oder ähnlichen Sammlungen« enthalten sind (S. 143). Eine erste Auswahlausgabe, die nur Textstellen aus dem *Goethebuch* zusammenstellte, wurde schon 1836 kurz nach dem Erscheinen des Erstdrucks von Karl Friedrich Kunz veröffentlicht. Als außergewöhnlich erfolgreich hat sich das 1955 erstmalig herausgegebene *Bettina-Lesebuch* von Mallachow und Meyer-Hepner erwiesen, das insgesamt 6 Auflagen erlebte, und viel dazu beigetragen hat, die breitere Öffentlichkeit mit den sozialpolitischen Aktivitäten der Autorin vertraut zu machen. In der Auflistung S. 184 sind vor allem die seit Anfang der 1980er Jahre in rascher Folge erschienenen Anthologien und Lesebücher berücksichtigt, die als leicht zugängliche Einführung zu Bettinas Werk und Leben besonders für Unterrichtszwecke von Nutzen sind.

6. Dissertationen und Habilschriften

Seit 1904 sind in Deutschland, USA und Frankreich knapp 25 Dissertationen und Habilschriften zu Bettina von Arnim geschrieben worden. Die ersten drei Dissertationen umreißen grundlegende Themenkreise: Oehlke setzte sich 1904 – obwohl er ebenso wie Helene Stöcker keinen Zugang zu den Originalbriefen hatte – in einer stilkritischen Arbeit mit der Authentizität und dem Grad der Interpolation in den Briefromanen Bettinas auseinander; Frels beschäftigte sich 1912 mit dem *Königsbuch* und den sozialpolitischen Aspekten ihres Werks; Zade untersuchte 1916 in ihrer auf Schwedisch verfaßten Arbeit Bettinas Verhältnis zu Goethe. Von den zwischen 1930 und 1960 geschriebenen Dissertationen sind die Arbeit von Wyss (1935) als früher Hinweis darauf, daß Bettina nicht nur der Romantik zugeordnet werden sollte, die Arbeit von Walde (1940) als erste Studie zur Wirkungs- und Rezeptionsgeschichte und die Arbeiten von Hopfe (1953) und Zimmermann (1958) als erste Versuche, Bettina von Arnim als Autorin in den Mittelpunkt des Interesses zu stellen, besonders erwähnenswert. Die Dissertationen von Wyss, Püschel (1965), Steinsdorff (1968) und Schormann (1993) enthalten zudem Quellenmaterialien und müssen schon aus diesem Grund besonders beachtet werden. Die Mainzer Magister-Arbeit

Beckers (1993) mit Briefen Bettinas zur 1848er Revolution bietet einen Zugang zu einem Teil des umfangreichen, bislang ungedruckten Briefwechsels mit den Kindern.

XI. Bibliographie

1. Editionen

1.1. Gesamt- und Studienausgaben

[*Arnim*, Bettina von:] Sämtliche Schriften. 11 Bde. Berlin: Expedition des von Arnim'schen Verlags 1853. [Ausgabe letzter Hand]; 2. Aufl. 1857.
Gliederung:
  (1). Clemens Brentano's Frühlingskranz aus Jugendbriefen ihm geflochten, wie er selbst schriftlich verlangte.
  (2). Die Günderode. Erster Theil.
  (3). Die Günderode. Zweiter Theil.
  (4). Goethe's Briefwechsel mit einem Kinde. Seinem Denkmal. Erster Theil. Dritte Auflage. Zweite Ausgabe.
  (5). Goethe's Briefwechsel mit einem Kinde. Zweiter Theil.
  (6). Goethe's Briefwechsel mit einem Kinde. Dritter Theil. Tagebuch.
  (7). Ilius Pamphilius und die Ambrosia. Erster Theil. Zweite Auflage.
  (8). Ilius Pamphilius und die Ambrosia. Zweiter Theil.
  (9). Dies Buch gehört dem König. Erster Theil.
  (10). Dies Buch gehört dem König. Zweiter Theil.
  (11). Gespräche mit Dämonen. Des Königsbuches zweiter Band. Von Bettina Arnim. Zweite Ausgabe.
Arnim, Bettina von: Sämtliche Werke. Hrsg. mit Benutzung ungedruckten Materials von Waldemar Oehlke. 7 Bde. Berlin: Propyläen Verlag 1920-22 [zit.: Oehlke].
Arnim, Bettina von: Werke und Briefe. 5 Bde. Bd. 1-4 hrsg. von Gustav Konrad. Bd. 5 hrsg. von Joachim Müller. Frechen/Köln 1959-1963 [zit.: K/M].
Arnim, Bettina von: Werke. Hrsg. von Heinz Härtl. Berlin und Weimar 1986-1989 [zit.: Härtl].
Erschienen:
  (1). Goethes Briefwechsel mit einem Kinde, 1986.
  (2). Die Günderode. Clemens Brentanos Frühlingskranz, 1989.
Die Fortsetzung der ursprünglich auf 7 Bände ausgelegten Edition im Rahmen der Forschungsprojekte der Stiftung Weimarer Klassik ist ungewiß.
Arnim, Bettine von: Werke und Briefe. Hrsg. von Walter Schmitz und Sibylle von Steinsdorff. 4 Bde. Frankfurt am Main 1986 ff. [zit.: Sch/St].
Erschienen:
  (1). Clemens Brentano's Frühlingskranz. Die Günderode. Hrsg. von Walter Schmitz, 1986.

(2). Goethe's Briefwechsel mit einem Kinde. Hrsg. von Sibylle von Steinsdorff, 1990.

(3.) Politische Schriften: Dies Buch gehört dem König. Armenbuch. Ilius Pamphilius und die Ambrosia (Auszüge). Polenbroschüre. Petöfi-Ode. Hrsg. von Wolfgang Bunzel, Ulrike Landfester, Walter Schmitz und Sibylle von Steinsdorff, 1995.

Geplant:

(4). Briefe (Auswahl). Hrsg. von Heinz Härtl, Walter Schmitz und Sibylle von Steinsdorff.

1.2. Einzelausgaben

Goethebuch (1835)

a) deutsche Ausgaben:
- Goethes Briefwechsel mit einem Kinde. Seinem Denkmal. 3 Bände. Berlin: Ferdinand Dümmler, 1835.
- Goethes Briefwechsel mit einem Kinde. Seinem Denkmal. 3 Teile [in einem Band]. Berlin: C. H. Jonas, 1837. (Die Restbestände dieser Auflage erschienen 1849 erneut als Einzelausgabe.)
- Goethe's Briefwechsel mit einem Kinde. Hrsg. von Herman Grimm. Berlin: Wilhelm Hertz, 1881.
- Goethes Briefwechsel mit einem Kinde. Hrsg. von Jonas Fränkel. 3 Bände. Jena 1906.
- Goethes Briefwechsel mit einem Kinde. Hrsg. von Franz Brümmer. Leipzig 1910.
- Goethes Briefwechsel mit einem Kinde. Hrsg. von Heinz Amelung. Berlin, Leipzig, Wien, Stuttgart 1914.
- Goethes Briefwechsel mit einem Kinde. Hrsg. u. eing. von Fred Hildenbrandt. Berlin 1929.
- Goethes Briefwechsel mit einem Kinde. [Gekürzte Ausgabe] Hrsg. von Otto Heuschele. Stuttgart 1947.
- Du wunderliches Kind... Bettine und Goethe. Aus dem Briefwechsel zwischen Goethe und Bettine von Arnim. Ausgewählt und eingeführt von Alfred Kantorowicz. Berlin 1950. (Neu hrsg.: Schwerin 1953; neu hrsg.: Hamburg 1982.)
- Goethes Briefwechsel mit einem Kinde. Hrsg. von Gustav Konrad. Frechen/Köln 1960. [Neudruck von Bd. 2 der »Werke und Briefe« von 1959.]
- Goethes Briefwechsel mit einem Kinde. Hrsg. und eingel. von Waldemar Oehlke. [3 Tle. in 1 Bd.] Frankfurt am Main 1984 u. 1985. (Neudrucke von Bd. 3 und 4 der »Sämtlichen Werke« von 1920)

b) Übersetzungen:
Teilübersetzung (50 Seiten) des *Tagebuchs zu Goethes Briefwechsel mit einem Kinde* ins Russische von Michail Bakunin in der Petersburger Zeitschrift *Syn otecestva* [›Sohn des Vaterlandes‹], April 1838.

- Goethe's Correspondence with a Child. For his Monument. 2 Bde. (Berlin: Veit & Comp., 1839.) London: Longman, Orme, Brown, Green, and Longmans, 1837. The Diary of a Child. (Berlin, 1838.) London 1839.
- Goethe's Correspondence with a Child. First American, from the London Edition. Lowell, Massachusetts: Bixby, 1841.
- Goethe et Bettina. Correspondence inédite de Goethe et de Mme Bettina D'Arnim, traduit de l'allemand par Seb. Albin [d.i. Hortense Cornu]. Tome I. II. Paris, au Comptoir des Imprimeurs unis, 1843.
- Goethe's Correspondence with a Child. Boston: Ticknor and Fields, 1859.
- Goethe's Correspondence with a Child. Boston: Houghton, Mifflin and Company, o. J.
- Il carteggio di Goethe con una bimba. Traduzione e introduzione di Giovanni Necco. Milano 1932.

c) Veröffentlichungen des Originalbriefwechsels:
- Bettinas Briefwechsel mit Goethe. Auf Grund ihres handschriftlichen Nachlasses nebst zeitgenössischen Dokumenten über ihr persönliches Verhältnis zu Goethe. Zum ersten Mal hrsg. von Reinhold Steig. Leipzig 1922.
- Bettinas Leben und Briefwechsel mit Goethe. Auf Grund des von Reinhold Steig bearbeiteten handschriftlichen Nachlasses neu hrsg. von Fritz Bergemann. Leipzig 1927.
- Sch/St 2, S. 573-753.

Günderodebuch (1840)

a) deutsche Ausgaben:
- Die Günderode. 2 Tle. Grünberg/Leipzig: Levysohn, 1840. (Teil 1 erschien im Mai, Teil 2 Ende Juni 1840.)
- Die Günderode. Hrsg. von Reinhold Steig. Berlin 1890.
- Die Günderode. Hrsg. mit einer Einleitung von Paul Ernst. Leipzig 1904. 2. und 3. Aufl. eingeleitet und durchgesehen von Heinz Amelung. Leipzig 1914 und 1925.
- Die Günderode. Hrsg. mit einem Essay von Christa Wolf. Leipzig 1980 und 1984. (Lizenzausgabe: Frankfurt am Main 1982 und 1983)
- Die Günderode. Hrsg. von Elisabeth Bronfen. München 1982.

b) Übersetzungen:
- Günderode: A Translation from the German. Von Margaret Fuller. (Teilübersetzung) Boston: E. P. Peabody 1842.
- Correspondence of Fräulein Günderode and Bettina von Arnim. [Aufbauend auf der Teilübersetzung Margaret Fullers vollständig übersetzt von Minna Wesselhoeft.] Boston: Burnham 1861.

Königsbuch (1843)

- Dies Buch gehört dem König. [2 Tle. in 1 Bd.] Berlin: E. H. Schroeder, 1843; 2. Aufl. Berlin 1852.
- Dies Buch gehört dem König. Dresden 1894.
- Dies Buch gehört dem König. Auszüge hrsg. v. Ludwig Heyde. München 1910. (Vorkämpfer deutscher Freiheit, Dokumente liberaler Vergangenheit 14)
- Dies Buch gehört dem König. Berlin [1920].
- Goethes Mutter erzählt von ihrer Reise nach Darmstadt (Auszüge). Bad Harzburg 1927.
- Die Frau Rath erzählt von der Fahrt ins Kirschenwäldchen. Auszüge hrsg. v. Erika Müller-Benrath. Frankfurt am Main 1961 u. ö.
- Dies Buch gehört dem König. Hrsg. v. Ilse Staff. Frankfurt am Main 1982.

Frühlingskranz (1844)

- Clemens Brentano's Frühlingskranz aus Jugendbriefen ihm geflochten, wie er selbst schriftlich verlangte. [Bd. 1.; mehr nicht ersch.] Charlottenburg: Egbert Bauer, 1844.
- Clemens Brentanos Frühlingskranz. Hrsg. von Wulf Segebrecht. München 1967.
- Clemens Brentanos Frühlingskranz. Mit 16 Bildbeigaben. Hrsg. von Heinz Härtl. Leipzig 1974.
- Clemens Brentanos Frühlingskranz. Hrsg. von Hartwig Schultz. Frankfurt am Main 1985.
- Clemens Brentanos Frühlingskranz. FBA 30. Stuttgart 1990. Handschriftlich überlieferte Briefe Clemens Brentanos und Überlieferungsgeschichte: S. 329-381.

Armenbuch (1844)

Vordtriede, Werner: Bettina von Arnims Armenbuch. In: Jb FDH 1962, S. 379-518. [Erstdruck der Materialien aus dem Nachlaß]

Vordtriede, Werner: (Hrsg.): Bettina von Arnims Armenbuch. Frankfurt am Main 1969. – Erw. Neuaufl. Frankfurt am Main 1981.

Püschel, Ursula: »Aus einem Bericht Bettinas über Schlöffel« und »Notizen Bettinas zum Armenbuchkomplex«. In: Bettina von Arnims politische Schriften. Diss. Berlin 1965, S. 310-317.

Kat., S. 135-142 [Unveröffentlichte Materialien aus dem FDH und dem Varnhagen-Nachlaß, Krakau].

Meier, Albert (Hrsg.): Bettine von Arnim: Der Heckebeutel. In: Meistererzählungen der deutschen Romantik. Hrsg. und komm. von Albert Meier, Walter Schmitz, Sibylle von Steinsdorff und Ernst Weber, München 1985, S. 329-336.

Schmitz/Steinsdorff (Hrsg.): Bd. 3, Frankfurt am Main 1994, S. 369-555.

Ilius (1848)

Ilius Pamphilius und die Ambrosia. Bd. 1. Berlin: Expedition des von Arnim'schen Verlags, 1847. Bd. 2. Leipzig: Friedrich Volckmar (Expedition des von Arnim'schen Verlags), 1848.

Dämonenbuch (1852)
– Gespräche mit Daemonen. Des Königsbuchs zweiter Band von Bettina Arnim. Berlin: Arnim's Verlag 1852.
– Gespräche mit Dämonen. Aufruf zur Revolution und zum Völkerbunde. Hrsg. v. Curt Moreck. München: Hugo Schmidt Verlag 1919.
– K/M 3, S. 255-407.

Kompositionen:
– Dedié à Spontini, Directeur général des la Musique et premier maître de chapelle de S. M. le Roi de Prusse etc. etc. par Bettine Arnim 1842.
– Bettina von Arnim: Kompositionen herausgegeben von Max Friedlaender. In: Oehlke 4, S. 253-306.

Zeichnungen:
Kat., S. 60, 203, 205 f., 211, 213, 222, 224; Jb FDH 1990, nach S. 186 (Skizzen zum *Octoberfest*).

Märchenentwürfe
– [Bettina und Gisela von Arnim:] Das Leben der Hochgräfin Gritta von Rattenzuhausbeiuns. Zum ersten Mal hrsg. von Otto Mallon. Berlin 1926. [2 unterschiedliche Ausgaben: eine reine Textausgabe (234 S.) und eine Textausgabe mit Nachwort des Herausgebers und Faksimile-Beilage (270 S.)].
– K/M 4, S. 5-11.
– Märchen der Bettine, Armgart und Gisela von Arnim: Kleinere Märchen [von Bettina]; Das Leben der Hochgräfin Gritta von Rattenzuhausbeiuns [von Bettina und Gisela]; Das Heimelchen [von Armgart]; Aus den Papieren eines Spatzen, Mondkönigs Tochter, Das Pfefferkuchenhaus [von Gisela]. Hrsg. von Gustav Konrad. Frechen/Köln 1965.
– Hrsg. von Anne Gabrisch. Nach der Erstveröffentlichung bearbeitet und leicht gekürzt. Berlin: Kinderbuchverlag, 1968.
– Hrsg. von Bernd Jentzsch. Olten und Freiburg im Breisgau: Walter Verlag, 1980. (Walter Literarium Bd. 1).
– Mit Zeichnungen von Gisela von Arnim und Herman Grimm. Hrsg. und mit einem Nachwort von Shawn C. Jarvis. Frankfurt am Main 1986 [grundlegende Erstveröffentlichung des vollständigen Textes].

Geschichte vom Heckepfennig
– Jb FDH 1962, S. 498-517.
– Sch/St 3, S. 536-555.

1.3. Erstveröffentlichungen kleinerer Schriften, Kompositionen
und Zeichnungen zu Bettinas Lebzeiten

Die chronologisch angeordnete Auswahl enthält nur Werke, die nicht in die
Gesamtausgabe letzter Hand eingegangen sind.

– Legende von einem Einsiedelmann und einer Hindin. In: Zeitung für
   Einsiedler vom 23. April 1808 (kurze, märchenhafte Erzählung Bettinas, die Achim anonym in seinen Aufsatz *Scherzendes Gemisch von der
   Nachahmung des Heiligen* aufnahm).
– Seelied. In: Zeitung für Einsiedler vom 11. Mai 1808. (Ein frühes Gedicht Bettinas, das sie Varnhagen zufolge »im Kaminloch verfaßt, wo
   ihr Bruder Clemens sie eingesperrt hatte, und nicht eher wieder heraus-
   lassen wollte, als bis sie ein Lied gedichtet hätte.« [Assing I, S. 272 f.];
   beides zusammengefaßt veröffentlicht in: *Tröst Einsamkeit, alte und neue
   Sagen und Wahrsagungen, Geschichten und Gedichte.* Hrsg. von Ludwig
   Achim von Arnim. Heidelberg: Mohr und Zimmer, 1808 [Buchausgabe
   der *Zeitung für Einsiedler*]).
– Romanze. Der Kaiser flieht vertrieben (Komposition eines Gedichtes
   von Achim von Arnim). In: *Armuth, Reichthum, Schuld und Buße der
   Gräfin Dolores* von Ludwig Achim von Arnim. Zweiter Band mit Melo-
   dien. Berlin: Realschulbuchhandlung, 1810.
– Lied des Schülers. (Komposition eines Gedichtes von Achim von Ar-
   nim.) In: Isabella von Aegypten, Kaiser Karl des Fünften Jugendliebe.
   Eine Erzählung. Von Ludwig Achim von Arnim. Nebst einem Musik-
   blatte. Berlin: Realschulbuchhandlung, 1812.
– Besprechung von »Ludwig Achim von Arnim. Die Kronenwächter.
   Erster Theil, Berlin 1817.« In: Heidelberger Jahrbücher der Litteratur.
   Eilfter Jahrgang. Erste Hälfte. Heidelberg: Mohr und Winter, 1818,
   S. 452-464. (Anonym, mit Zeichen »ßy« am Schluß; Steig zufolge steht
   »ß« für Bettina und »y« für Wilhelm Grimm; vgl. Steig, Zeitschrift für
   Deutsche Philologie, 1899, Bd. 31, S. 169-177: »Die ästhetische
   Erschließung der Dichtung ist von Bettina, die literarische, historische
   und persönliche Kritik von Wilhelm Grimm.«)
– Zeus und Psyche (eine Zeichnung [Steindruck]; erste Abbildung von
   Bettinas Entwurf eines Goethedenkmals). In: Iris. Frankfurter Unterhal-
   tungsblatt für Freunde des Schönen und Nützlichen, Nr. 25 vom 16.
   Januar 1825.
– (anonym veröffentlichter) Aufsatz über Schinkels Entwürfe zu den Fres-
   ken in der Vorhalle des Berliner Alten Museums. In: Andeutungen über
   Landschaftsgärtnerei, verbunden mit der Beschreibung ihrer praktischen
   Anwendung in Muskau. Vom Fürsten von Pückler-Muskau. Stuttgart:
   Hallberger'sche Verlagshandlung, 1834, S. 235-250. (Erstmalig separat
   veröffentlicht in: Bettina von Arnim. Über Schinkels Entwürfe zu den
   Fresken in der Vorhalle des Berliner Museums. Für die Leipziger Biblio-
   philen zum 25. Februar 1905 neu zum Druck gegeben von Werner
   Deetjen. Leipzig [Privatdruck], 1905.

- Dedié a Spontini. Directeur général de la Musique et premier maitre de chapelle de S. M. le Roi de Prusse. etc. par Bettine Arnim. Leipzig: Breitkopf & Härtel, [Juni] 1842.
  (Liedersammlung mit sieben Vertonungen von Gedichten Arnims und Goethes aus ihrer Jugendzeit.)
- (Verschiedene) Beiträge zur ›Kaffeter-Zeitung‹.

Den autobiographischen Aufzeichnungen ihrer ältesten Tochter zufolge hat Bettina in den Jahren 1843-1848 gelegentlich kleinere Beiträge in der von ihren Töchtern und den Schwestern Bardua organisierten Zeitung der ›Kaffeter-Gesellschaft‹ veröffentlicht. Maximiliane von Arnim schreibt in ihren Erinnerungen: »Von ihrer [Bettinas] Herzensgüte, die immer anderen Freude bereiten wollte, mag ein Blatt von ihrer Hand in der Kaffeterzeitung zeugen; sie gab es uns aus der Mappe, in der sie ihre alten Skripturen aufbewahrte, als wir sie bedrängten, sie möchte doch wieder einmal etwas für unseren Kaffeter schreiben« (Werner 1937, S. 44). Es folgt eine Aufzeichnung Bettinas aus dem Cholerajahr 1831. Die nähere Bestimmung der verschiedenen Beiträge Bettinas in der ›Kaffeter-Zeitung‹ ist ein Desiderat der Forschung.

- [St. Albin, d. i. Bettina von Arnim:] An die aufgelöste Preußische National-Versammlung. Stimmen aus Paris. Paris: Massue & Cie., Quai Voltaire. Berlin: Reuter und Stargardt, 1848.

Die sogenannte *Polenbroschüre* wurde 1954 von Püschel mit allen auffindbaren Vorentwürfen und einer umfangreichen Einleitung neu ediert. Vgl. Bettina von Arnims Polenbroschüre. Im Auftrag der Deutschen Akademie der Künste eingel. und hrsg. von Ursula Püschel. Berlin 1954.

- Vorwort zum zweiten Teil der *Kronenwächter*. In: Ludwig Achim's von Arnim sämmtliche Werke, Bd. 4. Weimar: Arnim'scher Verlag, 1854.
- Petöfi dem Sonnengott (ein Gedicht [Ode] Bettinas vom 16. Januar 1850). Erstveröffentlichung in: Dichtungen von Alexander Petöfi. Aus dem Ungarischen, in eigenen und fremden Übersetzungen hrsg. von Karl Maria Kertbeny [d. i. Karl Maria Benkert]. Mit einem Vorwort von Friedrich Bodenstedt. Leipzig: F. A. Brockhaus, 1858.

1.4. Postume Publikationen von Briefen und Lebenszeugnissen in chronologischer Folge

Petöfi, Kertbeny und Bettina von Arnim. Abschriften von Briefen befindlich in einem Band von 371 Seiten. Standort: Bibliothek des finn. ugr. Seminars der Humboldt-Universität Berlin (Standort der Originalbriefe aus den Jahren 1849-1851 unbekannt).

Kertbeny, K. M. [d. i. Karl Maria Benkert]: Silhouetten und Reliquien. Erinnerungen an Albach, Bettina, Grafen Louis und Casimir Batthyanyi, Bém, Béranger, Delaroche, Haynau, Petöfi, Schröder-Devrient, Széchényi, Varnhagen, Zsckokke u. s. w. Wien und Prag 1861, Bd. 1, S. 93-122.

Dilthey, Wilhelm (Hrsg.): Aus Schleiermacher's Leben. In Briefen. 4. Bd. Vorbereitet von Ludwig Jonas. Berlin 1863.

Holtei, Karl von (Hrsg.): Briefe an Ludwig Tieck. Ausgew. und hrsg. von Karl von Holtei. Bd. 1. Breslau 1864, S. 16-19.

Assing, Ludmilla (Hrsg.): Aus dem Nachlaß Varnhagens von Ense. Briefe von Stägemann, Metternich, Heine und Bettina von Arnim nebst Briefen, Anmerkungen und Notizen von Varnhagen von Ense. Leipzig 1865.

B[ihler], A[lois]: Beethoven und »das Kind«. Von A. B. In: Die Gartenlaube 20, 1870, S. 314-315.

Assing, Ludmilla (Hrsg.): Briefwechsel zwischen Pückler und Bettina von Arnim. In: Aus dem Nachlaß des Fürsten Pückler-Muskau. Briefwechsel und Tagebücher. Bd. 1. Hamburg 1873. Nachdr. Bern 1971.

Loeper, G[ustav] von (Hrsg.): Briefe Goethe's an Sophie von La Roche und Bettina Brentano nebst dichterischen Beilagen. Berlin 1879.

Bissing, Henriette von (Hrsg.): Das Leben der Dichterin Amalie von Helvig, geb. Freiin von Imhoff. Berlin 1889.

Spitta, Philipp: Spontini in Berlin. In: Zur Musik. Sechzehn Aufsätze von Philipp Spitta, S. 291-353. Berlin 1892.

Steig, Reinhold: Gernings Werbung um Bettine, ein Gerücht des Hofrats Krause. In: Ein Stammbuch für Wilhelm Hertz zum siebzigsten Geburtstage. Als Manuskript für Freunde in 100 Exemplaren gedruckt. Berlin, den 26. Juni 1892.

Geiger, Ludwig. Karoline von Günderode und ihre Freunde. Stuttgart 1895.

La Mara [d. i. Marie Lipsius] (Hrsg.): Briefe hervorragender Zeitgenossen an Franz Liszt. Nach den Handschriften des Weimarer Liszt-Museums mit Unterstützung von dessen Custos Geheimrath Gille hrsg. von La Mara. 1. Bd.: 1824-1854. Leipzig 1895.

Wiedemann, Th.: Leopold von Ranke und Bettine von Arnim. In: Deutsche Revue, 20. Jg., 2. Bd., 1895, S. 56-71.

Geiger, Ludwig (Hrsg.): Bettina von Arnim und Moritz Veit. In: Dichter und Frauen. Vorträge und Abhandlungen. Berlin 1896.

Schüddekopf, Carl und Oskar Walzel (Hrsg.): I. Achim und Bettina von Arnim an Riemer. II. Bettina von Arnim und Kanzler von Müller. In: Goethe und die Romantik. Briefe mit Erläuterungen. 2. Teil. Schriften der Goethe-Gesellschaft, Bd. 14, 1899, S. 275-304.

Schmidt, Erich (Hrsg.): Zwei Briefe Bettinas. In: Freundesgaben für Carl August Hugo Burkhardt zum siebzigsten Geburtstag. 6. Juli 1900. Weimar 1900, S. 75-87.

Geiger, Ludwig (Hrsg.): Bettine von Arnim und Friedrich Wilhelm IV. Ungedruckte Briefe und Aktenstücke. Frankfurt am Main 1902.

Geiger, Ludwig (Hrsg.): Aus Adolf Stahrs Nachlaß. Briefe von Stahr nebst Briefen an ihn von Bettine v. Arnim, Therese v. Bacheracht, Th. Döring, Gust. Freytag, K. Gutzkow, M. Hartmann, Johanna Kinkel, Th. B. Macaulay, Jul. Mosen, Rob. Prutz, Heinr. Simon, Fr. Spielhagen, Fr. Th. Vischer, Richard Wagner u. a. Oldenburg, 1903 (a).

Geiger, Ludwig (Hrsg.): Zwei Briefe von Bettine v. Arnim. In: Goethe-Jahrbuch 24, 1903 (b), S. 204-213.

Obser, Karl (Hrsg.): Bettina von Arnim und ihr Briefwechsel mit Pauline Steinhäuser. In: Neue Heidelberger Jahrbücher 12, 1903, S. 85-137.

Pfülf, O. (Hrsg.): Aus Bettinas Briefwechsel. In: Stimmen aus Maria-Laach. Katholische Blätter 64, 1903 (a), S. 437-454 und S. 564-573 und 65, 1903 (b), S. 74-88.

Pitollet, Camille (Hrsg.): Bettine von Arnim: Lettres inédites touchant la correspondance de Goethe avec une Enfant. In: Revue Germanique VII (1911).

Steig, Reinhold (Hrsg.): Drei Märchen von Bettina Brentano. In: Westermanns Monatshefte, 57. Jg., Bd. 113., Teil 2, 1912/1913, S. 554-558. (Bei diesen drei Märchen, deren Titel von Steig gewählt sind, handelt es sich um ein von Bettina selbstverfaßtes [*Der Königssohn*] und zwei nacherzählte Märchen [*Hans ohne Bart*, der Frankfurter Frau Lehnhart nacherzählt, und *Die blinde Königstochter*, dem Koblenzer Professor Arnhold nacherzählt], die als Beitrag Bettinas zur Märchen- und Liedersammlung Achims und Clemens zu verstehen sind.)

Steig, Reinhold und Herman Grimm (Hrsg.): Achim von Arnim und Bettina Brentano. Bd. 2 in [der dreibändigen Quellenveröffentlichung]: Achim von Arnim und die ihm nahestanden. Stuttgart und Berlin 1913; zit: Steig II).

Steig, Reinhold: Christiane von Goethe und Bettina Brentano (mit ungedruckten Briefen). In: Jahrbuch der Goethe-Gesellschaft 3, 1916, S. 135-163.

Steig, Reinhold (Hrsg.): Bettinas Briefwechsel mit Goethe. Auf Grund ihres handschriftlichen Nachlasses nebst zeitgenössischen Dokumenten über ihr persönliches Verhältnis zu Goethe. Zum ersten Mal hrsg. von Reinhold Steig. Leipzig 1922.

Bergemann, Fritz (Hrsg.): Bettinas Leben und Briefwechsel mit Goethe. Auf Grund des von Reinhold Steig bearbeiteten handschriftlichen Nachlasses. Leipzig 1927.

Bergemann, Fritz: Neues von und über Bettina. In: Jahrbuch der Sammlung Kippenberg, Bd. 2, 1922, S. 285-328.

Egloffstein, Hermann Freiherr von (Hrsg.): Alt-Weimars Abend. Briefe und Aufzeichnungen aus dem Nachlasse der Gräfinnen Egloffstein. München 1923.

Knesebeck, Ludolf Gottschalk von dem (Hrsg.): Bettina an Rothschild. Ein Brief. Knesebeck. In: Frankfurter Zeitung, Morgenblatt vom 4. Juli 1925.

Mallon, Otto (Hrsg.): Bettina von Arnims Briefwechsel mit Hortense Cornu. In: Neue Quellen zur Geistesgeschichte des 18. und 19. Jahrhunderts, 1926, S. 398-408.

Forbes-Mosse, Irene (Hrsg.): Briefe von Bettina und Achim von Arnim. In: Jb FDH 1926, S. 389-397.

Brentano, Lujo: Der jugendliche und der gealterte Clemens Brentano über Bettine und Goethe. In: Jb FDH 1929, S. 325-352.

Mallon, Otto: Bettina von Arnim und die Berliner Hundesteuerdeputation. Aus alten Akten. In: Rundschau für Kommunalbeamte. Organ des Verbandes der Kommunalbeamten und -angestellten Preußens e. V., 35. Jg., Nr. 33 vom 17. August 1929, S. 586-587.

Mallon, Otto: Ungarische Freunde Bettina von Arnims. In: Archiv für das Studium der Neueren Sprachen und Literaturen 156, Heft 1/2, März 1930.

Mallon, Otto (Hrsg.): Bettinas Buchhändlerepistel. Ein bisher unbekannter Brief. In: Zeitschrift für Bücherfreunde. Organ der Gesellschaft der Bibliophilen. 38. Jg., 3. Folge, Heft 1-2, 1934, S. 2-4.

Pissin, Raimund (Hrsg.): Zehn ungedruckte Briefe von Bettina und Achim von Arnim an Ludwig Emil Grimm. In: Preußische Jahrbücher 240, 1935, S. 109-127.

M[ilch], W[erner] (Hrsg.:) Bettina und der Magistrat. Mit bisher unveröffentlichten Briefen. In: Frankfurter Zeitung vom 7. Dezember 1936.

Steiner, Herbert (Hrsg.): Bettina an Clemens Brentano. In: Corona 7, Heft 1, 1937, S. 36-59.

Gassen, Kurt (Hrsg.): Aus den Schätzen der Universitäts-Bibliothek zu Greifswald. Bettina von Arnim und Rudolf Baier. Unveröffentlichte Briefe und Tagebuchaufzeichnungen. Greifswald 1937.

Schellberg, Wilhelm und Friedrich *Fuchs* (Hrsg.): Das unsterbliche Leben. Unbekannte Briefe von Clemens Brentano. Jena 1939.

Milch, Werner (Hrsg.): »Julius Bernhard Engelmann und die Mädchenerziehung. Ein unbekannter Brief Bettinens«. In: Neue Zürcher Zeitung, Heft 6 und 7.2, 1940.

Schellberg, Wilhelm und Friedrich *Fuchs* (Hrsg.): Die Andacht zum Menschenbild. Unbekannte Briefe von Bettine Brentano. Jena 1942 [zit.: AM].

Hillebrand, Karin: Der edelste Geist seiner Zeit. Ein bisher unveröffentlichter Brief Bettina von Arnims. In: Neue literarische Welt, 4. Jg., Nr. 2, 25. Januar 1953, S. 16.

Meyer-Hepner, Gertrud (Hrsg.): Bettina von Arnim. (Teil I:) Briefe und Konzepte aus den Jahren 1809-1846. (Teil II:) Briefe und Konzepte aus den Jahren 1849-1852. In: Sinn und Form 5, 1. Heft, 1953, S. 38-64 und 3./4. Heft, S. 27-58.

Avenarius, W. (Hrsg.): Ein Zeugnis der Romantik. Unbekannter Brief der Bettina von Arnim. In: Frankfurter Weststadt-Anzeiger, 5. Jg., Nr. 12 vom 21. März 1953.

Püschel, Ursula (Hrsg.): Bettina von Arnims Polenbroschüre. Im Auftrag der Deutschen Akademie der Künste eingel. u. hrsg. von Ursula Püschel. Berlin 1954.

Vordtriede, Werner (Hrsg.): Ein unveröffentlichter Bettina-Brief. In: Monatshefte 50, Nr. 1, 1958, S. 243-245.

Hahn, Karl-Heinz: Bettina von Arnim in ihrem Verhältnis zu Staat und Politik. Mit einem Anhang ungedruckter Briefe. Weimar 1959.

Schoof, Wilhelm: Bettina von Arnim und die Buchhändler. Zum 100. Todestag von Bettina am 20. Januar 1959. Unter Benutzung des Arnimschen Familienarchivs. In: Börsenblatt für den deutschen Buchhandel, 15. Jg., Nr. 10 vom 3. Februar 1959, S. 125-129.

Faber du Faur, Curt von: Goethe und Bettina von Arnim: Ein neuer Fund.

In: Publications of the Modern Language Association 75, 1960, S. 216-230.

Meyer-Hepner, Gertrud (Hrsg.): Der Magistratsprozeß der Bettina von Arnim. Weimar 1960.

Vordtriede, Werner (Hrsg.): Achim und Bettina in ihren Briefen. Briefwechsel Achim von Arnim und Bettina Brentano. Mit einer Einl. von Rudolf Alexander Schröder. 2 Bde. Frankfurt am Main 1961.

Vordtriede, Werner (Hrsg.): Bettina von Arnims Armenbuch. In: Jb FDH 1962, S. 379-518.

Vordtriede, Werner (Hrsg.): Bettina von Arnims Briefe an Julius Döring. In: Jb FDH 1963, S. 341-488.

Vordtriede, Werner: Bettina und Goethe in Teplitz. In: Jb FDH 1964, S. 343-365.

Schulz, Ursula: Wilhelm Levysohn (1815-1817). Ein schlesischer Verleger und Politiker. Würzburg 1969. [Sonderdruck aus: Jahrbuch der Schlesischen Friedrich-Wilhelms-Universität zu Breslau 1969 – Band XIV]

Hahn, Karl-Heinz: »...denn Du bist mir Vater und Bruder und Sohn«. Bettina von Arnim im Briefwechsel mit ihren Söhnen. In: Wissenschaftliche Zeitschrift der Friedrich-Schiller-Universität Jena, Ges.- u. sprachwiss. Reihe, 20, 1971, S. 485-489.

Betz, Otto (Hrsg.): Wenn der Herrgott eine Frau wäre. Weibliche Selbstverwirklichung in der Romantik: Glückserfahrung unter berühmten Männern. Unveröffentlichte Briefe der Bettina Brentano. In: Rheinischer Merkur/Christ und Welt, Nr. 48, 26. November 1982.

Betz, Otto (Hrsg.): Der Boden von Berlin ist Zunder. Unbekannte Briefe Bettina von Arnims an ihren Sohn Siegmund. In: *Die Zeit* vom 30. Juli 1982.

Betz, Otto: »Nur: disputiert nicht.« Ein unbekannter Brief Bettine von Arnims an ihren Sohn. In: Frankfurter Rundschau vom 19. Februar 1983.

Schultz, Hartwig (Hrsg.): *Godwi und Godwine* und *Jacobi*. Dramenfragmente von Clemens und Bettine Brentano. In: FBA 12. Stuttgart, Berlin, Köln, Mainz 1982, S. 181-226 und 909-920.

Schultz, Hartwig (Hrsg.): Der Briefwechsel Bettine von Arnims mit den Brüdern Grimm 1838-1841. Frankfurt am Main 1985.

Behrens, Jürgen: Bettine von Arnim und Felix Prinz Lichnowsky. Eine Episode. In: Archiv für Frankfurts Geschichte und Kunst, Heft 59, 1985, S. 327-346.

Polsakiewicz, Roman (Hrsg.): Ein unbekannter Brief Bettina von Arnims an Baron Wilhelm von Rahden [vom 5. April 1843]. In: Wirkendes Wort 3, 1986, S. 170 f.

Weissweiler, Eva: Robert Schumanns letzte Lebensjahre in der psychiatrischen Klinik Bonn-Endenich. In: Beilage der *Frankfurter Allgemeinen Zeitung* vom 1. Februar 1986.

Härtl, Heinz (Hrsg.): Bettina von Arnim. Briefe und Konzepte 1837-1846. In: Sinn und Form, 1988, Heft 4, S. 694-710.

Gajek, Enid: »Das gefährliche Spiel meiner Sinne«. Gedanken zu Bettine und Pückler«. In: Jb BvA 3, 1989, S. 249-261.

Püschel, Ursula (Hrsg.): »...und mehr als einmal nachts im Thiergarten«.

Bettina von Arnim und Heinrich Bernhard Oppenheim. Briefe 1841-1849. BvA-St. 1. Berlin 1990.

Härtl, Heinz (Hrsg.): Zwei Briefe Bettina von Arnims an Hermann Karl von Leonhardi. In: Wissenschaftliche Zeitschrift der Universität Halle 41/1, 1992, S. 9-14.

1.5. Anthologien und Lesebücher (chronologisch geordnet)

– Bettina: Geistes- und Charaktergemälde dieser ausgezeichneten Frau in sorgfältig gewählten Stücken des Vortrefflichsten aus ihren Briefen und ihrem Tagebuche. Toiletten-Geschenk für die Gebildetsten des weiblichen Geschlechts. Hrsg. von Z. *Funck.* Bamberg 1836.
– Bettina: Ein Lesebuch für unsere Zeit. Hrsg. von Lore *Mallachow* und Gertrud *Meyer-Hepner.* Weimar 1955.
– Bettina von Arnim: Aus meinem Leben. Zusammengestellt und kommentiert von Dieter *Kühn.* Frankfurt am Main 1982.
– Bettina von Arnim: »Meine Seele ist eine leidenschaftliche Tänzerin«. Texte zum Nachdenken, ausgew. und eingel. von Otto *Betz.* Freiburg im Breisgau 1983 (Herderbücherei 935).
– Bettina von Arnim: »Die Sehnsucht hat allemal Recht«. Gedichte, Prosa, Briefe. Mit zeitgenössischen Illustrationen. Hrsg. und mit einem Nachwort von Gerhard *Wolf.* Berlin 1984. (Märkischer Dichtergarten) Lizenzausgabe: Frankfurt am Main 1985 (Fischer Taschenbuch 5844).
– Bettina von Arnim: Ein Lesebuch. Mit 21 Abbildungen. Hrsg. von Christa *Bürger* und Birgit *Diefenbach.* Stuttgart 1987.

2. Materialien

2.1. Bibliographien (alphabetisch nach Autoren)

Brinker-Gabler, Gisela, Karola Ludwig und Angela Wöffen: Lexikon deutschsprachiger Schriftstellerinnen 1800-1945. München 1986, S. 16-21.

Frederiksen, Elke (Hrsg.): Women Writers of Germany, Austria, and Switzerland. An Annotated Bio-Bibliographical Guide. New York 1989.

Hagen, Waltraut (Hrsg.) u. a.: Handbuch der Editionen. Deutschsprachige Schriftsteller Ausgang des 15. Jahrhunderts bis zur Gegenwart. Berlin 1979, S. 46-48.

Internationale Bibliographie zur deutschen Klassik 1750-1850. Bearb. von Klaus *Hammer*, Hans Henning, Siegfried Seifert. Folge 1-10, in: Weimarer Beiträge 1961-1964. (Reprint: Leipzig 1973) Folge 11 – [fortlaufend] bearbeitet unter Leitung von Siegfried Seifert. Weimar: Nationale Forschungs- und Gedenkstätten der klassischen deutschen Literatur in Weimar (heute: Stiftung Weimarer Klassik), 1965 – [fortlaufend].

[*Köttelwesch*, Clemens:] Bibliographisches Handbuch der deutschen Literaturwissenschaft 1945-1969. Lief. 8, S. 2270-2273.

Krättli, Anton: Zu Clemens und Bettine Brentano. Ein Literaturbericht. In: Schweizer Monatshefte 50.3, 1970, S. 268-272.

Mallon, Otto: Bibliographische Bemerkungen zu Bettina von Arnims sämtlichen Werken. In: Zeitschrift für deutsche Philologie 56, 1931, S. 446-465.

Mallon, Otto: Bettina-Bibliographie. In: Imprimatur 4, 1933, S. 141-156.

2.2. Versteigerungs- und Handschriftenkataloge zum Nachlaß

a) Kataloge der Nachlaßversteigerungen

Henrici-Auktionskataloge. Versteigerung 148, 1929: Bettine von Arnim. Literarisches und Politisches aus ihrem handschriftlichen Nachlass darunter Goethes Briefwechsel mit einem Kinde; Versteigerung 149, 1929: Arnim und Brentano. Des Knaben Wunderhorn. Handschriftliches aus dem Nachlaß der Bettine von Arnim; Versteigerung 155, 1929: II. Handschriftlicher Nachlaß der Bettine von Arnim. Dritter und letzter Teil.

b) Handschriftenkataloge

Behrens, Jürgen (Hrsg.) u. a.: Freies Deutsches Hochstift, Frankfurter Goethe-Museum. Katalog der Handschriften. Tübingen 1982, S. 75-82.

Hahn, Karl-Heinz. (Hrsg.): Goethe-und-Schiller-Archiv. Bestandsverzeichnis. Weimar 1961.

Meyer-Hepner, Gertrud: Das Bettina von Arnim-Archiv. In: Sinn und Form 4, 1954, S. 594-611.

[*Pierpont Morgan Library*:] The Dannie and Hettie Heineman Collection. The Pierpont Morgan Library. New York 1978.

Stern, Ludwig: Die Varnhagen v. Ense'sche Sammlung. Berlin 1911.

2.3. Aufsatzsammlungen (Kongreßberichte) und Ausstellungskatalog

Härtl, Heinz/*Schultz*, Hartwig (Hrsg.): »Die Erfahrung anderer Länder«. Beiträge eines Wiepersdorfer Kolloquiums zu Achim und Bettina von Arnim. Berlin 1993 (Wiepersd. Koll. 1).

Lemm, Uwe (Hrsg.): Internationales Jahrbuch der Bettina-von-Arnim-Gesellschaft, Bd. 3, 1989 (Beiträge des Bettine-Kolloquiums vom 12. bis 15. Oktober 1988 in Bad Homburg unter der Leitung von Bernhard Gajek und Hartwig Schultz).

Perels, Christoph (Hrsg.): »Herzhaft in die Dornen der Zeit greifen...« Bettine von Arnim 1785-1859. Ausstellungskatalog des Freien Deutschen Hochstifts – Frankfurter Goethe-Museums. Konzeption und Koordination: Hartwig Schultz. Frankfurt am Main 1985 [zit.: Kat.].

Schmitz, Walter/*Steinsdorff*, Sibylle von (Hrsg.): »Der Geist muß Freiheit genießen...!« Studien zu Werk und Bildungsprogramm Bettine von Arnims. Beiträge des Bettine-Kolloquiums vom 6. bis 9. Juli 1989 in München (BvA-St. 2, Berlin 1992).

Schultz, Hartwig (Hrsg.): Salons der Romantik. Berlin 1995 (Wiepersd. Koll. 2; im Satz).

3. Sekundärliteratur

3.1. Biographien und Biographisches (alphabetisch nach Autoren)

Alberti, Conrad [d. i. Konrad Sittenfeld]: Bettina von Arnim (1785-1859). Ein Erinnerungsblatt zu ihrem hundertsten Geburtstag. Leipzig 1885.

Amelung, Heinz (Hrsg.): Briefwechsel zwischen Clemens Brentano und Sophie Mereau. Potsdam 1939.

Arnim, Hans von: Bettina von Arnim. Berlin 1963.

Assing, Ludmilla: Sophie von La Roche, die Freundin Wielands. Berlin 1859.

Beck, Adolf: Christoph Theodor Schwab über Bettina von Arnim. Ein briefliches Porträt 1849/50. Zugleich ein Beitrag zur Geschichte der Wirkung Hölderlins. In: Jb FDH 1964, S. 366-378.

Beck, Adolf: Hölderlins Diotima Susette Gontard. Frankfurt 1980.

Berteaux, Pierre: Hölderlin-Sinclair: »ein treues Paar«? In: Homburg vor der Höhe in der deutschen Geistesgeschichte. Studien zum Freundeskreis um Hegel und Hölderlin. Hrsg. von Christoph Jamme und Otto Pöggeler. Stuttgart 1981, S. 189-193.

Böttger, Fritz: Bettina von Arnim. Ein Leben zwischen Tag und Traum. Berlin 1986.

Brentano, Lujo: Clemens Brentanos Liebesleben. Eine Ansicht von Lujo Brentano. Frankfurt am Main 1921; Nachdr. Bern 1969.

Brentano, Peter Anton von: Schattenzug der Ahnen der Dichtergeschwister Clemens und Bettina Brentano. Regensburg 1940.

Carriere, Moriz: Bettina von Arnim. Breslau 1887 (Deutsche Bücherei, Heft 42.); dass. in: Nord und Süd, Bd. 118, S. 65-103, 1887; dass. in: Gesammelte Werke. Leipzig 1890, Bd. 12, S. 226-275.

Carriere, Moriz: Lebenserinnerungen von Moriz Carriere (1817-1847). Hrsg. von Wilhelm Diehl. In: Archiv für hessische Geschichte und Altertumskunde, N. F. 10, 1914, S. 134-301.

Cornill-Dechent, L. J.: Bettina und die Grüneburg. In: Frankfurter Wochenschau Nr. 37/38 vom 17. bis 23. September 1939.

Crabb Robinson, Henry: Ein Engländer über deutsches Geistesleben. Hrsg. von Carl Eitner. Weimar 1871.

Dischner, Gisela: Bettina. Eine weibliche Sozialbiographie aus dem 19. Jahrhundert. Berlin 1977 (Wagenbachs Taschenbücherei 30).

Doderer, Otto: Brentanos im Rheingau. Am Urquell der Rheinromantik. Ratingen 1955.

Drewitz, Ingeborg: Bettine von Arnim. Romantik – Revolution – Utopie. Düsseldorf/Köln 1969 (Neuauflagen: München 1977 und Düsseldorf 1984).

Forbes-Mosse, Irene: Johanna Kinkel, Bettina und ihr König. Aus alten Arnimschen Familienpapieren. In: Das Unterhaltungsblatt der Vossischen Zeitung Nr. 305 vom 30. Dezember 1928.

Fuller, Margaret: Bettine Brentano and her friend Günderode. In: The Dial, Vol. II, January 1842, Nr. 3, S. 313-357.

Gajek, Bernhard: Bettina von Arnim (1785-1859). Von der Romantik zur sozialen Revolution. In: Jb BvA 3, 1989, S. 11-30 (vgl. die frühere Fassung in: *Die Liebe soll auferstehen*. Die Frau im Spiegel romantischen Denkens. Herrenalber Texte, hrsg. von Wolfgang Böhme, Nr. 59, 1985, S. 9-26).

Gajek, Enid: Bettines Ehe mit Arnim. In: Wiepersd. Koll. 1, 1994, S. 231-245.

Geibel, Emanuel: Emanuel Geibels Jugendbriefe: Bonn – Berlin -Griechenland. Hrsg. von E. F. Fehling. Berlin 1909.

Geiger, Ludwig (Hrsg.): Bettine von Arnim und Friedrich Wilhelm IV. Ungedruckte Briefe und Aktenstücke. Frankfurt am Main 1902.

Germain, André: Goethe et Bettina. Le vieillard et la jeune fille. Paris 1939.

Gersdorff, Dagmar von (Hrsg.): »Dich zu lieben kann ich nicht verlernen.« Das Leben der Sophie Brentano-Mereau. Frankfurt am Main 1984.

Grimm, Herman: Goethe, Minna Herzlieb und Bettina Brentano. In: Preußische Jahrbücher 30, 1872, S. 591-603.

Grimm, Hermann: Vorwort zu *Goethes Briefwechsel mit einem Kinde*. Berlin 1881; dass. in: Das Jahrhundert Goethes, hrsg. von R. Buchwald, 1948.

Grimm, Herman: Bettinas letzter Besuch bei Goethe. In: Deutsche Rundschau 87, 1896, S. 35-46.

Härtl, Heinz: Briefe Friedrich Carl von Savignys an Bettina Brentano. In: Wiss. Zs. der Univers. Halle 28, 1979, S. 105-128.

[*Härtl*, Heinz]: Bettina von Arnim 1785-1859. Eine Chronik. Daten und Zitate zu Leben und Werk zusammengestellt von Heinz Härtl. Kulturfonds der DDR. Arbeits- und Erholungsstätte für Schriftsteller und Künstler »Bettina von Arnim« Wiepersdorf 1985; Neuauflage 1992.

Helps, Arthur und Elizabeth Jane *Howard*: Bettina. A Portrait. London 1957 (die einzige, inzwischen längst überholte, englischsprachige Biographie zu Bettina).

Hirsch, Helmut: Bettine von Arnim mit Selbstzeugnissen und Bilddokumenten. Reinbek bei Hamburg 1987 [2., verbesserte Aufl. 1988] (Rowohlts Bildmonographien 369).

Köster, Albert, (Hrsg.): Die Briefe der Frau Rath Goethe. Leipzig 1968.

Kühne, Ferdinand Gustav: Bettine und die Günderode. In: Portraits und Silhouetten, Tl. 1, S. 116-125. Hannover 1843.

La Roche, Sophie von: Mein Schreibetisch. 2 Bde. Leipzig 1799.

Lazarowicz, Margarete: Karoline von Günderrode. Portrait einer Fremden. Frankfurt am Main 1986.

Loeper, Gustav von: Biographische Charakteristik in der Allgemeinen Deutschen Biographie, Bd. 2, Leipzig 1875.

Loeper, Gustav von (Hrsg.): Goethe's Briefe an Sophie La Roche und Bettina Brentano. Berlin 1879.

Lützeler, Paul Michael: Der Briefwechsel zwischen Bettina und Achim von Arnim. Sozialgeschichte und Roman. In: Horizonte. Festschrift für Herbert Lehnert zum 65. Geburtstag. Hrsg. von Hannelore Mundt u.a. Tübingen 1990.

Mander, Gertrud: Bettina von Arnim. Berlin 1982 (Preußische Köpfe 11).

Maurer, Michael (Hrsg.): Sophie von La Roche. Ein Lebensbild in Briefen. München 1983.

Milch, Werner: Sophie La Roche. Die Großmutter der Brentanos. Frankfurt am Main 1935.

Milch, Werner: Die junge Bettine (1785-1811). Hrsg. von Peter Küpper. Heidelberg 1968 (postum veröffentlicht).

Montgomery-Silfverstolpe, Malla: Das romantische Deutschland. Leipzig 1912.

Preisendanz, Karl (Hrsg.): Die Liebe der Günderode. Friedrich Creuzers Briefe an Caroline von Günderode. München 1912.

Preitz, Max: Karoline von Günderrode in ihrer Umwelt. In: Jb FDH 1962, S. 208-306 (Teil 1); Jb FDH 1964, S. 185-235 (Teil 2); Jb FDH 1975, S. 223-323 (Teil 3 mit Doris Hopp).

Püschel, Ursula: Vor dem großen Kompromiß. In: Neue deutsche Literatur 33/4, 1985, S. 107-121.

Ring, Max: Erinnerungen. 2 Bde. Berlin 1898.

Schultz, Hartwig: »Zum Kaufmann taugst du nichts...«. Die Frankfurter Brentano-Familie und ihre Auseinandersetzung mit Clemens. In: Frankfurt aber ist der Nabel dieser Erde. Stuttgart 1983, S. 243 -257.

Schultz, Hartwig (Hrsg.): Der Briefwechsel Bettine von Arnims mit den Brüdern Grimm 1838-1841. Frankfurt am Main 1985 (zit: Schultz).

Schultz, Hartwig (Hrsg.): Bettine von Arnim, Clemens Brentanos Frühlingskranz. Frankfurt am Main 1985.

Schultz, Hartwig: Sophie von La Roche. In: Birgit Knorr u. Rosemarie Wehling (Hrsg.): Frauen im deutschen Südwesten. Stuttgart 1993, S. 42-49.

Steig, Reinhold: Ein Besuch bei Frau Bettina von Arnim. In: Vossische Zeitung Nr. 385 vom 19. August 1909.

Steinle, Alphons Maria von (Hrsg.): Edward von Steinle's Briefwechsel. Briefwechsel mit seinen Freunden. 2 Bde. Freiburg i. Br. 1897.

Steinsdorff, Sibylle von (Hrsg.): Der Briefwechsel zwischen Bettine Brentano und Max Prokop von Freyberg. Berlin 1972.

Stoll, Adolf: Der junge Savigny. Zugleich ein Beitrag zur Geschichte der Romantik 1792-1810. Berlin 1927.

Strobl, Karl Hans: Bettina von Arnim. In: Frauenleben. Eine Sammlung von Lebensbeschreibungen hervorragender Frauen. Bd. X. Bielefeld, 1926.

Werner, Johannes (Hrsg.): Die Schwestern Bardua. Bilder aus dem Gesellschafts-, Kunst- und Geistesleben der Biedermeierzeit. Leipzig 1929.

Werner, Johannes (Hrsg.): Maxe von Arnim. Tochter Bettinas/Gräfin von Oriola (1818-1894). Leipzig 1937.

Wolf, Christa: »Nun ja! Das nächste Leben geht aber heute an«. Ein Brief über die Bettine. In: Sinn und Form 32, Heft 2, 1980, S. 392-418. (Vgl. dazu Gabriele Lindner: »Natürlich geht das nächste Leben heute an«. Wortmeldung zu Christa Wolfs Brief über die Bettine. In: Weimarer Beiträge 28, 1982, S. 166-171.)

3.2. Dissertationen und Habilschriften in chronologischer Folge

Oehlke, Waldemar: Bettina von Arnims Briefromane. Diss. Berlin 1904. Erweitert veröffentlicht in der wissenschaftlichen Reihe: Palaestra. Untersuchungen und Texte aus der deutschen und englischen Philologie 41. Berlin 1905.

Frels, Wilhelm: Bettina von Arnims Königsbuch. Ein Beitrag zur Geschichte ihres Lebens und ihrer Zeit. Diss. Rostock 1912.

Widman, Berthold: Zu Clemens Brentanos Briefwechsel vom Sommer 1802 bis zum Herbst 1803. Frühlingskranz, Brentano-Mereau und Angrenzendes. Diss. München 1914.

Zade, Beatrice: Bettina. En Livsväg kring Goethe. Diss. Jena 1916 (in schwedischer Sprache). Veröffentlicht: Stockholm 1916.

Steinmetz, Selma: Bettina Brentano. Persönlichkeit, Künstlertum und Gedankenwelt. Diss. Wien 1931.

Wyss, Hilde: Bettina von Arnims Stellung zwischen dem Romantik und dem jungen Deutschland. Diss. Bern 1935. Veröffentlicht: Bern und Leipzig 1935.

Hajek, Hans: Die Mystifizierung der Frau Rath durch Bettina Brentano. Diss. Wien 1937.

Bansa, Elfriede: Bettina von Arnims Verhältnis zur Kunst. Diss. Frankfurt am Main 1938.

Walde, Karl J.: Goethes Briefwechsel mit einem Kinde und seine Beurteilung in der Literaturgeschichte. Diss. Freiburg (Schweiz) 1940. Veröffentlicht: Freiburg 1942.

Grambow, Gertrud: Bettinas Weltbild. Diss. Berlin 1941.

Beck, Hilde: Die Bedeutung der Natur in dem Lebensgefühl der Bettina von Arnim. Diss. Frankfurt am Main 1950.

Nyssen, Helga: Zur Soziologie der Romantik und des vormarxistischen Sozialismus in Deutschland. Bettina von Arnims soziale Ideen. Diss. Heidelberg 1950.

Hopfe, Anneliese: Formen und Bereiche schöpferischen Verstehens bei Bettina von Arnim. Diss. München 1953.

Zimmermann, Maria Johanna: Bettina von Arnim als Dichterin. Diss. Basel 1958.

Püschel, Ursula: Bettina von Arnims politische Schriften. Diss. Berlin (DDR), 1965.

Steinsdorff, Sibylle von: Der Briefwechsel zwischen Bettina Brentano und Max Prokop von Freyberg. Diss. München 1967/68. Veröffentlicht: Berlin 1972 (Quellen und Forschungen zur Sprach- und Kulturgeschichte der germanischen Völker. Neue Folge 48).

Waldstein, Edith: Bettina von Arnim and the Literary Salon. Women's Participation in the Cultural Life of Early Nineteenth Century Germany. Ph. D. Washington Univ. at St. Louis, Missouri (USA) 1982. In überarbeiteter Form veröffentlicht: Bettine von Arnim and the Politics of Romantic Conversation. Columbia, South Carolina, 1988 (Studies in German Literature, Linguistics, And Culture, Vol. 33).

Bäumer, Konstanze: »Goethes Briefwechsel mit einem Kinde« – Ein weiblicher Bildungsroman des 19. Jahrhunderts. Ph. D. Univ. of California, Davis (USA) 1983. Überarbeitet und wesentlich erweitert veröffentlicht: »Bettina, Psyche, Mignon« – Bettina von Arnim und Goethe. Stuttgart 1986 (Stuttgarter Arbeiten zur Germanistik Nr. 139).

Goozé, Marjanne: Bettine von Arnim, the Writer. Ph. D. Univ. of California, Berkeley (USA) 1984.

French, Lorely: Bettine von Arnim: Toward a Women's Epistolary Aesthetics and Poetics. Ph. D. Univ. of California, Los Angeles (USA) 1986.

Goldschen, Anna Lisa Ohm: Bettine von Arnim's Child Persona and Female Development in her Fairy Tale Novel »Das Leben der Hochgräfin Gritta von Rattenzuhausbeiuns«. Ph. D. Univ. of California, Santa Barbara (USA) 1986.

Hoock-Demarle, Marie-Claire: Bettina Brentano-von Arnim, 1785-1859. La mise en oeuvre d'une vie. Staatsthese l'Université de Paris III, 1986 (Habilschrift).

Weißenborn, Birgit: Bettina von Arnim und Goethe. Topographie einer Beziehung als Beispiel weiblicher Emanzipation zu Beginn des 19. Jahrhunderts. Diss. Bremen 1986. Veröffentlicht: Frankfurt am Main 1987 (Europäische Hochschulschriften, Reihe I, Deutsche Sprache und Literatur, Bd. 1004).

Heukenkamp, Marianne: »Den ›Willen zum Ideal‹ ins Leben selbst verwandeln«. Bettina von Arnims »Die Günderode« im Spannungsfeld von Leben, Philosophie und Poesie. Untersuchungen zu ideellem Gehalt, Textaufbau und Wirkung des Briefromans. Diss. Halle 1989.

Ockenfuß, Solveig: Bettine von Arnims Briefromane. Literarische Erinnerungsarbeit zwischen Anspruch und Wirklichkeit. Diss. Frankfurt 1990. Veröffentlicht: Opladen 1992.

Schormann, Sabine: Bettine von Arnim. Die Bedeutung Schleiermachers für ihr Leben und Werk. Diss. Mainz 1992. Veröffentlicht: Tübingen 1993.

Keul, Hildegund: Menschwerden durch Berührung. Bettina Brentano-Arnim als Wegbereiterin für eine Feministische Theologie. Diss. Würzburg 1992. Veröffentlicht: Frankfurt am Main 1993 (Würzburger Studien zur Fundamentaltheologie 16).

Becker, Christine: Bettine von Arnims Berichte zur Revolution von 1848. Eine kommentierte Edition der bisher unveröffentlichten Briefe an ihre Söhne, Magisterarbeit, Mainz 1993.

4.3. Sekundärliteratur zu den Werken Bettinas (alphabetisch nach Autoren)

Arnim, Peter Anton von: Bettina und der Berliner Magistrat. In: Wiepersd. Koll. 1, S. 287-311.

Bäumer, Konstanze: Die Rezeption Bettina von Arnims in der Berliner Kultur- und Literaturgeschichte. In: Jb BvA 1, 1987, S. 39-51.

Bäumer, Konstanze: »Ilius Pamphilius und die Ambrosia«. Bettina von Arnim als Mentorin. In: Jb BvA 3, 1989, S. 263-282.

Bäumer, Konstanze: Interdependenzen zwischen mündlicher und schriftlicher Expressivität: Bettina von Arnims Berliner Salon. In: BvA-St. 2 (1992), S. 154-173.

Bäumer, Konstanze: Wiederholte Spiegelungen – Goethes »Mignon« und die »Neue Melusine«. In: Gerhart Hoffmeister (Hrsg.): Goethes Mignon und ihre Schwestern. New York 1993 (California Studies in German and European Romanticism and in the Age of Goethe, vol. 1).

Beyer, Paul: Bettinas Arbeit an »Goethes Briefwechsel mit einem Kinde«. In: Von deutscher Sprache und Art. Beiträge zur Geschichte der neueren deutschen Sprache, zur Sprachkunst, Sprachpflege und zur Volkskunde. Hrsg. von Max Preitz. Frankfurt am Main 1925.

Bianquis, Geneviève: Goethe et Bettina d'après leur correspondance authentique. In: Bianquis, Etudes sur Goethe. Paris 1951, S. 99-120.

Bunzel, Wolfgang: »Phantasie ist die freie Kunst der Wahrheit.« Bettine von Arnims poetisches Verfahren in ›Goethes Briefwechsel mit einem Kinde‹. In: Jb BvA 1, 1987, S. 7-28.

Bunzel, Wolfgang: Kollaborateure: Bettine von Arnim und Karl August Varnhagen von Ense. In: Jb BvA 3, 1989, S. 223-248.

Bürger, Christa: Leben Schreiben. Die Klassik, die Romantik und der Ort der Frauen. Stuttgart 1990.

Burwick, Roswitha: Bettina von Arnims »Die Günderode«. In: Frauensprache – Frauenliteratur? Für und Wider einer Psychoanalyse literarischer Werke. Hrsg. von Inge Stephan und Carl Pietzcker. Tübingen 1986.

Bußmann, Walter: Zwischen Preußen und Deutschland. Friedrich Wilhelm IV. – Eine Biographie. Berlin 1992.

Carriere, Moriz: Die Günderode. In: Achim von Arnim und die Romantik. Die Günderode. Studien für eine Geschichte des deutschen Geistes. Grünberg und Leipzig 1841, S. 28-44.

Cixous, Hélène: Die unendliche Zirkulation des Begehrens. Aus d. Franz. übers. v. Eva Meyer und Jutta Kranz. Berlin 1977.

Dehn, T. P.: Bettina von Arnim und Rußland. In: Zeitschrift für Slawistik 4, 1959, H. 3, S. 334-359.

Döry, Ludwig Baron: Der lange Weg zum [Frankfurter] Goethedenkmal. In: 100 Jahre Historisches Museum, Frankfurt/Main 1978, S. 289-302.

Drewitz, Ingeborg: Berliner Salons. Gesellschaft und Literatur zwischen Aufklärung und Industriezeitalter. Berlin 1979.

Ernst, Paul: Bettina von Arnim. ›Die Günderode‹. In: Völker und Zeiten im Spiegel der Dichtung. Aufsätze zur deutschen Literatur. Bd. 2. Hrsg. von K. A. Kutzbach. München 1942, S. 111-115.

Escher, Karl: Bettinens Weg zu Goethe. Berlin 1922.

Frederiksen, Elke und Shafi, Monika: »Sich im Unbekannten suchen gehen«. Bettina von Arnims »Die Günderode« als weibliche Utopie. In: Frauensprache – Frauenliteratur? Für und Wider einer Psychoanalyse literarischer Werke. Hrsg. von Inge Stephan und Carl Pietzcker. Tübingen 1986.

Frels, Wilhelm: Bettina von Arnims Königsbuch. Ein Beitrag zur Geschichte ihres Lebens und ihrer Zeit. Diss. Rostock 1912.

Fromm, Leberecht [d.i. Wilhelm Marr]: Ruchlosigkeit der Schrift: »Dies Buch gehört dem König«. Ein unterthäniger Fingerzeig. Bern 1844.

Frühwald, Wolfgang: Die Not der schlesischen Weber. Zu Bettine von Arnims »Armenbuch«. In: Kat., S. 269-280.

Gajek, Enid M.: Die Bedeutung des Fürsten Hermann Pückler für Bettine. In: Kat., S. 253-260.

Geiger, Ludwig: Karoline von Günderode und ihre Freunde. Stuttgart 1895.

Geiger, Ludwig: Aus Adolf Stahrs Nachlaß. Oldenburg 1903.

Geiger, Ludwig. Die Deutsche Literatur und die Juden. Berlin 1910.

Geist, Johann Friedrich u. Klaus Kürvers: Die Familienhäuser im »Königsbuch« von Bettina von Arnim (1843). In: Dies.: Das Berliner Mietshaus, Bd. 1. 1740-1862. Eine dokumentarische Geschichte der »von Wülcknitzschen Familienhäuser« vor dem Hamburger Tor [...]. München 1980, S. 214-248.

Gerlach, Antje: Deutsche Literatur im Schweizer Exil. Die politische Propaganda der Vereine deutscher Flüchtlinge und Handwerksgesellen in der Schweiz von 1833 bis 1845. Frankfurt am Main 1975 [über Wilhelm Marr: S. 349-354].

Goodman, Katherine: Dis/Closures. Women's Autobiography in Germany Between 1790 and 1914. New York, Bern, Frankfurt am Main 1986. (New York University Ottendorfer Series, Neue Folge Bd. 24)

Goozé, Marjanne: Bettine von Arnim. The Writer. Diss. Berkeley 1984.

Goozé, Marjanne: »Jaja, ich bet' ihn an«: Nineteenth-century Women Writers and Goethe. In: *Bauer Pickar*, Gertrud und Sabine *Cramer* (Hrsg.): The Age of Goethe Today. Critical Reexamination and Literary Reflections. München 1990 (Houston German Studies, vol. 7).

Hahn, Karl Heinz: Bettina von Arnim in ihrem Verhältnis zu Staat und Politik. Weimar 1959.

Hajek, Hans: Die Mythisierung der Frau Rath durch Bettina Brentano. Diss. Wien 1937.

Härtl, Heinz: Romantischer Antisemitismus: Arnim und die »Tischgesellschaft«. In: Weimarer Beiträge 33/7, 1987 (a), S. 1159-1173.

Härtl, Heinz: Bettina von Arnim. Romantikerin und Demokratin. Eine Annäherung. In: Schriften aus dem Karl-Marx-Haus 35, 1987 (b), S. 27-40.

Härtl, Heinz: Bettinas »Armenbuch«: Das überlieferte Material und seine Edition. In: Jb BvA 3, 1989, S. 127-136.

Härtl, Heinz: Mirabeau im »Frühlingskranz«. In: Acta Universitatis Wratislaviensis, Nr. 1115, 1990, S. 137-148.

Härtl, Heinz: Zur zeitgenössischen publizistischen Rezeption des »Königsbuches«. Mit einem bibliographischen Anhang. In: BvA-St. 2, 1992 (a), S. 208-235.

Härtl, Heinz: »Dies Völkchen mit der vorkämpfenden Alten«. Bettina von Arnim und die Junghegelianer. In: Jb FDH 1992 (b), S. 213-254.

Härtl, Heinz: Übereuropäisches bei Arnim und Bettina. In: Wiepersd. Koll. 1, 1994, S. 215-230.

Hesse, Hermann: Goethe und Bettina. In: Betrachtungen. Berlin 1928, S. 212-223.

Heukenkamp, Marianne: »Den ›Willen zum Ideal‹ ins Leben selbst verwandeln«. Bettina von Arnims »Die Günderode« im Spannungsfeld von Leben, Philosophie und Poesie. Diss. Halle 1989.

Hirsch, Helmut: Zur Dichotomie von Theorie und Praxis in Bettines Äußerungen über Judentum und Juden. In: Jb BvA 3, S. 153-172.

Hirschberg, Leopold: Zwei verschollene Schriften Bettinas. In: Frankfurter Zeitung, 53. Jg., Nr. 299 vom 18. August 1908.

Hock, Lisabeth M.: Edle, sonderbare und heißhungrige Gestalten: Bettina von Arnims Darstellung von Juden und Judentum im Kontext ihrer Zeit und ihres Werkes. In: Wiepersd. Koll. 2.

Hoock-Demarle, Marie-Claire: Bettina als »Zeugin« der Französischen Revolution. In: Jb BvA 3, 1989, S. 81-92.

Howeg, W.: Die Günderode und Hölderlin. Diss. Halle 1953.

Kelling, Hans Wilhelm: The Idolatry of Poetic Genius in »Goethes Briefwechsel mit einem Kinde«. In: Publications of the English Goethe Society. New Series 39, 1969, S. 16-30.

Koller, Traugott: Heinrich Grunholzer. Lebensbild eines Republikaners im Rahmen der Zeitgeschichte. Bd. 1. Zürich 1878, S. 264-272.

Leitner, Ingrid und Sibylle *von Steinsdorff*: »...wunderliche Bilder ... Gedanken in tönenden Strömen...«. Überlegungen zu Bettine von Arnims romantischem Stil anhand der russischen und der französischen Übersetzung von »Goethes Briefwechsel mit einem Kinde«. In: BvA-St. 2, 1992, S. 174-207.

Lersch, Barbara: Schreibende Frauen – eine neue Sprache in der Literatur? Denkvoraussetzungen zu einer »Poetik der Weiblichkeit«. In: Diskussion Deutsch 77, 1984, S. 293-313.

Liebertz-Grün, Ursula: Glanz und Elend der Romantik. Bettina von Arnim: »Clemens Brentano's Frühlingskranz«. In: Jb BvA 2, 1988, S. 95-134.

Liebertz-Grün, Ursula: Ordnung im Chaos. Studien zur Poetik der Bettine Brentano-von Arnim. Heidelberg 1989 (a).

Liebertz-Grün, Ursula: Bettine Brentano-von Arnim: »Dies Buch gehört dem König«. In: Jb BvA 3, 1989 (b), S. 59-80.

Maisak, Petra: Alltag und Apotheose. Bettines Umgang mit der bildenden Kunst. In: Kat., S. 202-224.

Maisak, Petra: Bettine von Arnims »Octoberfest«. Idee, Genese und Rekonstruktion. In: Jb FDH 1990, S. 184-214.

Maisak, Petra: Das »Oktoberfest« Bettine von Arnims. Mit einem Anhang von Sabine *Schormann* [zur Planung des Stiches und beabsichtigten

Verbreitung] In: BvA-St. 2, 1992, S. 48-66 [nur im Anhang ergiebiger als der umfassende Beitrag im Jb FDH].

Meier, Albert: Bettine von Arnim: Der Heckebeutel. In: Meistererzählungen der deutschen Romantik. Hrsg. und komm. von Albert Meier, Walter Schmitz, Sibylle von Steinsdorff und Ernst Weber, München 1985, S. 442-448.

Meyer-Hepner, Gertrud: Der Magistratsprozeß der Bettina von Arnim, Weimar 1960 (a), S. 12 f.

Meyer-Hepner, Gertrud: Ein fälschlich Bettina zugeschriebener Aufsatz. In: Weimarer Beiträge 6, 1960 (b), S. 132-134.

Milch, Werner: Goethe und die Brentano. In: Kleine Schriften zur Literatur- und Geistesgeschichte. Veröffentlichungen der deutschen Akademie für Sprache und Dichtung 10, 1957, S. 145-155.

Moering, Renate: Bettines Liedvertonungen. In: Kat., S. 178-201.

Moering, Renate: Bettines Liedvertonungen. In: BvA-St.2, S. 67-75.

Neumann, Bernd: Identität und Rollenzwang. Zur Theorie der Autobiographie. Frankfurt/Main 1970.

Nienhaus, Stefan: Vaterland und engeres Vaterland. Deutscher und preußischer Nationalismus in der Tischgesellschaft. In: Wipersd. Koll. 1, 1994, S. 127-151.

Oehlke, Waldemar (Hrsg.): Bettina von Arnims sämtliche Werke, Bd. 4 (Goethes Briefwechsel mit einem Kinde 3; Kompositionen hrsg. von Max Friedlaender). Berlin 1920.

Olbrich, Christine: Bettina von Arnims Königsbuch. Diss. masch. Leipzig 1955.

Petersen, Julius: Frau Rat und Bettina. In: Aus der Goethezeit. Gesammelte Aufsätze zur Literatur des klassischen Zeitalters. Leipzig 1932.

Pinkert, Ernst-Ullrich: »Goethes Briefwechsel mit einem Kinde« und das Ende der Kunstperiode. In: Freiheit, die Brecht meinte. Aufsätze zur deutschen Literatur. Aalborg 1980, S. 47-59.

Platzer Collins, Hildegard und Philip Allison *Shelley*: The Reception in England and America of Bettina von Arnim's »Goethes Correspondence with a Child«. In: Anglo-German and American-German Crosscurrents, Vol. 2. Hrsg. von Philip Allison Shelley und Arthur O. Lewis (Jr.). Chapel Hill, N. C., 1962, S. 97-174 (University of North Carolina Studies in Comparative Literature, 31).

Polsakiewicz, Roman: Bettina von Arnim und Julia Molinska-Woykowska. Ein Beitrag zur Entstehungsgeschichte der ›Polenbroschüre‹. In: Jb BvA 3, 1989, S. 173-182.

Polsakiewicz, Roman: Eine polnische Besprechung von Bettina von Arnims ›Polenbroschüre‹ aus dem Jahre 1849. In: In: BvA-St. 2, S. 236-240.

Pross, Helge: A Romantic Socialist in Prussia. In: The German Quarterly 27, 1954, S. 91-103.

Püschel, Ursula: Bettina von Arnim und Friedrich Wilhelm IV. In: Jb BvA 3, 1989, S. 93-125.

Püschel, Ursula (Hrsg.): »… und mehr als einmal nachts im Thiergarten«.

Bettina von Arnim und Heinrich Bernhard Oppenheim. Briefe 1841-1849. BvA-St. 1, 1990.

Püschel, Ursula: Bettina von Arnims Septemberbriefe an Friedrich Wilhelm IV. aus dem Jahre 1848. In: Wiepersd. Koll. 1, 1994, S. 313-353.

Rölleke, Heinz: Bettines Märchen. In: Kat., S. 225-232.

Rudert, Karin: Die Breslauer Kasematten. Bettine von Arnim als Rezipientin des schlesischen Frühsozialisten Wilhelm Wolff. In: Jb FDH 1991, S. 139-148.

Schaub, Gerhard: Le Genie Enfant. Die Kategorie des Kindlichen bei Clemens Brentano. Berlin 1973.

Schmitz, Walter: »... die freie Kultur eines idealischen Sinnes«. Bettine von Arnims Alterswerk »Gespräche mit Dämonen«. In: Jb BvA 3, 1989, S. 137-152.

Schoof, Wilhelm: Goethe und Bettina Brentano. Zu Bettinas 100. Todestag. In: Neue Folge des Jahrbuchs der Goethe-Gesellschaft 20, 1958, S. 213-224. (Vgl. dazu Gertrud Meyer-Hepner, Richtigstellende Kritik: Zu einem Bettina-Aufsatz, in Neue Folge des Jahrbuchs der Goethe-Gesellschaft 22, 1960, S. 237-239.)

Schormann, Sabine: Bettines Rezeption der frühromantischen Philosophie. In: Jb BvA 3, 1989, S. 31-46.

Schultz, Hartwig: Bettine von Arnims Weg zur politischen Schriftstellerin: ihr Kampf für die Brüder Grimm. In: Schriften aus dem Karl-Marx-Haus 35, 1987 (a), S. 11-26.

Schultz, Hartwig: Bettine von Arnims »Armenbuch«. Probleme einer kritischen Edition, in: editio. Internationales Jb. f. Editionswiss. 1, 1987 (b), S. 224-233.

Schultz, Hartwig: Der Umgang der Brentano-Geschwister (Clemens und Bettine) mit der frühromantischen Philosophie. In: Früher Idealismus und Frühromantik. Der Streit um die Grundlagen der Ästhetik. Hrsg. von Walter Jaeschke und Helmut Holzhey. Hamburg 1990, S. 241-260.

Schultz, Hartwig: »Euer Unglaube an die Naturstimme erzeugt den Aberglauben an eine falsche Politik«. Das fiktive Salongespräch im Königsbuch Bettinas. In: Wiepersd. Koll. 2 (1995).

Seibert, Peter: Der literarische Salon. Literatur und Geselligkeit zwischen Aufklärung und Vormärz, Stuttgart und Weimar 1993, S. 434 f.

Spitta, Philipp: Spontini in Berlin. In: Ders.: Zur Musik. Sechzehn Aufsätze. Berlin 1892, S. 293-353 [mit zwei Bettina-Briefen].

Stahr, Adolf: Bettine und ihr Königsbuch. Hamburg 1844.

Steinsdorff, Sibylle von: Bettine und Goethe. In: Kat., S. 244-252.

Stöcker, Helene: Bettina von Arnim. In: Die Neue Generation 25.3, 1929 (a), S. 99-105.

St[öcker], H[elene]: Bettina-Auktion. In: Die Literarische Welt Nr. 11, 5. Jg., vom 15. März 1929 (b), S. 4. (Sondernummer: Die Frau in der Literatur)

Tischendorf, Käte: Frau Aja. Goethes Mutter. In ihren Briefen und den Erzählungen der Bettina Brentano. Ebenhausen bei München 1914.

Tubach-Patterson, Sally: Female Homoeroticism in German Literature and Culture. Diss. Berkeley 1980.

Vordtriede, Werner: Bettinas englisches Wagnis. In: Euphorion 51, 1957, S. 271-294.

Vordtriede, Werner: Erläuterungen zum Erstdruck des *Armenbuchs* (in: Jb FDH 1962, S. 379-427, 518) sowie erläuternde Zwischentexte in den Editionen von 1969 und 1981.

Vordtriede, Werner: Bettina von Arnims Briefe an Julius Döring. In: Jb FDH 1963, S. 341-488.

Weißenborn, Birgit: Bettina von Arnim und Goethe. Topographie einer Beziehung als Beispiel weiblicher Emanzipation zu Beginn des 19. Jahrhunderts. Frankfurt am Main, Bern, New York, Paris 1987 (Europäische Hochschulschriften: Reihe 1, Deutsche Sprache und Literatur, Bd. 1004).

Wilhelmy, Petra: Der Berliner Salon im 19. Jahrhundert (1780-1914). Berlin 1989, S. 586-591.

Willison, Ann Elisabeth: The Interrelationship of Music and Literature in the Work of Bettine von Arnim. Thesis (Magisterarbeit) Athens, Georgia 1987.

Willison, Ann Elisabeth: Bettines Kompositionen. Zu einem Notenheft der Sammlung Heinemann. In: Jb BvA 3, 1989, S. 183-208.

Wirth, Irmgard: Berliner Biedermeier. Berlin 1972.

Wuthenow, Ralph-Rainer: Das Hölderlin-Bild im Briefroman »Die Günderode«. In: Homburg vor der Höhe in der deutschen Geistesgeschichte. Hrsg. von Christoph Jamme und Otto Pöggeler. Stuttgart 1981, S. 318-330.

Personenregister

Angaben zu den Autoren

Konstanze Bäumer promovierte über Bettina von Arnims Goethe-buch und lehrte bis zu ihrem Tode 1993 als Germanistik-Professorin in Syracuse (USA).

Hartwig Schultz ist Leiter der Brentano-Redaktion im Freien Deutschen Hochstift (Frankfurter Goethe-Museum) und apl. Professor an der Universität Mainz. Er war für die große Bettina von Arnim-Ausstellung 1985 verantwortlich und publizierte u. a. Bettinas Briefwechsel mit den Brüdern Grimm und ihren »Frühlingskranz«. Zahlreiche Veröffentlichungen zu Clemens Brentano, Joseph von Eichendorff und Achim von Arnim weisen ihn als Romantik-Fachmann aus.

Sammlung Metzler

Printed in the United States
By Bookmasters